당신의 커리어는 안녕하십니까?

당신의 커리어는 안녕하십니까?

발행일   2022년 4월 5일

지은이   박윤희
펴낸이   손형국
펴낸곳   (주)북랩
편집인   선일영   편집   정두철, 배진용, 김현아, 박준, 장하영
디자인   이현수, 김민하, 허지혜, 안유경, 최성경   제작   박기성, 황동현, 구성우, 권태련
마케팅   김회란, 박진관
출판등록   2004. 12. 1(제2012-000051호)
주소   서울특별시 금천구 가산디지털 1로 168, 우림라이온스밸리 B동 B113~114호, C동 B101호
홈페이지   www.book.co.kr
전화번호   (02)2026-5777   팩스   (02)2026-5747

ISBN   979-11-6836-231-4 03190 (종이책)   979-11-6836-232-1 05190 (전자책)

(주)북랩 성공출판의 파트너

북랩 홈페이지와 패밀리 사이트에서 다양한 출판 솔루션을 만나 보세요!

홈페이지 book.co.kr   •   **블로그** blog.naver.com/essaybook   •   **출판문의** book@book.co.kr

작가 연락처 문의 ▸ ask.book.co.kr

작가 연락처는 개인정보이므로 북랩에서 알려드릴 수 없습니다.

커리어코치와 함께하는 **성공적인 경력개발 가이드북**

당신의 커리어는 안녕하십니까?

박윤희 **지음**

북랩

나는 커리어코치이다. 그리고 이 책은 커리어 개발과 관련된 자기개발서이다. 사실 나는 한때 자기개발서를 쓰지 않겠다고 다짐했었다. 가장 큰 이유는 과연 내가 자기개발서를 쓸 정도로 잘 살고 있는지에 대한 확신이 없었기 때문이다.

　나는 자기개발서를 쓰는 정도의 사람이라면 누가 봐도 정말 잘 살고 있는 사람이어야 한다고 생각했다. 그런데 사실 나는 그렇게 잘 살고 있는 것 같지 않았다. 평소 나는 워라밸이 잘 유지되지 않을 때도 많고 워커홀릭 성향 때문에 건강에 문제가 생기는 경우도 적지 않았다. 그런 내가 무슨 자격으로 자기개발서를 쓰겠는가? 한마디로 '너나 잘하세요'라는 생각이 들었다.

　그런데 이러한 나의 다짐을 무너뜨리는 일들이 여러 번 있었고 결국 나는 이 책을 쓸 수밖에 없었다. 내 결심이 흔들린 첫 번째 사건은 수년 전 모 공기업 임금피크제도 대상자들에게 강의를 진행하면서 일어났다. 그들에게는 퇴직 전 2년 동안 퇴직 이후의 삶을 준비할 수 있는 시간이 주어졌다. 2년은 은퇴 후의 삶을 준비하기에는 길지 않은 시간이었다. 물론 그들 중에는 은퇴 후 삶에 대한 준비가 잘되어 있는 사람들도 있었다. 그런데 대부분의 사람들은 그렇지 못한 것처럼 보였다.

더 큰 문제는 그들의 마인드였다. 평생 갑질만 하고 산 사람들처럼 보였고 조직 밖의 세상이 얼마나 혹독하고 치열한지에 대해 전혀 모르고 있다는 느낌을 받았다. 과연 이렇게 준비되어 있지 않고 이런 마인드를 가진 사람들이 2년 후 제대로 사회에 잘 적응할 수 있을까? 나는 마음이 무거웠다. 내가 무엇이라도 해야 할 것만 같은 생각이 들었다. 내가 과연 무엇을 할 수 있을까? 자기개발서를 쓰지 않겠다는 나의 다짐이 흔들리기 시작했다.

나는 내가 재직하고 있는 학교에서뿐만 아니라 외부에서도 20대 청년들을 만날 기회가 많았다. 그들은 대부분 취업 때문에 고통받고 있었다. 초중고 시절 열심히 공부했고 대학에 입학해서도 한눈팔지 않고 열심히 노력했다. 그런데도 원하는 곳에 취업하기 어려운 것이 현실이었다. 코로나19 팬데믹 상황속에서 경쟁은 더욱 치열해졌고 취업은 더 어려워졌다. 앞으로 더 나아질 거라는 희망도 없어 보였다.

30, 40대 직장인들은 어떠한가? 지금 하고 있는 일이 나에게 맞지 않아서, 지금 근무하고 있는 직장이 불안해서, 더 좋은 조건의 직장을 찾아서, 이제 직장생활은 힘들 것 같고 내 일을 해야 할 것 같아서, 어차피 직장을 다닌다 해도 구조조정이다 뭐다 해서 몇 년 못 다닐 것 같으니 이참에 창업을 해야 할 것 같아서 등의 생각들을 가진 사람들이 많았다. 내 눈에는 온통 그렇게 직업 때문에 힘들어하는 사람들만 보였다.

그리고 몇 해 전 결정적으로 자기개발서를 쓰지 않겠다는 나의 다짐

　　　　　　　당신의 커리어는 안녕하십니까?

을 무너뜨리는 사건이 일어났다. 소수의 인원이 참여한 작은 세미나에서 지금은 고인이 된 이민화 교수를 처음 만났다. 명함을 교환하며 간단히 인사를 나누었고 이 교수는 우리나라 스마트시티 기술에 대해 소개하는 강연을 했다. 그리고 앞으로 이 기술들을 해외에 수출할 기대를 가지고 있다고 했다.

그날 세미나 발표 말미에 이 교수는 자신이 이끌고 있는 단체에서 인턴을 두 명 뽑고 있는데 관심이 있는 분들의 지원을 바란다는 이야기를 했다. 그 이야기가 끝나자마자 두 사람이 손을 높이 들었다. 내가 보기에 60대 후반이나 70대 초반으로 보이는 남자분들이었다. 그러자 이 교수는 죄송하지만 청년인턴을 뽑고 있는 중이라고 했다.

나는 이 광경을 맨 뒷줄에 앉아서 지켜보았다. 안타까웠다. 가만히 있으면 안될 것 같았다. 나는 그날 집에 돌아오는 길에 자기개발서를 쓰겠다는 다짐을 했다. 그리고 이 책은 그 다짐에 대한 결과물이다.

이러한 여러 사건들이 자기개발서를 쓰지 않겠다는 나의 다짐을 무너뜨렸다. 그렇다 하더라도 내가 여전히 잘 살고 있다는 생각은 들지 않았다. 그래서 내가 잘 살고 있기 때문에 나처럼 살면 됩니다. 그런 의미의 자기개발서가 아니라 나도 독자들과 함께 이렇게 노력하면서 살아야 할 것 같으니 우리 같이 힘내서 열심히 살아봅시다라는 의미의 자기개발서를 써야겠다고 마음먹었다. 사실 그것이 내 진심이었다.

이 책의 제목은 '당신의 커리어는 안녕하십니까?'라는 질문이다. 현재의 그리고 미래의 커리어 문제로 고민하고 있는 사람들이라면 이 질문에 '네, 안녕합니다.'라고 대답하기 어려울 것이다. 이 책은 독자들이 '네, 안녕합니다.' 혹은 '네, 안녕하려고 열심히 노력 중이에요.'라는 답을 할 수 있기를 바라는 마음으로 쓴 것이다.

나는 80세까지 일할 생각을 가지고 있다. 그래서 커리어 목표를 수립하고 지속적으로 커리어 개발을 하고 있다. 이 책을 쓴 것도 그러한 커리어 개발 노력의 일부이다. 그러나 세상이 너무 빠르게 변하고 있기 때문에 내가 가지고 있는 목표가 중간에 일부 수정될 수도 있고 또 때로는 전혀 다른 목표를 새롭게 수립해야 할 수도 있을 것이다. 바로 이러한 이유 때문에 나는 오늘도 나 자신에게 '당신의 커리어는 안녕하십니까?'라고 묻고 있다.

그렇다고 해서 이 책이 독자들 개개인에게 맞는 직업의 선택과 구체적인 맞춤식 커리어 개발 방법을 명확하게 제시하지는 못할 것이다. 왜냐하면 그것은 독자 여러분 자신 이외에 그 누구도 할 수 없는 일이기 때문이다.

일례로 커리어와 관련된 많은 심리검사 도구들이 있다. 그렇다고 해서 그 검사도구들이 나에게 적합한 직업에 대해 명확한 답을 주지는 못한다. 그 이유는 그러한 검사도구들이 오직 한 가지 요인만을 측정하고 있기 때문이다.

사실 직업을 선택하고 커리어를 개발해 나가기 위해서는 매우 다양한 요인들을 검토해야 한다. 그런데 그러지 못한다는 것이다. 그렇기 때문에 그 어떤 검사도구들도 나의 직업 선택에 대해 명확한 답을 제시해 줄 수 없다. 그래서 자신에게 맞는 직업을 선택하고 커리어를 개발해 나가는 일은 오직 이 책을 읽는 독자 여러분만이 할 수 있는 것이다.

나는 이 책에서 기계 문명이 고도로 발달하는 미래 사회에서도 여전히 인간으로서 존엄을 지키면서 의미 있는 일을 찾는 것의 중요성에 대해 살펴볼 것이다. 그리고 4차 산업혁명과 코로나19 팬데믹 사태로 촉발된 일자리의 문제와 미래 일자리의 전망에 대해서도 소개할 것이다. 이와 더불어 자신의 진로를 선택하고 커리어를 개발하기 위한 커리어 디자인에 대해서 구체적인 방법론을 제시할 것이다.

또 자신이 가진 목표를 이루는 사람들의 특징에 대해 살펴보고 우리가 설정한 커리어 목표를 이루기 위해 우리는 어떤 자세를 가져야 할지에 대해서도 고민해 볼 것이다. 더 나아가 직업적인 영역의 커리어 디자인뿐만 아니라 삶의 전 영역에서의 생애설계에 대한 부분도 놓치지 않을 것이다. 마지막으로 자신의 커리어를 디자인하고 이를 실행해 나가는 과정에서 우리가 기억해야 할 주요 이슈들에 대해서도 살펴볼 것이다.

이 책은 이러한 내용들을 토대로 독자가 스스로 코치가 되어 자신을 셀프코칭self-coaching할 수 있도록 구성했다. 코칭의 가장 마지막 단계는 셀프코칭이다. 처음에는 코치라는 전문가에게 코칭을 받지만 어느 정도 코칭이 진행되고 나면 스스로를 코칭할 수 있는 단계에 이르게 된다. 이것이 코칭에서 가장 이상적인 상황이다.

독자들의 셀프코칭을 돕기 위해 각 장의 후반부에 Coaching Pocket을 배치해 자신에게 필요한 질문에 스스로 답하면서 커리어 문제와 관련해 성찰해 볼 수 있도록 했다. 그 외에도 목표를 이루기 위해 필요한 주요 심리적 특성과 관련된 심리검사 도구들을 제시했다. 또 다양한 Tool들을 배치하여 직접 작성할 수 있게 하였고 이를 통해 스스로 커리어를 디자인할 수 있도록 구성했다.

이 책을 통해 커리어 디자인뿐만 아니라 더 나아가 독자들이 우리가 직면한 이 어려운 시기를 헤쳐 나갈 수 있는 작은 위안과 긍정적인 미래를 그려볼 힘을 얻게 되기를 바란다. 그리고 독자들이 이 책을 읽지 않은 사람들에게도 자신이 얻은 위안과 힘을 함께 나눌 수 있었으면 하는 바람이다.

사실 나에게는 내 힘으로는 너무 버거워서 도저히 감당하기 어려운 정말 커다란 소원이 하나 있다. 어쩌면 이 소원은 영원히 이룰 수 없을지도 모른다. 그것은 이 땅, 대한민국에 살고 있는 모든 사람들이 자신이 원하는 직업을 가지고 자신이 원할 때까지 그 일을 할 수 있게 되는 것이다. 그래서 더 이상 직업과 관련된 문제로 힘들어하지 않게 되는 것, 그것이 바로 내 힘으로는 너무 버거워서 도저히 감당하기 어려운 정말 커다란 나의 소원이다.

나는 정치가도, 행정가도 아니어서 그렇게 할 힘도, 능력도 없다. 나는 이 일이 불가능에 가깝다는 것을 잘 알고 있다. 하지만 그렇다 하더라도 나는 늘 이 소원이 이루어지기를 염원한다. 그저 커리어코치로서 이 땅에서 자신의 커리어에 대해 고민하는 한 사람이라도 자신이 하고 싶은 일을 하고 싶을 때까지 하며 의미 있는 삶을 사는 데 조금이라도 보탬이 되는 일이라면 나는 기꺼이 그 일을 할 것이다. 그리고 이 소원을 이루기 위해 내가 할 수 있는 일들을 해 나갈 것이다.

나는 이 책에 내가 하고 싶은 말 그리고 독자들에게 전하고 싶은 말을 모두 담지 못했다. 그래서 가능하다면 커리어 디자인에 관한 워크숍을 통해서 독자들과 만날 수 있는 시간을 갖게 되기를 희망한다.

끝으로 이 책이 이 땅에 자신의 커리어 문제로 고민하는 많은 사람들에게 스스로 커리어 문제를 해결할 수 있도록 깊은 영감과 통찰을

당신의 커리어는 안녕하십니까?

줄 수 있게 되기를 간절히 바란다.

  사랑하는 나의 가족 그리고 이 책이 출간되기까지 애써 주신 모든 분들께 감사드린다.

CONTENTS

1장

왜 커리어 디자인인가?

79세까지 중년인 세상

2015년 UN은 사회 변화의 흐름을 고려해 다음과 같이 새로운 연령 구분을 발표했다.

> 0세~17세 미성년자
> 18세~65세 청년
> 66세~79세 중년
> 80세~99세 노년
> 100세 이상 장수노인

과거 우리가 50대를 중년으로 분류했던 것과는 달리 UN의 새로운 연령구분은 66세에서 79세까지를 중년으로 보고 있다. 우리는 흔히 중년까지는 일을 해야 한다는 생각을 가지고 있는데 그러한 생각에 기초한다면 이제는 79세까지 일을 해야 하는 시대가 된 셈이다.

UN의 새로운 연령구분은 여러 의미를 내포하고 있다. 우선 의학과 과학기술의 발달로 인간의 수명이 늘어났다는 것을 반영한다. 동시에 사회경제적 측면에서는 개인에게 직업을 갖는 기간이 늘어날 수 있다는 것을 의미한다. 또 국가가 연금과 복지 등 사회보장 제도를 강화할 필요성이 있다는 것을 시사하고 있다.

20세기 기대수명이 40세에서 70세로 두 배 가까이 늘어났으니 21세기에는 적어도 그 두배인 150세까지는 거뜬할 것이라는 의견도 있다. 오늘날 우리는 10대와 20대에 직업교육을 받고 해당 분야의 일을 하

당신의 커리어는 안녕하십니까?

며 나머지 삶을 보내는 것을 당연하게 생각한다. 물론 40대와 50대에도 새로운 것을 배울 수 있지만 삶은 일반적으로 배움의 시기와 일하는 시기로 구분된다. 그런데 만약 150세까지 살게 된다면 그렇지 않을 것이다. 신기술이 끊임없이 요동치는 세계에서라면 더 말할 나위 없이 사람들은 훨씬 더 오래 일할 것이고 90세에도 자기개발을 해야 할 것이다.[1]

이렇듯 단순히 수명이 연장되고 노년에도 건강한 신체를 유지할 수 있다는 이유만으로 더 오랫동안 일을 해야 하는 것은 아니다. 2017년 OECD가 내놓은 『불평등한 고령화 방지』 보고서에 따르면 우리나라 66~75세 노인의 상대적 빈곤율은 42.7퍼센트, 76세 이상 노인의 빈곤율은 60.2퍼센트로 비교 대상 38개 회원국 중 압도적으로 1위를 기록했다. 우리나라 66~75세 노인의 상대적 빈곤율은 OECD 회원국 평균인 10.6퍼센트의 4배, 76세 이상은 OECD 회원국 평균인 14.4퍼센트의 4.2배로 나타났다.[2]

국민연금공단 자료를 보면, 65세 이상 노인의 경우, 홀로 살더라도 한 달 생활비로 식료품비와 의료비, 통신비 등 129만 3,000원이 필요하다. 그러나 공적연금으로 이를 감당할 수 있는 비율은 높지 않다. 또 은퇴를 앞둔 51세에서 60세 사이 국민연금 가입자 가운데 월 130만 원 이상 연금 수령이 가능한 경우는 8.41퍼센트에 불과했다.[3]

실제로 55~79세 가운데 2019년 1년간 연금을 수령한 비율은 47.1퍼센트로 나타났다. 월평균 연금 수령액은 63만 원이었다. 이러한 결과를 반영하듯 우리나라 55~79세 연령층에서 3명 중 2명은 더 일하고 싶어했고 평균적으로 73세까지 일하기를 희망했다. 그 이유로는 '생활비에 보태기 위해서'가 58.8퍼센트로 가장 높게 나타났다. 이들이 희망하는 월 소득은 150~200만 원 미만이 22.7퍼센트, 100~150만 원 미만은 19.5퍼센트, 200~250만 원 미만은 17.9퍼센트의 순이었다.[4]

그러니 경제적인 문제 때문에 늦은 나이까지 일을 해야 하는 상황에 놓이게 되는 것이다. 그렇다고 해서 대학이나 고등학교를 졸업하고 갖게 되는 첫 번째 직업을 평생 가져갈 수도 없는 것이 현실이다.

2021년 5월 통계청이 발표한 자료에 따르면 살면서 가장 오래 근무한 일자리, 즉 주된 직장에서의 평균 근속기간이 최근 10년 사이 19년 9개월에서 15년 2개월로 짧아졌다. 그만둘 당시 평균 연령은 49.3세로 50세에 못 미친다. 2016년과 2017년에 걸쳐 단계적으로 60세 정년이 의무화됐지만, 주된 일자리에서의 평균 은퇴 시기는 더 빨라졌다. 정년 연장의 혜택은 대기업, 공공기관 등 상대적으로 안정적인 일자리를 가진 소수에게 돌아갔다. 이를 반영하듯 주된 일자리를 그만둔 이유로 '정년퇴직'을 꼽은 사람은 7.5퍼센트에 불과했다.[5]

이렇듯 평생직장의 개념은 무너진 지 오래이고 평생동안 직장이나 직업을 여러 번 바꾸면서 살아가야 한다. 물론 나이가 들어서도 이전에 가졌던 직업이나 유사한 직업을 갖게 된다는 보장도 없다. 그렇다면 수명이 길어져서, 경제적 어려움 때문에 그 이유들만으로 늦은 나이까지 일을 계속해야 하는 걸까? 우리가 계속 일을 해야 하는 또 다른 이유는 없는 걸까?

당신의 커리어는 안녕하십니까?

흐려져가는 아버지의 기억 속으로

서울에서 멀지 않은 곳에 바다를 볼 수 있는 곳들이 있는데 그중 하나가 경기도 안산시에 위치한 대부도이다. 대부도는 섬이어서 이곳을 가려면 방조제를 건너야 한다. 방조제 위로 난 도로를 달리다 보면 양쪽으로 바다가 펼쳐진다. 가끔 부모님과 대부도로 바람을 쐬러 가곤 하는데 그럴 때면 어김없이 이 방조제 위를 지나야 한다. 방조제를 건널 때마다 내 아버지는 단 한 번도 빼놓지 않고 본인의 이야기를 하신다.

농업진흥공사 요즈음은 한국농어촌공사로 회사명이 변경되었는데 아버지는 이곳에서 정년퇴직을 하셨다. 본인이 근무할 때 시화방조제 건설의 경제성 분석에 참여했다는 이야기를 늘 하신다. 한 번은 매번 너무 똑같은 이야기를 하시길래 그 이야기는 너무 많이 들었다고 했다.

그리고 나서 어떻게 됐을까? 그랬더니 아버지는 같은 이야기를 다른 형태로 하셨다. 그래서 나는 그냥 듣기로 했다. 아직 정정하시고 기억력도 좋으시니 그 이야기를 하시는 거라 생각이 들었다. 더 나이가 들어 기억이 흐려지신다면 아마도 아버지의 시화방조제 이야기는 더 이상 듣기 어려울 테니 말이다.

우리나라가 쌀을 자급자족하지 못하던 시절 농업은 국민의 생존과 경제안보를 위해서 매우 중요한 산업분야였고 아버지는 그렇게 쌀을 증산하기 위해 천수답인 논에 물을 댈 수 있도록 저수지를 만들고 관리하는 일에 일조하셨다. 그리고 그것을 국가 발전에 기여하는 일이라고 생각하셨던 것 같다.

아버지가 시화방조제 이야기와 함께 빼놓지 않고 들려주시는 일화는 국제부흥개발은행IBRD 직원이었던 H아버지의 기억에 따르면 Hessel 또는 Hassel일 가능성이 있음와의 인연이다. H는 농업차관 제공 여부를 심사하기 위해 한국에 왔다고 했다. H와 농수산부 직원, 아버지는 함께 농촌 마을을 직접 찾아가 농민을 만나서 이야기를 나누고 실사를 했다.

하루는 어느 시골 마을에 농가에 들어가서 H가 농민에게 이렇게 물었다. "만약 당신에게 여윳돈이 조금 생긴다면 그 돈으로 무엇을 하고 싶습니까?" 그랬더니 그 농민은 "만약 나에게 여윳돈이 조금 생긴다면 집이 도로로부터 조금 떨어져 있는데 포장이 안 돼서 불편하니 집에서 도로까지 길을 포장하고 소도 몇 마리 더 사서 키우고 싶다."고 답했다. 그 이야기를 들은 H가 말했다. "갑시다! 더 들을 필요도 없겠네요. 이 나라에는 돈을 빌려줘도 돈을 떼일 일은 없을 것 같습니다." 그래서 사람들을 더 안 만나봐도 되겠냐고 했더니 이런 생각을 가지고 있는 사람들이라면 더 만나지 않아도 될 것 같다고 했다. 그날 아버지는 더위에 지쳤을 H를 위해 본인의 사비로 시골 다방에서 시원한 맥주를 대접했다. 비록 일정 때문에 지켜지지는 못했지만 H는 고마움에 아버지에게 식사를 대접하겠다는 약속을 했다.

그리고 우리나라는 IBRD로부터 농업차관을 받았다. 아버지는 그 돈이 모두 농업분야의 발전에 사용되지 않고 공업발전에도 일부 사용되었을 것이라고 하셨다. 그런 여러 일들이 있어서 우리나라가 빨리 발전할 수 있었다고도 하셨다. 여기까지가 아버지가 나에게 들려주신 이야기이다. 물론 이 이야기 안에는 아버지의 개인적인 생각도 많이 담긴 것 같다.

수십 년이 지난 오늘날까지 잊혀지지 않고 흐려져가는 기억속에서도 시화방조제 위를 건널 때마다 생각나는 그 일들은 아버지의 삶에서 어떤 의미였을까? 또 낯선 나라의 농민을 만나고 "이 정도면 됐다!"고 했던 IBRD 직원 H에게 자신의 일은 어떤 의미였을까? 만약 H가 아직 살아 있다면 그도 내 아버지처럼 그렇게 자신의 이야기를 자식들에게 들려주고 있을까? 문득 궁금해진다.

만약 H가 아직 살아 있다면, 그래서 오늘날 한국의 위상에 대한 뉴스를 접할 수 있다면 아마도 자식들에게 이런 이야기를 들려주고 있을지도 모른다.

"나는 젊은 시절 IBRD 직원으로 일할 기회가 있어서 한국을 방문한 적이 있었지. 그때 한국은 정말 낙후한 국가였어. 내가 했던 일은 과연 한국에 농업차관을 제공하면 그들에게 이를 상환할 능력이 있겠는가를 심사하는 것이었지. 그래서 여러 농가를 방문했고 나는 이미 그때 한국이 크게 발전할 나라라는 것을 짐작할 수 있었어. 내가 만났던 한국의 농부들은 다른 나라의 농부들과는 무언가 달랐어. 그들은 자신들이 농업발전을 이루기 위해 어떻게 해야 할지 정확히 아는 것 같았어. 그리고 나를 도와주었던 공무원들에 대해서도 깊은 인상을 받았어. 그들은 모두 나라일이 자신의 일인 것처럼 열심이었지. 이름은 기억이 나지 않지만 나의 농가 방문을 도왔던 젊은 직원들이 아직도 기억이 나. 그래서 나는 한국이 크게 발전할 거라 생각했어. 그리고 오늘의 한국은 나의 이러한 생각이 옳았다는 것을 잘 보여주고 있는 거지."

나는 이러한 일들이 단지 개인의 지나간 추억일 뿐이라고는 생각하지 않는다. 단순히 개인의 삶의 의미를 넘어서 이 나라 이 땅 위에 함께 사는 사람들에게 미친 긍정적인 영향력에 대한 이야기라고 생각한다. 나도 먼 훗날 아버지처럼 내 삶의 의미 있는 일에 대한 이야기를 다른 사람들에게 들려줄 수 있을까? 독자 여러분들도….

내 핸드폰 카메라 앨범에는 2015년 7월 22일자에 찍힌 사진 한 장이 있다. 그 사진에는 다음과 같은 글이 적혀 있다.

> 할매 → 집으로
> 모든 것이 미흡했음에도
> 꽉 차고 넘치도록
> OOO을 성원해 준
> 여러분
> 고마웠습니다.
> 여러분과 함께한 긴 세월
> 참으로 행복했습니다.
> 치열한 경쟁 속에서 나마
> 밥 잘 먹고 건강하고
> 추구하는 일에 몰입하기를
> 빕니다. 나는 손자들과
> 노닥거리며 세월을 보내겠어요.
> - OOO 할매 -

위의 글은 내가 재직하고 있는 학교 앞 음식점의 내려진 셔터 앞에 붙어 있던 종이 위에 쓰인 것이다. 종이 위에 손 글씨로 쓴 글을 그대로 옮겨 적은 것이다. 우연히 가게 앞을 지나던 중 손 글씨로 쓰여진 글이 가슴에 잔잔한 울림으로 다가와 핸드폰으로 사진을 찍어 두었다.

당신의 커리어는 안녕하십니까?

나는 그 식당을 이용해 본 적이 없어서 할머니의 얼굴도 모른다. 그러나 글을 읽으면서 할머니의 감사하는 마음과 행복함에 대해 느낄 수 있었다.

오랜 시간 자신의 식당을 찾아준 학생들에 대한 감사함, 손자를 봐주는 할머니가 될 때까지 식당을 운영할 수 있었던 것에 대한 감사함이 느껴졌다 그리고 자신의 일을 진정으로 사랑하셨던 것 같다. 할머니에게는 이 땅에 미래의 희망이 될 젊은이들에게 자신의 손맛으로 따뜻한 음식을 만들어 준 것이 의미 있는 일이었는지도 모르겠다. 그냥 그런 마음이 느껴졌다.

"당신이 이 병원에서 하는 일은 무엇입니까?
"나는 환자들이 회복해서 빨리 집으로 돌아갈 수 있도록 돕는 일을 하고 있습니다."

미국의 한 심리학자가 이웃에 살고 있는 친구의 병문안을 갔다. 그가 친구의 병실을 방문했을 때 누군가 병실의 그림을 바꿔 달고 있었다. 심리학자가 그에게 물었다. 그의 직업은 병원 청소부였다. 환자들의 토사물을 치우고 병실을 정리하는 일을 했고 그림을 주기적으로 바꿔 다는 일도 그의 일 중에 하나였다. 긍정심리학자인 셀리그만Matin Seligman의 일화이다.

셀리그만이 병원에서 만났던 청소부는 자신이 그냥 청소부가 아니라 환자의 회복에 기여하는 사람이라고 생각했다. 실제 청소 일을 하는 사람들 중 자신이 청소부라고 답한 사람들보다 자신이 다른 사람들을 돕는 일을 하고 있다고 답한 사람들의 행복도가 훨씬 더 높았다.[6] 사람들은 이렇게 자신이 다른 사람들에게 긍정적인 영향력을 발휘할 수 있는 일을 하고 있다고 생각할 때 행복감을 느끼는 것이다. 학교 앞에서 식당을 운영했던 할머니처럼 말이다.

나는 10여 년 전쯤 박사학위를 취득하고 서울예술대학에서 한 학기 정도 진로 관련 교과목을 강의한 경험이 있다. 나는 그때 만났던 학생들에 대한 기억을 지울 수가 없다. 1주일에 2시간씩 진행되는 수업이었는데 내가 기대했던 것보다 학생들이 수업에 열심히 참여했다. 조는 학생들도 없었고 진지한 자세로 수업에서 진행하는 여러 활동들에 잘 참여했다.

하루는 쉬는 시간에 학생들과 개인적으로 이야기를 나누면서 놀라운 사실을 알게 되었다. 많은 학생들이 거의 매일 밤을 세워 연기연습을 하고 수업에 들어온다는 것이었다. 그런데도 졸지 않고 수업에 참여한다는 사실을 알고 나서 학생들이 다르게 보이기 시작했다. 그중 한 학생은 내가 수업자료, 노트북 가방 등 들어야 할 짐들이 많다고 생각했는지 노트북 가방을 주차해 놓은 내 차까지 들어다 주었다. 마음이 따뜻한 학생이었다. 그러면서 곧 아이돌 그룹으로 데뷔할 것 같다고 했다. 얼마 지나지 않아 TV를 보는데 그 학생이 눈에 들어왔다. '마이네임'이라는 그룹의 '세용'이었다. 그가 성실하고 따뜻한 마음을 가졌다는 것을 알고 있어서 그런지는 몰라도 내 눈에는 멤버들 중에서 인물도 제일 나아 보였다. 최근에는 군 복무 중인지 TV에서 자주 볼 수 없는 것 같다. 어디에 있든 여전히 그렇게 열심히 노력하며 살고 있을 것이다.

당신의 커리어는 안녕하십니까?

나는 종강일에 연기를 전공하는 한 학생과 점심 식사를 같이했다. 사실 그 학생의 이름도, 얼굴도 지금은 또렷하게 잘 기억이 나지 않는다. 그저 흐릿하게 그 학생의 이미지만 기억날 뿐이다. 그 학생은 식단 조절을 하고 있고 데뷔를 준비하고 있다고 했다. 그런데 무명으로 보내야 하는 날들이 얼마나 될지 가늠하기 어렵다며, 그래서 이제부터 지루한 싸움이 시작될 것이라고도 이야기했다. 영화와 드라마에 대한 나의 편식 때문인지는 잘 모르겠지만 아직 영화나 TV에 자주 등장하는 배우가 되지는 못한 것 같다. 포기하지 않았다면 아직도 연기를 계속하고 있을 것이다.

도대체 왜? 무엇 때문에 그렇게 열심히 노력하는 걸까? 무엇이 그들을 그렇게 힘들고 어려운 상황에서도 포기하지 않고 도전하게 하는 걸까? 어떤 사람은 꿈을 위해서라고 이야기하고 또 어떤 사람은 비전을 달성하기 위해서라고 이야기한다. 그러나 나는 의미 있는 삶을 살기 위해서라고 이야기하고 싶다. 그들이 그렇게 노력하는 것은 아마도 그들에게 자신의 일이 의미 있는 일이기 때문일 것이다.

결국 직업은 삶에서 의미를 찾고 그 의미를 실현해 나가는 하나의 방법이며 과정이다. 또 인간으로서 자신이 원하는 삶을 살고자 하는 노력의 일환이다. 직업은 사회의 구성원으로 역할을 수행하게 하고 이타성을 발휘하게 하며 이로 인해 살아 있다는 존재가치를 느끼게 해줄 뿐 아니라 경제적으로도 삶을 살아가게 하는 원동력이 된다.

'나는 많이 배우지 못해서 의미 있는 일을 할 수 없다.'거나 '먹고 살기 빠듯해서 의미 같은 것은 찾을 겨를이 없다.'고 말하지 않기를 바란다. 이 세상에 의미 있는 일은 무수히 많다. 그 어떤 일도 의미 없는 일은 없다. 문제는 자신이 하고 있는 일이 진정으로 자신이 원하는 일인지, 그리고 그 안에서 삶의 의미를 찾을 수 있는지에 대한 것이다.

無에서 출발한다

프랑스의 실존주의 철학자 샤르트르Jean P. Sartre에 따르면, 인간은 무로부터 출발한다. 또 인간은 무로부터 출발하지만 스스로 만들어 내는 자유를 가지고 있다. 그것이 곧 인간의 본질이다.[7] 인간이 무로부터 출발한다는 것은 우리가 어떠한 생각도 없이 그저 우연히 태어난다는 것을 의미한다. 우리는 태어날 때, 태어날 곳, 부모 등을 선택할 수 없다. 목적 없이, 의미 없이 그저 세상에 내던져지는 존재일 뿐인 것이다. 그래서 우리에게는 실존적 삶이 필요하다.

실존적으로 산다는 것은 끊임없이 자신을 성찰하고 '내가 원하는 삶은 어떤 삶일까?', '삶에서 가치 있는 것은 어떤 것일까?', '삶의 의미는 무엇일까?'를 진지하게 고민하면서 답을 찾으려고 노력하는 것을 말한다. 그래서 실존적으로 산다는 것은 자신의 삶의 의미를 고민하는 것이고 이는 인간만이 가진 고유한 특권이다.

물론 나는 샤르트르의 의견에 전적으로 동의하지는 않는다. 하지만 그의 의견에 귀 기울여 본다면, 의미없이 태어난 인간이 인간으로서 존엄을 지키면서 인간다운 삶을 영위하기 위해서는 삶의 의미를 찾고 그 의미를 실현해 나가는 것이 필요하다.

당신의 커리어는 안녕하십니까?

로고테라피Logotherapy, 의미치료의 창시자인 프랭클Viktor E. Frankl은 인간은 태어나서 죽음에 이르기까지 그리고 죽음에 임하는 마지막까지 의미를 탐색할 욕구를 갖는다고 주장했다. 인간의 의미탐구는 삶을 살아가는데 일차적인 힘이고 의미는 인간이라는 존재를 이끌어 가는 개념인 것이다.[8]

인간이 삶의 의미를 찾는 다는 것의 연장 선상에서 생각해 보면 삶에서 많은 시간을 보내게 되는 직업생활에서 의미 있는 일을 찾는 것은 매우 중요하다. 의미는 찾으려고 노력해야 찾을 수 있는 것이다. 의미 있는 일을 찾기 위해 노력하거나 자신이 하는 일에서 의미를 찾으려고 노력하는 경우에 의미는 찾을 수 있는 것이다. 그냥 저절로 찾아지는 것이 아니다.

사람들 중에 한순간에 어떤 일에 매혹되어 그것이 의미 있는 일인 것처럼 열정적으로 임하는 경우가 있다. 그리고는 '아 이제 드디어 내가 의미 있는 일을 찾았구나!'라고 생각한다. 그런데 그 일을 잘 해낼 수 없다면 그래서 다른 사람들에게 인정받고 또 다른 사람들의 삶에 기여할 수 없다면 그 일은 의미 있는 일이라고 보기 어렵다. 이 경우 가졌던 열정은 빠르게 식을 것이다.

그래서 의미 있는 일이 되기 위해서는 중요한 전제 조건이 있다. 그것은 바로 전문성이다. 전문성이라는 것은 자신이 하는 일에서 어느 정도 성과를 낼 수 있어야 한다는 것이다. 물론 이것이 꼭 최고가 된다는 것을 의미하지는 않는다. 어느 정도 성과를 낼 수 있어야 한다는 것은 내가 다른 사람들로부터 인정받고 다른 사람들에게 긍정적인 영향력을 발휘할 수 있을 정도로 잘 해야 한다는 것이다. 즉, 내가 잘 할 수 있는 일이어야 한다는 것이다.

내가 맡은 일을 제대로 수행하지 못한다면 그래서 성과를 내지 못한다면 다른 사람들에게 긍정적인 영향력을 발휘하기 어렵다. 그러니 내가 맡은 일을 최고는 아니더라도 인정받을 수 있을 정도로 잘 해내야 한다. 이것이 전문성이고 의미 있는 일이 되기 위한 중요한 전제 조건이 되는 것이다.

의미 있는 일은 이러한 전문성을 전제 조건으로 해서 이타성으로 완성된다. 인간이 자신의 의미를 만들어 가는 과정에서 선택에 직면하게 될 때, 자기 자신을 위해서 뿐만 아니라 모든 인간을 위한 선택을 하게 된다. 이에 대해 샤르트르는 "인간이 자기 자신의 개체성에만 책임이 있는 것이 아니라 모든 인간에 대해서도 책임을 진다"고 주장했다.[9] 내 아버지가 그랬던 것처럼, 나와 독자들이 그러한 것처럼 말이다.

전염병으로 우리 사회가 위험에 처했을 때 가장 먼저 발 벗고 자진해서 나선 사람들이 의료진들이었다. 국민들의 적극적인 협조도 크게 한몫 했지만 의사, 간호사와 임상병리사 분들 덕에 우리 사회는 여러 번의 고비를 잘 넘길 수 있었다. 그럼 무엇이 이들을 그 위험한 상황에 나서게 한 걸까? 이들은 아픈 환자를 치료하고 돌보는 것에서 삶의 의미를 찾았는지도 모른다.

핸드폰을 개발하는 엔지니어들을 생각해 보자. 국내는 물론이지만 해외로 업무차 출장을 갔을 때 말도 통하지 않는 낯선 사람들이 자신이 개발한 핸드폰을 이용해 일을 하고 사랑하는 사람들과 통화를 하며 행복해하는 모습을 본다면 어떤 기분일까? 그보다 더 보람된 순간이 있을까?

　　　　　　　　　　　　당신의 커리어는 안녕하십니까?

'왜 시각 장애를 가진 사람들을 위한 세련되고 멋진 시계는 없을까?' 이 한 가지 질문으로 시작해서 시각장애를 가진 사람들뿐 아니라 모든 사람이 사용할 수 있는 세련되고 실용적인 시계를 만드는 회사가 있다. 바로 이원Eone코리아이다.

시각 장애를 가진 사람들이 시계를 선택하려고 하면, 잘 들리지 않는 음성시계나 고장 나기 쉬운 촉각시계 외에 다른 선택지를 찾기 어려웠다. 이원코리아의 창업자 김형수 전 대표는 MIT 경영 대학원에서 공부하면서 시각장애인 친구를 통해 이런 문제를 접하게 되었다. 그리고 시각 장애인들이 멋진 시계를 일반인들과 함께 사용하고 싶어 한다는 것을 알게 되었다. 그는 디자이너와 엔지니어, 그리고 시각장애인들과 협력해 시력에 상관없이 사용할 수 있는 세련된 시계를 만들었다. 이 시계의 이름은 브래들리 타임피스이다.

미국의 패럴림픽 금메달리스트인 브래들리 스나이더Bradley Snyder는 아프가니스탄에서 군복무 중 폭발 사고로 시력을 잃었지만 자신이 처한 상황에 굴하지 않고 2012년과 2016년에 패럴림픽 수영 종목에 출전하여 세계 기록을 갱신하며 여러 개의 금메달과 은메달을 획득했다.[10] 이 시계의 이름인 브래들리 타임피스는 비록 시각 장애를 가졌지만 이에 굴하지 않은 브래들리 스나이더의 도전정신에서 비롯되었다.

좋은 디자인과 장애에 대한 포용성이라는 이원코리아의 기업 가치 때문에 나는 브래들리 타임피스를 각각 다른 디자인으로 두 개 구입해서 사용하고 있다. 시계 구입금액의 일부가 장애인들을 위해 기부된다는 사실도 의미 있었지만 디자인 때문에 만나는 사람들에게 멋진 시계라는 칭찬도 듣는다. 나는 브래들리 타임피스를 착용할 때마다 이

원코리아에서 근무하는 분들이 하고 있는 일이 바로 다른 사람들에게 긍정적인 영향력을 발휘하는 일이라고 생각한다.

[그림 1-1] 브래들리 타임피스
출처: https://eone-time.kr/about/timepiece.html

2016년 독일 베텔스만재단이 발표한 2050년 노동 시장 전망을 조사한 『2050년 노동의 미래 보고서』에 따르면 앞으로 우리는 패치워크 커리어patch-work-career, 조각 천들을 이어서 하나의 커다란 천을 만드는 것처럼 평생 동안 다양한 직업 경험들을 갖게 되는 것을 의미, 잦은 직장과 직업 전환, 평생학습 등에 적응해야 한다. 또 미래 사회에서 노동의 목적은 자기 발전이고 경제의 목적은 인간의 번영이며 가장 열망하는 상품은 유의미성, 즉 의미 있는 고용이 될 것이다. 따라서 총체적으로 개개인의 지속적인 발전에 상응하는 사회와 경제의 새로운 방향 설정이라는 원대한 비전이 필요하다. 그리고 많은 사람들에게 일은 단순히 소득을 창출하기 위한 활동에서 스스로 선택한 의미 지향적인 활동으로 전환될 것이다.[11]

당신의 커리어는 안녕하십니까?

그렇다면 미래에 기계 문명이 고도화된 사회에서 우리는 여전히 의미 있는 일을 하며 살아갈 수 있을까? 또 아직 스스로 의미 있는 일을 찾지 못했다고 생각하는 사람들이 있다면 앞으로 의미 있는 일을 찾아서 그 일을 하며 살 수 있을까?

4차 산업혁명 시대의 도래, 코로나19 팬데믹으로 인한 급격한 사회 변화 속에서 커리어에 대한 문제에서 자유로울 수 있는 사람은 많지 않을 것이다. 세상은 너무 빨리, 그리고 예측 불가능한 상황으로 변하고 있기 때문에 지금 하고 있는 일을 앞으로도 계속하게 될지 확신할 수 없고 또 하고 싶은 일을 미래의 원하는 시점에 할 수 있을지에 대해서도 알 수 없기 때문이다. 그렇기 때문에 앞으로 커리어는 늘 문제가 될 수 있고 의미 있는 일을 하는 것도 쉽지 않을 수 있다. 그러나 그것이 쉽지 않다 하더라도 우리는 여전히 의미 있는 일을 하기 위해 노력해야 할 것이다.

우리가 계속해서 일을 해야 하는 가장 중요한 이유는 단지 수명이 길어졌기 때문이라거나 노년의 경제적 어려움을 해소하기 위해서라기보다는 인간으로서 존엄을 지키며 의미 있는 삶을 살기 위한 것이다. 이렇게 우리가 의미 있는 삶을 살 수 있을 때 우리는 진정으로 인간다운 삶을 살 수 있게 될 것이다.

우리가 만족하지 못하는 이유

사회비교social comparison는 자신과 타인을 비교하려는 개인적 성향이다. 페스팅거Leon Festinger에 따르면 사람들은 자신의 의견과 능력을 평가하려는 욕구를 지니며, 이 욕구를 충족시키기 위해서 일반적으로 객관적 평가 기준이 있는 경우에는 그 기준을 사용하지만, 객관적 평가 기준이 존재하지 않을 경우에는 타인의 의견이나 능력과 같은 주관적 평가 기준을 사용함으로써 자신을 긍정적 혹은 부정적으로 평가한다.[12]

자신과 타인을 많이 비교하는 사람들은 긍정적 정서보다는 부정적 정서를 더 많이 경험한다. 이는 자신보다 뛰어난 사람과의 비교뿐 아니라 자신보다 부족한 사람과의 비교에서도 동일하게 나타난다. 이렇게 사회비교를 통해 긍정적 정서보다 부정적 정서를 많이 경험하게 될 경우, 이는 삶의 질 저하로 이어질 수 있다.

이러한 사회비교 경향성은 우리가 직업에서 만족하지 못하는 하나의 요인이 된다. 우리는 '엄친아'라는 말을 자주 듣는다. 독자들이 이미 알고 있는 바와 같이 엄마 친구 아들과 비교하는 것에 관한 말이다. 이런 말들이 일상적으로 사용되다 보면 다른 사람과 나의 능력을 자연스럽게 비교하게 되고 다른 사람의 직업이나 직장과도 비교하는 일이 은연 중에 발생한다. 이러한 사회비교 경향성은 온전한 자신의 삶을 사는데 부정적인 영향을 미치며 자신의 직업이나 직장에 만족하지 못하게 하는 요인으로 작용할 수 있다.

이러한 사회비교 경향성은 특히 직업을 선택하는 중요한 시기에 있는 청소년들이 남들 보기에 번듯해 보이는 직업에 관심을 갖게 하는

당신의 커리어는 안녕하십니까?

요인이 될 수 있다. 여기에 그치지 않고 조금은 더 편해 보이면서 경제적으로 좀 더 여유로울 뿐 아니라 안정적이기까지 한 직업을 갖고자 하는 경향도 나타나고 있다. 물론 청소년들이 이러한 경향을 보이는 것은 부모들의 영향이 크다고 볼 수 있다. 부모들은 내 자식들이 나보다는 좀 더 편안한 삶을 살 수 있게 되기를 바라는 마음으로 자녀들의 직업 선택에 영향력을 행사하는 것이다.

연구에 따르면 우리나라 학부모들과 청소년들은 교육 및 연구분야, 법률 및 공공분야, 보건 및 의료분야 등 세 분야에 대한 장래직업 희망비율이 50퍼센트에 이르고 있다. 특히 학생들보다는 학부모들의 기대가 더욱 높고 학년이 올라갈수록 그 기대치가 낮아지는 것을 확인할 수 있다.

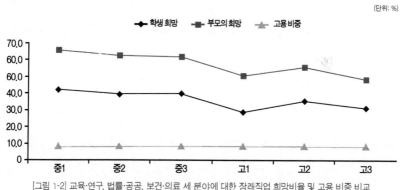

[그림 1-2] 교육·연구, 법률·공공, 보건·의료 세 분야에 대한 장래직업 희망비율 및 고용 비중 비교
출처: 김승보 외 (2010). 중등단계 진로교육 체계화 방안 연구. 한국직업능력개발원.

교육 및 연구분야, 법률 및 공공분야, 보건 및 의료분야라고 하면 교사, 교수, 판검사, 변호사, 의사, 약사 등의 직업이 포함된다. 이들 직업은 우리사회에서 전문직에 해당되며 사회적인 지위와 함께 경제적인 면에서도 큰 어려움이 없는 직업으로 분류된다. 하지만 이들 세 분야의 고용비중은 205만 명 정도로 전체 경제활동인구 2,315만 명의 8.9퍼센트에 불과하다.[13] 즉, 그만큼 이 직업들을 갖기까지 치열할 경쟁을 이겨내야 한다는 이야기이다. 또 이를 위해서는 대학과 전공의 선택이 매우 중요하다.

그렇다면 직업 선택 시 위와 같은 전문직을 희망하는 것이 잘못된 일인가? 그렇지 않다. 자신이 어떤 직업을 희망하는 것이 문제가 되지는 않는다. 다만 사람들은 각자 다른 능력, 즉 직업적 능력을 가지고 있다. 그래서 잘하는 것이 동일하지 않고 모두 다르다. 그렇기 때문에 특정 직업에서 요구하는 능력을 갖추고 있다면 그 직업을 갖는 데 큰 문제가 되지 않는다. 그러나 자신이 특정 직업에서 요구하는 능력을 충분히 갖추지 못했다면 그 직업을 갖는 데는 어려움이 따를 수 있다. 그러니 자신이 어떤 능력을 가지고 있는지에 대해 먼저 이해할 필요가 있다.

이러한 이해 없이 교육 및 연구분야, 법률 및 공공분야, 보건 및 의료분야 등 희망하는 분야로 대학 진학이 이루어지지 못했을 경우 실패했다는 좌절감을 가지고 대학생활을 시작하게 되는 것이다. 대학 신입생으로 설렘과 부푼 꿈을 가지고 대학생활을 시작해야 하지만 그렇지 못한 경우들이 발생하고 이는 자연스럽게 재수나 반수로 이어진다. 이로 인해 일부 대학들은 신입생들의 중도이탈 문제로 고심하고 있다.

코로나19 팬데믹 기간 중에 교육부와 한국직업능력개발원이 실시한 청소년들의 희망 직업 조사에서도 어느 정도 이러한 추세가 결과에 반

당신의 커리어는 안녕하십니까?

영되었다. 초·중·고 1,200개 교의 학생, 학부모, 교원 총 4만 2,088명을 대상으로 온라인 조사를 실시한 『2020년 초·중등 진로교육 현황조사』 결과에 따르면, 1~3위의 희망직업은 전년도와 유사하게 나타났다.[14]

초등학생의 경우 2019년 조사에서 1위 운동선수, 2위 교사, 3위 크리에이터로 나타났는데, 2020년 조사에서는 1위 운동선수, 2위 의사, 3위 교사로 나타났다. 중학생의 경우는 2019년과 2020년의 조사결과가 일치했는데 1위 교사, 2위 의사, 3위 경찰관으로 나타났다. 고등학생의 경우에는 2019년에는 1위 교사, 2위 경찰관, 3위 간호사에서 2020년에는 1위 교사, 2위 간호사, 3위 생명·자연과학자 및 연구원으로 나타났다.

상위권에 위치한 직업들에 대해 살펴보면 대부분 전문직으로 분류되는 직업들로 특히 직업 안정성이 유지되는 직업들이 대부분이다. 초등학생의 경우는 조금 상이한 부분이 있기는 하지만 중학생이나 고등학생의 경우는 직업에 대한 전문성과 안정성을 특히 고려한 것으로 보인다. 이는 딱히 코로나19 팬데믹의 영향 때문이라고도 보기 어렵다. 그 이유는 코로나 사태가 발생하기 이전인 2019년의 조사결과와 상당부분 일치하기 때문이다.

[표 1-1] 학생의 희망직업 현황

(단위: %)

구분	초등학생		중학생		고등학생	
	직업명	비율	직업명	비율	직업명	비율
1	운동선수	8.8	교사	8.9	교사	6.3
2	의사	7.6	의사	6.2	간호사	4.4
3	교사	6.5	경찰관	4.5	생명·자연과학자 및 연구원	3.6
4	크리에이터	6.3	군인	3.5	군인	3.4
5	프로게이머	4.3	운동선수	3.4	의사	3.2
6	경찰관	4.2	공무원	3.1	경찰관	3.0
7	조리사요리사	3.6	뷰티디자이너	2.9	컴퓨터공학자 /소프트웨어개발자	2.9
8	가수	2.7	간호사	2.5	뷰티디자이너	2.7
9	만화가웹툰작가	2.5	컴퓨터그래픽디자이너 /일러스트레이터	2.4	의료·보건 관련직	2.5
10	제과·제빵사	2.3	조리사요리사	2.3	공무원	2.0

출처: 교육부·한국직업능력개발원 (2021. 02. 24). 2020년 초·중등 진로교육 현황조사 결과 발표 보도자료.

청소년들뿐 아니라 17~29세까지 청년들의 경우에도 직업안정성에 대한 선호가 높게 나타나고 있다. 청년들의 직업선택 기준을 국가별로 비교해 보면, 미국과 중국은 높은 소득을, 일본은 좋은 동료를 선호하고 있다. 이에 반해 한국 청년들은 다른 국가들의 청년들에 비해 고용안정성에 대한 선호가 매우 높은 것을 확인할 수 있다.[15]

[표 1-2] **직업 선택 1기준**(17~29세) **국가별 비교**

(단위: %)

국가	높은 소득	고용안정성	좋은 동료	성취감 발휘 직무
미국	39.2	19.6	9.9	31.3
독일	21.1	38.4	17.7	22.8
일본	16.0	28.2	30.1	25.7
중국	33.7	23.0	13.8	29.5
한국	22.8	43.6	7.1	26.4

출처: 장흥근 외 (2006). 2006 한국인의 직업의식. 한국직업능력개발원.

실제로 이를 잘 반영하듯, 2017년 통계청이 발표한 사회조사 결과 우리나라 청년들이 가장 선호하는 직장 1순위는 국가기관으로 청년 4명 중 1명은 국가공무원이 되고 싶어하는 것으로 조사되었다. 청년들이 가장 근무하고 싶어하는 직장은 국가기관 25.4퍼센트, 공기업 19.9퍼센트, 대기업 15.1퍼센트 순이었다. 또 직업을 선택할 때 가장 중요하게 생각하는 것은 수입 39.1퍼센트, 직업안정성 27.1퍼센트, 적성과 흥미 17.1퍼센트의 순으로 나타났다.[16]

2019년 한 취업포털의 신입직 취업준비생을 대상으로 한 설문조사에서도 가장 취업하고 싶은 기업은 공기업으로 나타났다. 전체 응답자 중 29.5퍼센트가 공기업 취업을 희망했고 다음은 대기업 20.9퍼센트, 중견기업 13.4퍼센트 순으로 취업을 희망했다. 공기업을 선택한 응답자들이 공기업을 선택한 이유는 '직원 복지와 근무여건이 좋을 것 같아서' 76.9퍼센트복수응답, '정년까지 안정적으로 일할 수 있을 것 같아서' 가 51.4퍼센트 순으로 나타났다.[17]

이러한 조사결과들은 직업안정성에 대한 선호가 계속 증가하고 있음을 잘 보여주는 사례들이다. 그리고 코로나19 팬데믹 사태로 청소년들의 이러한 직업안정성에 대한 선호는 더욱 증가할 것으로 전망된다.

안정된 직업을 갖게 된다면 정말 행복할까?

그렇다면 희망하는 것처럼 국가기관이나 공기업에서 근무한다면 만족할 수 있을까? 물론 대다수의 사람들이 만족하는 삶을 살 것이다. 하지만 모든 사람들이 그렇다고 이야기하기는 어려울 것 같다.

2019년 공무원연금공단 자료에 따르면 재직 5년 미만 공무원 퇴직자는 2017년 5,181명, 2018년 5,670명에서 2019년 6,664명으로 크게 증가했다. 2019년 퇴직자 중 임용 1년도 안 돼서 공무원을 그만둔 경우가 전체의 26.5퍼센트인 1,769명에 달했다. 긴 수험생활을 거쳐 공무원이 되고도 그만둘 수밖에 없었던 이유로 첫째, 폭력과 욕설로 인한 민원 응대의 어려움, 둘째, 잦은 비상근무로 인한 과중한 업무량, 셋째, 과도한 의전 문화나 유연성이 떨어지는 업무방식 등의 조직문화를 꼽았다.[18]

특히 민원 응대의 어려움은 공무원들에게 신체적으로 큰 위협이 되기도 한다. 최근 민원인이 뿌린 제초제로 추정되는 액체로 인해 담당 공무원의 각막이 손상되는 사건이 발생했다.[19] 또 코로나19 팬데믹, 조류 인플루엔자, 돼지 아프리카 열병 등 여러 예측 불가능한 사태로 공무원들이 비상근무를 해야 하는 일들이 많아지고 있다. 이는 그들이

당신의 커리어는 안녕하십니까?

늘 긴장 속에서 살아야 한다는 것을 의미한다. 다른 직업보다 편안할 것이라는 생각을 가지고 도전했지만 현실은 그렇지 못하다는 것이다. 이러한 추세를 반영하듯 실제로 어렵게 도전해 성공했지만 퇴직을 꿈꾸는 공무원들이 적지 않은 것이 현실이다.

인기있는 공기업을 퇴사한 사람들도 있다. 50대 1의 경쟁률을 뚫고 입사한 공기업을 2년 만에 퇴사한 전직 공기업 직원은 퇴사 이유로 업무보다 더 과중한 문서작업을 문제점으로 지적했다. 일례로 믹스커피 한 상자를 살 때조차 여섯 단계의 회계처리 과정을 거쳐야 했다. 또 공공기관들이 디도스DDOS를 예방하기 위해 공공기관에서 사용하는 컴퓨터에 인터넷 사용을 제한하는 문제도 있었다. 퇴사를 결심한 가장 결정적 이유는 프리라이더free-rider가 생기는 구조였다. 이러한 구조는 공기업 특유의 해고하지 않는 분위기와 호봉제에 그 원인이 있었다. 이것이 퇴사를 결심하게 된 결정적 계기가 되었다.[20]

공무원이나 공기업도 아니라면 우리 사회에서 소위 출세했다고 생각하는 직업을 갖게 된다면 만족할까? 전문가를 일대일로 연결해 주는 유료 사이트 '네이버 엑스퍼트eXpert' 법률 코너엔 '10분에 3,000원으로 개인회생 절차를 상담해 주겠다'는 변호사의 게시글이 올라왔다. 회생 사건에 한해 온라인 채팅으로만 가능하다는 조건을 달긴 했지만 변호사 업계에선 충격적인 일이었다. 서울 서초동 법조타운에서 변호사 상담을 받으려면 보통 1시간에 최소 10만 원은 내야 한다. 하지만 네이버 같은 비대면 방식의 온라인 법률 플랫폼에서는 단돈 1만 원, 2만 원으로 변호사를 만날 수 있다.[21] 대한변호사협회가 변호사들의 법률 서비스 중개 플랫폼 가입을 전면 금지하는 대한변호사협회 규정을 시행하면서 대규모 징계 절차가 현실화되면 법조계의 혼란은 불가피할 전망이다.

사법고시가 폐지되고 로스쿨과 변호사시험이 자리잡으면서 국내 변호사가 3만 명이 넘는 시대가 도래했다. 서울의 경우 약 1만 3,000여명의 변호사가 활동하고 있으며 변호사 1인당 인구수는 773명 정도이다. 통계에 따르면 2018년 변호사 1명당 월 평균 수임건수는 1.2건으로 나타났다. 변호사라고 하면 돈을 많이 벌 거라는 과거의 인식이 이제 더이상 통하지 않는다는 것을 의미한다. 변호사를 출세의 수단으로 보는 것이 아니라 법률을 토대로 소송에서 승리하고 고객을 도와주며 이를 통해 돈을 버는 것에 의미를 찾는 사람들이 변호사로 일해야 하는 시대가 도래한 것이다.[22]

비단 변호사만의 이야기는 아니다. 다른 전문직들은 어떠한가? 전문 서비스를 제공하는 전문가들이 많아 지면서 점점 더 경쟁이 치열해지고 있다. 이러한 문제는 결국 전문직 서비스의 비용 인하로 귀결될 수밖에 없고 향후 전문직들의 일자리를 위협하는 요인이 될 것이다.[23]

이러한 전문직들의 비애를 잘 표현한 글이 있다. 사회학자 브룩스 David Brooks는 지적 엘리트들이 걸린 '지위-수입 부등의 병'에 대해 다음과 같이 설명했다.

지위-수입 부등의 병에 걸린 환자들의 비극은 그들이 낮에는 명예로우나 밤에는 굴욕적이라는 데 있다. 그들은 연설과 강의를 하고 모든 이들의 시선을 한 몸에 받으며 TV에 출연하고 신문에도 나온다. 하지만 밤이 되면 얼마 전 새로 산 자동차를 유지하기 힘들다는 사실을 갑자기 자각하게 된다. 이

당신의 커리어는 안녕하십니까?

들은 직업 세계에서는 귀족이지만 방 세 개짜리 집에 돌아오
게 되면 난쟁이로 변하고 만다.[24]

4차 산업혁명으로 인한 기술발전과 더불어 코로나19 팬데믹 사태는
전문직에게 또다른 위협이 되고 있다. 그러니 그토록 원하는 공무원,
공기업 직원, 변호사와 같은 안정된 직업을 갖는다 해도 모두 만족한다
고 이야기하기는 어려울 것 같다.

커리어 디자인의 의미

이 책의 제목인 '당신의 커리어는 안녕하십니까?', 이 질문은 독자들
에게 하고 싶은 질문이기도 하지만 먼저 내가 내 자신에게 하고 싶은
질문이기도 하다. '안녕하십니까?'는 안부를 묻는 인사말이다. 그런데
커리어가 안녕하냐고 묻는 것은 어떤 의미일까? 이 질문의 의미를 파
악하기 위해서는 먼저 '커리어'에 대한 명확한 정의가 필요하다.
국어사전에서 커리어는 어떤 분야에서 겪어온 일이나 쌓아온 경험
을 뜻한다.[25] 영어사전에서 커리어는 직업, 진로, 경력, 이력, 생애의 의
미로 번역된다.[26] 이를 종합해 보면 커리어는 특정 직업분야에서 쌓아
온 경력이나 이력을 의미한다고 볼 수 있다.
따라서 '당신의 커리어는 안녕하십니까?'라는 질문은 독자들이 직업
적으로 큰 어려움 없이 잘 지내고 있는가를 묻는 것이다. 이 질문에 대

해 자신의 커리어가 안녕하다고 대답하기 어려운 독자들도 있을 것이다. 또 자신의 커리어가 안녕하다고 대답할 수 있는 독자들 중에서도 미래에 자신이 원하는 일을 원하는 시기까지 할 수 있을지에 대해서는 확신하기 어려운 경우도 있을 것이다. 이렇듯 직업적인 부분에 대해서 큰 어려움 없이 만족한다는 답을 하기는 쉽지 않다. 이러한 상황에서 우리에게 도움이 될 수 있는 것이 커리어 디자인이다.

디자인은 명사로 설계도, 도안, 계획을 의미하고 동사로 도안하다 설계하다의 뜻을 가지고 있다.[27] 그렇다면 커리어 디자인은 커리어에 대한 계획을 수립하고 설계하는 것을 의미한다. 그런데 단지 계획만 수립해서 설계도를 작성하는 것만으로는 충분하지 않다. 중요한 것은 계획을 실행하는 것이고 설계도에 따라 커리어를 만들어 가는 것이기 때문이다. 따라서 커리어를 디자인한다는 것은 실행의 의미가 포함되어야 한다.

그런데 학문적으로 커리어는 좀 더 포괄적인 의미를 갖는다. 슈퍼 Donald E. Super는 "개인이 일생 동안 달성한 일련의 역할 및 그 역할들의 조합"으로 커리어를 정의했다.[28] 여기서 역할이란 자녀와 학생, 여가인, 시민, 직업인, 배우자, 가정주부, 부모, 연금생활자 등과 같이 대부분의 사람들이 일생 동안 경험하게 되는 역할들을 의미한다. 그렇기 때문에 커리어는 일생 동안 자신이 맡은 역할들을 열거해 놓은 것이며 21세기를 살아가는 우리들의 입장에서 가장 설득력 있는 커리어에 대한 정의라고 볼 수 있다.

커리어의 사전적, 학문적 정의에 따르면 커리어는 광의와 협의의 개념으로 구분할 필요가 있다. 광의의 커리어는 슈퍼가 정의한 바와 같이 개인이 평생 동안 수행해야 하는 역할들의 조합을 의미한다. 협의의 커리어는 직업의 이력, 즉 경력으로 정의할 수 있다. 따라서 광의로 커리어를 디자인한다는 것은 일생 동안 맡게 되는 역할들을 잘 수행하기 위한 목표를 설정하고 계획을 수립해서 실행해 나가는 것을 의미한다. 즉, 생애설계로 이해하면 좋을 것이다. 반면에 협의로 커리어를 디자인한다는 것은 직업인으로서 직업적 영역의 목표를 설정하고 계획을 수립해서 실행해 나가는 것을 의미하는 것이다. 이 책에서는 협의의 커리어에 대한 설계를 커리어 디자인으로, 광의의 커리어에 대한 설계를 생애설계로 구분할 것이다.

이 책은 협의의 커리어, 즉 커리어 디자인에 대한 내용이 주가 될 것이다. 그러므로 '당신의 커리어는 안녕하십니까?'라는 질문에 긍정적인 답을 할 수 있도록 현재와 미래의 커리어에 대해 생각해 보고 미래의 직업생활에 대한 목표와 계획수립에 집중할 것이다. 그렇다고 해서 광의의 커리어, 즉 생애설계에 대한 부분을 놓치지는 않을 것이다. 이 책의 후반부에서 짧게나마 살펴볼 것이다.

'employed'에서 'employable'로

나는 커리어코치이다. 콜롬보Juan J. Colombo와 베르더William Jr. Werther 는 『불확실한 세상을 위한 전략적인 커리어코칭』이라는 글에서 커리어코치의 역할에 대해 다음과 같이 설명했다.[29]

코치는 궁극적으로 피코치가 영구적으로 고용되는 것being permanently employed으로부터 영구적으로 고용가능한 상태being permanently employable, 즉 고용자격을 갖출 수 있도록 사고방식을 전환하게 해야 한다.

이 글에 따르면 나의 역할은 나를 찾는 고객들이 단순히 직장을 찾아서 고용되어야겠다는, 즉 취업을 해야겠다는 생각으로부터 자신이 원하는 일을 원하는 형태로 할 수 있도록 생각의 전환을 할 수 있도록 돕는 것이다. 취업이 하고 싶다면 취업을 하고, 1인 기업을 운영하고 싶다면 1인 기업을 운영하고, 프리랜서가 되고 싶다면 프리랜서가 될 수 있도록 커리어에 대한 생각의 전환을 도와주어야 한다.

더 나아가 고객이 employable한 마인드를 갖도록 하는 것뿐만 아니라 실제로 그러한 능력을 갖출 수 있도록 코칭해야 한다. 즉, 자신이 원하는 시기까지 원하는 일을 할 수 있도록 커리어 목표를 설정하고 계획을 수립해서 실천하도록 도와주어야 하는 것을 말하는 것이고 이는 곧 앞서 살펴본 커리어 디자인을 의미한다. 물론 커리어코칭을 받지 않아도 커리어 디자인을 스스로 잘할 수 있는 사람들도 많다. 하지만 그렇지 못한 사람들도 역시 많다.

고객이 employable한 마인드를 갖도록 돕는 것은 여러 상황에서 다양한 코치의 역할을 요구한다.

두 곳의 기업에 합격하고 어떤 곳을 선택해야 할지 고민하는 이메일을 보내온 대학 졸업예정자에게 다음과 같이 답장을 보냈다.

"이제 평생직장의 개념은 없습니다. 지금 취업을 해서 입사를 한다고 해도 그 직장에 평생 근무하기 어렵다는 것입니다. 그렇다면 5년이나 10년 후 자신이 노동시장에서 여전히 인기 있는 사람이 되기 위해서는 어떤 선택을 해야 할까요?"

두 시간쯤 지나고 다시 이메일이 왔다. 생각하느라고 두 시간을 보낸 것이 아니라 답장을 늦게 확인한 것 같았다.

"감사합니다. 결정했습니다."

사실 나에게 문의해 오는 내용의 많은 부분이 혼자 결정하기 힘들다는 것이다. 직업선택이나 진로와 관련된 것이니 신중해야 하지 않겠는가! 자신도 생각이 있겠지만 전문가들은 어떻게 생각하는지, 전문가라면 어떤 판단을 하는지 알고 싶고 또 자신의 생각이 맞는지 확인하고 싶어하는 경우가 많다. 이 점에 대해서는 대학생이건 성인이건 다르지 않다.

나는 60세 은퇴를 앞두고 '퇴직준비자 재취업지원교육'에 참가한 수강생들에게 다음과 같이 이야기했다.

"이 강의장을 나서자마자 바로 학원부터 등록하지 않습니다. 내가 할 수 있는 일이 무엇이 있는지 알아보고 나서 학원이든, 어디든 결정하시기 바랍니다. 그리고 이틀간 받은 교육을 토대로 내가 어떤 사람인지 잘 생각해 보십시오. 내가 조직에 소속되어 일하는 것이 편한 사람인지, 아니면 자유롭게 프리랜서로 일하는 것이 편한 사람인지부터 먼저 생각해 보시기 바랍니다."

강의 중간에 휴식을 하고 있었는데 한 여성 수강생이 나에게 다가와서 이렇게 이야기했다.

"저는 아무래도 어떤 곳에 소속되어서 일하는 것이 좋은 것 같아요.

그래서 출퇴근하는 그런 일이 맞는 것 같아요…"

"그렇게 생각하신다면 그게 맞을 겁니다. 그런 곳을 알아보시는 것이 좋겠네요."

동종업계로 이직을 하려는 30대 후반 직장인에게는 다음과 같이 이야기했다.

"이직을 희망하는 회사의 평판이 그렇게 좋은 것 같지 않아요. 예전에 그 회사를 그만둔 사람에게 들은 이야기가 있는데 사람을 함부로 대하는 경향이 많다고 하더군요. 그래서 그만둘 때 많이 섭섭했다고 하더라고요. 원하는 대로 하시더라도 조금 더 그 회사에 대한 평판을 알아보고 결정하시는 것이 좋을 것 같습니다."

자신의 일에 만족하지 못하는 공대를 졸업한 한 직장인에게 물었다.

"지금 하고 있는 일을 앞으로도 계속해서 해 나갈 자신이 있습니까?

"평생 설계도면만 그리고 살 생각을 하니 가슴이 답답해서 견딜 수가 없습니다."

이렇게 이야기하는 사람들이 생각보다 많다는 것은 그리 놀라운 일도 아니다. 만약 이러한 상황이라면 무엇부터 시작해야 할까?

사실 20세기 커리어 관련 교육들이 개인의 적성이나 흥미와 같은 특성을 고려한 직업을 찾고 그 직업을 가질 수 있도록 돕는 차원이었다면, 21세기 커리어 교육은 그 이상의 것을 필요로 한다. 기술 문명의 발달로 개인이 불안정한 직업생활을 영위할 가능성이 크기 때문에 자신의 커리어를 디자인 해 나가기 위해서 필요한 태도와 방법들을 학습해야 하는 것이다. 그런데 사실 우리는 이런 교육을 제대로 받은 적이 없다. 어떻게 자신의 커리어를 디자인해야 하는지 구체적인 교육을 받은 적이 없기 때문에 이에 대한 학습이 필요한 것이다.

특히 커리어에 대해 지속적으로 관심을 유지하는 태도, 자기이해와 환경을 인식하는 방법, 커리어 목표를 설정하고 계획을 수립하는 방법, 여러 어려움 속에서도 자신이 계획한 것을 끝까지 실행해 나가는 태도 등에 대해 학습해야 한다. 이러한 것들이 부족하다면 자신이 원하는 직업생활을 영위하기 힘들고 궁극적으로 의미 있는 일, 더 나아가 의미 있는 삶을 살기 어려울 것이다. 따라서 이 책에서는 개인들이 커리어 디자인을 위해서 필요한 방법과 갖추어야 할 태도 등에 대해 구체적으로 살펴볼 것이다.

우리가 얻어야 할 교훈

미증유의 코로나19 팬데믹 사태를 경험하면서 직업적인 문제로 어려움에 처한 사람들이 많을 것이다. 사실 이 사태가 발발한 것에 대한 책임 소재를 따져본다면 누군가 책임을 져야 할 수도 있다. 그러나 우리를 포함한 대다수의 사람들은 아무런 잘못도 또 책임도 없다.

그런데 어느 날 정말 세상이 멈춘 것처럼 믿기지 않는 일들이 발생했다. 우리를 포함해 대부분의 사람들은 이렇게 심각한 사태가 발생할 것이라고 예상하지 못했다. 그래서 우리들은 어떠한 준비도 하지 못했고 그냥 온몸으로 이 사태를 맞이해야만 했다. 그래도 많은 분들의 노력과 헌신이 있었기에 우리는 다른 나라들 보다 조금 더 안전하고 덜 위험하게 이 위기에 대처했던 것 같다. 많은 분들에게 감사해야 할 일이다.

일상생활에서 활동이 자유롭지 못한 문제도 있었지만 대부분의 문제는 직업적인 것이었다. 직장을 잃은 사람들도 많았고 사업을 접어야 했던 사람들도 많았다. 특히 여행, 숙박, 음식점 등 서비스 업에 종사하거나 사업을 운영하는 분들이 많은 고통을 겪은 것으로 나타났다. 어려움 속에서 힘든 과정을 지냈고 또 지내고 있는 분들에게 여러분의 잘못이 아니고 또 여러분의 책임도 아니라고 말해 주고 싶다. 따뜻한 위로의 말씀과 격려를 보낸다.

코로나19 팬데믹이 아니더라도 우리는 살면서 감당하기 어려운 상황에 직면하게 되는 경우가 있다.

교통사고를 당한 뒤 내 몸과 영혼은 산산이 부서졌다. 사랑하는 사람들에게 짐만 될 게 뻔하다고 생각했기 때문에 치욕과 무기력, 절망 속에서 하루하루를 살았다. 세상에 살 만한 가치가 없는 존재라는 느낌이었다. 내가 바라는 일이라곤 눈을 감고 두 번 다시 뜨지 않는 것이었다.

심각한 자기 연민과 자살에 대한 생각에 빠져 중환자실에 누워 있던 어느 날 밤, 간호사 한 명이 다가오더니 내가 심리학자라는 말을 들었다고 했다. 그렇다는 내 대답에 그녀는 자신의 이야기를 해도 되겠느냐고 물었다. 그 당시 나는 목에 철제 보조기를 차고 있었기 때문에 고개를 돌려 그녀의 얼굴을 볼 수 없었다. 하지만 그녀는 상관하지 않고 자기 이

당신의 커리어는 안녕하십니까?

야기를 들려주었다. 상실과 배반에 관한 이야기였다. 그녀는 깊은 시름에 잠겨 있었고 이대로 계속 살아야 할지 모르겠다고 말했다.

나는 그녀의 심정에 깊이 공감했다. 나야말로 그녀와 같은 생각이었기 때문이다. 그녀 또한 내가 말하지 않아도 자신의 심정을 헤아리고 있다는 사실을 알고 있었다. 그녀는 망가진 내 몸을 전혀 신경 쓰지 않았다. 내 몸에 연결된 소변줄도, 내가 움직일 수 없다는 사실도 개의치 않았다. 그녀는 그저 나를 자신에게 도움이 될 한 사람의 인간이자 동지로 여겼던 것이다. 나 또한 사고 이후 처음으로 나 자신을 그런 존재로 느꼈다. 이야기가 끝난 뒤 나는 그 간호사에게 치료 전문가를 따로 소개해 주었고 그녀는 내게 감사하다고 말했다. 그때 나는 두 눈을 감고 자신에게 이렇게 속삭였다.

"그래, 이 거면 살 수 있어."

그 간호사는 내게 단지 무엇인가를 물었을 뿐이었다. 그 단순한 행위만으로 그녀는 내가 가치 있는 인간이라는 사실을 다시 일깨워주었던 것이다. (중략)

삶과 죽음의 선택을 마주했던 그 순간이야말로 진정한 선물이었다. 물론 나는 삶을 택했다. 처음엔 삶을 택한 이유가 아이들에게 내가 필요하기 때문이라고 생각했다. 그 이후에는 부모나 친구들, 내게 상담을 청하는 환자들을 위한 것이라고 여겼다. 그러나 2년이 흐른 뒤 나는 깨달았다. 삶을 선택했던 나의 결정은 다른 무엇 때문이 아니라 생을 사랑하는

나 자신 때문이었다는 것을. 그 자각 이후 내 인생은 목표와 열의와 감사로 더욱 충만한 삶이 되었다. (중략)

나는 66번째 생일에 사고로 사지마비 환자가 된 지 33주년 기념일을 맞았다. 정확히 인생의 절반을 마비 환자로 살았던 셈이다. 나는 사람들이 자신의 인생을 좀 더 행복하게 살 수 있도록 도움을 줄 수 있다. 지금 나는 살아 있는 존재에 대한 애정으로 충만하다.

위의 내용은 미국의 심리치료사 고틀립Daniel Gottlieb의 실제 이야기이다.[30] 죽음을 생각할 만큼 어렵고 힘든 순간에도 우리는 여전히 의미 있는 일을 할 수 있는 쓸모 있고 괜찮은 사람이라는 것을 깨닫게 된다면 우리는 살아가는 힘을 얻을 수 있을 것이다. 그리고 어렵고 힘든 순간들은 영원하지 않다. 그 또한 지나갈 것이다. 언제나 그랬던 것처럼 말이다.

저는 운 좋게도 인생에서 정말 하고 싶은 일을 일찍 발견했습니다. 제가 20살 때, 부모님의 차고에서 워즈니악Steve Wozniak과 함께 애플의 역사가 시작됐습니다. 제 나이 29살, 우리는 최고의 작품인 매킨토시를 출시했습니다. 그러나 이듬해 저는 해고당했습니다. (중략)

저는 완전히 '공공의 실패작'으로 전락했고 실리콘 밸리에서 도망치고 싶었습니다. 그러나 제 마음속에는 뭔가가 천천히 다시 일어나기 시작했습니다. 전 해고당했지만 일에 대한 사

당신의 커리어는 안녕하십니까?

랑은 여전히 식지 않았습니다. 당시에는 몰랐지만 애플에서 해고당한 것은 제 인생 최고의 기회임을 깨닫게 되었습니다. 그 사건으로 인해 저는 성공이란 중압감에서 벗어나서 초심자의 마음으로 돌아가 자유를 만끽하며 내 인생 최고의 창의력을 발휘하는 시기로 갈 수 있게 됐습니다. (중략)

때때로 인생이 당신을 배신하더라도 결코 믿음을 잃지 마십시오. 전 인생에서 해야 할 일, 제가 사랑하는 일이 있었기에 반드시 이겨낸다고 확신했습니다. 당신이 사랑하는 것을 찾아보십시오. 사랑하는 사람이 나에게 먼저 다가오지 않듯 일도 그런 것입니다.

'노동'은 인생의 대부분을 차지합니다. 그런 거대한 시간 속에서 진정한 기쁨을 누릴 수 있는 방법은 스스로가 위대한 일을 하고 있다고 자부하는 것입니다. (중략)

지금도 찾지 못했거나 잘 모르겠다 해도 주저앉지 말고 포기하지 마시기 바랍니다. 진심을 다하면 반드시 찾을 수 있습니다. 일단 한 번 찾아낸다면 서로 사랑하는 연인들처럼 시간이 가면 갈수록 더욱 더 깊어질 것입니다. 그러니 그것들을 찾아낼 때까지 포기하지 마십시오. 현실에 주저앉지 마십시오.

위의 내용은 고인이 된 잡스Steve Jobs의 스탠퍼드대학 졸업축사의 일부이다. 자신이 만들고 자신이 뽑은 회사 직원들에 의해 해고당한 잡스는 아마도 하늘이 무너져 내리는 것 같은 상실감을 느꼈을 것이다. 하지만 그 가운데서 자신의 일에 대한 사랑이 더욱더 깊어졌고 자신이 가진 능력을 제대로 발휘할 수 있게 되었다. 결국 그는 시련을 이겨내고 더 큰 성공을 거둘 수 있었다.[31]

잡스가 주장한 스스로 위대한 일을 하고 있다고 자부하라는 것은 자신이 하는 일을 중요한 일이라고 생각하라는 것이다. 이는 그 일이 다른 사람들에게 긍정적인 영향을 줄 수 있는 일이며 결국 그 일이 의미 있는 일이라는 생각을 가져야 한다는 것이다.

이처럼 사람들은 어려운 상황을 이겨내고 나서 더 단단해지는 것 같다. 인간은 코로나 바이러스를 정복하든, 아니면 공생하는 방법을 찾든 그렇게 이 팬데믹 상황을 이겨낼 것이다. 이제까지 그래왔던 것처럼 말이다.

그리고 이 팬데믹 사태가 종식되고 나면 우리나라는 세계인들이 가장 많이 찾는 관광대국이 될 것이다. 서울뿐만 아니라 전국의 관광명소는 외국인들로 넘쳐날 것이다. 어떤 사람들은 서산 오지리에서 바지락을 캐고 있을지도 모른다. 그리고 'made in Korea' 제품은 품질이 뛰어난 명품으로 자리하게 될 것이다. 우리 모두는 그렇게 될 것이라는 것을 너무나 잘 알고 있다.

이번 사태가 우리의 잘못이나 책임이 아니라고 해서 우리가 아무것도 하지 않아도 된다는 것을 의미하지는 않는다. 이 사태를 그냥 지나가는 시련으로만 생각해서는 안 될 것이다. 이 엄청난 시련 속에서 이를 극복하고 또 다른 시련을 미리 준비할 수 있도록 교훈을 얻어야 할 것이다. 시련이 단순히 시련으로 그치지 않는 이유는 우리가 그 시련 가운데 성장하고 발전할 수 있는 힘을 얻을 수 있기 때문이다.

만약 우리가 이번 사태를 통해 교훈을 얻지 못한다면 그래서 우리가

당신의 커리어는 안녕하십니까?

이 시련 속에서 성장하고 발전하지 못한다면 또 앞으로 언제일지 모르지만 또 다시 닥쳐올 이와 같은 위기를 준비하지 못한다면 우리는 지금보다 더 힘든 고통의 시간을 보내야 할지도 모른다.

우리는 더 강해져야 하고 조금 더 지혜롭고 현명해져야 한다. 또 직업적으로도 미래를 잘 준비할 수 있도록 더 단단해져야 한다. 이것이 우리가 이번 사태를 통해서 얻어야 할 교훈이다. 우리는 이제 곧 우리에게 다가올 우호적인 미래를 준비해야 한다. 우리가 우리의 커리어를 디자인해 나가는 것처럼 말이다.

영국의 사학자 칼라일Thomas Carlyle은 일생의 일을 발견한 사람은 행복하며 그 이유는 다른 행복을 찾을 필요가 없기 때문이라고 했다.

그렇다면 자신이 의미 있는 일을 하고 있다고 생각하는 사람은 365일 24시간 내내 행복할까? 그것은 아니다. 일을 하다 보면 자신의 뜻대로 되지 않는 부분도 있고 함께 일하는 사람들 때문에 스트레스를 받을 때도 있다. 그 어떤 사람도 매 순간 항상 행복하기는 어렵다. 행복은 문득 문득 찾아오는 것이다.

자신이 계획한 대로 일이 잘 진행되었을 때, 여러 난관을 극복하고 목표를 달성했을 때, 함께 일하는 사람들과 뜻을 맞추어 일을 잘 진행했을 때, 누군가에게 어려움을 극복할 수 있도록 도움을 주었을 때 그렇게 문득 문득 찾아오는 것이다.

만약 자신이 하고 있는 일에 크게 불만을 느끼지 않는다면 거꾸로 그 일에서 의미를 찾아볼 것을 권한다. 이미 하고 있는 일이 의미 있는 일인데도 미처 그것을 발견하지 못했을 수도 있기 때문이다. 만약 자신의 일에 만족을 느끼지 못한다면 의미 있는 일에 대해 생각해 볼 것을 권한다.

일본 교세라의 명예 회장인 가즈오가는 만약 자신이 좋아하는 일이 무엇인지 정확히 모른다거나 알고는 있지만 당장 그 일을 할 수 없을 때는 일단 자신에게 주어진 일을 좋아하는 것부터 시작할 필요가 있다고 주장했다. 지금 자신 앞에 놓인 일을 먼저 사랑하고 사랑할 수 있도록 끝없이 노력하는 것이 필요하다고 조언했다. 그렇게 되면 자신

도 모르게 인생이 풍요로워질 것이며 그 일을 더 없이 사랑하게 될 것 이라고 주장했다.[32]

가즈오가의 주장이 자신의 일에서 의미를 발견할 수 있는 하나의 방법이 될 수 있다고 생각한다. 그러나 무조건 주어진 일을 좋아하고 사랑하기 위해 노력해야 한다는 것에는 동의하기 어렵다. 사람들은 자신에게 잘 맞는 일과 그렇지 않은 일이 있기 마련이다. 더 좋은 방법은 자신에게 잘 맞는 일을 찾고 그 일을 사랑하기 위해 노력하는 것이다.

다음은 의미 있는 일에 대한 질문, employable하기 위한 코칭 질문들이다.

여러 질문들 중에서 지금 자신에게 가장 필요하다고 생각되는 질문이 있다면 그 질문을 선택하고 스스로 답해 보기 바란다.

지금 자신이 공부하고 있는 분야와 관련해 관심있는 직업은 무엇인가?

지금 자신이 공부하고 있는 분야가 자신에게 잘 맞지 않는다면 평소 관심있는 분야는 무엇인가?

지금 하고 있는 일을 앞으로도 계속해서 해 나갈 자신이 있는가?

지금 하고 있는 일을 평생 동안 계속할 자신이 있는가?

지금 자신이 하고 있는 일에 전문성을 가지고 있다고 생각하는가?

지금 자신이 하고 있는 일에서 가장 마음에 드는 것은 무엇인가?

지금 자신이 하는 일의 어떤 부분이 다른 사람들의 삶에 긍정적인 영향을 미친다고 생각하는가?

지금 자신이 하는 일이 자신에게 어떤 의미가 있다고 생각하는가?

5년이나 10면 후 자신이 노동시장에서 여전히 인기 있는 사람이 되기 위해서는 어떤 선택을 해야 하는가?

현재의 직업에서 은퇴 후에도 직업생활을 이어가야 한다면 어떤 능력을 갖추는 것이 필요하다고 생각하는가?

언제까지 직업생활을 하고 싶은가?

은퇴 후 직업생활을 이어가고 싶다면 어떤 형태의 일을 원하는가?(창업, 1인 기업, 프리랜서, 취업 등)

2장

일자리에 대한 이야기

미래 도시의 노동시장에는 4개의 계급이 존재한다

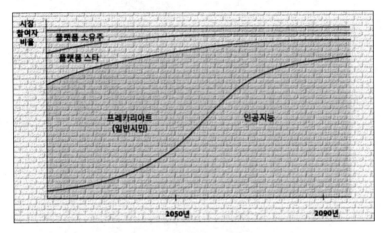

[그림 2-1] 미래의 노동시장

출처: 유기윤 외 (2018). 2050 미래 사회 보고서(원 출처: https://blog.naver.com/kiyunyu2/220960275144 수정).

다음에 소개하는 미래 도시의 노동시장에 대한 이야기는 2018년 출간된 『2050 미래 사회 보고서』의 내용이다.[1]

2050년 미래 도시의 노동시장을 보여주는 그림의 상단에는 소수의 플랫폼 소유주들이 위치하고 있다. 플랫폼 소유주는 플랫폼으로 성공적인 변신을 한 기업가와 투자자들이 해당된다. 이미 낯설지 않다. 구글, 페이스북Meta, 아마존, 네이버, 카카오, 배달의 민족과 같은 거대 플랫폼 기업과 그 소유주들이다. 우리가 최상층의 플랫폼 소유주가 될 가능성은 0.001퍼센트 정도이다. 플랫폼은 금융, 교육, 엔터테인먼트에 이르기까지 사업 범위를 점차 확대해 나가고 있다. 미래에는 개인들도 유투브, 페이스북 등 다양한 채널들을 통해 플랫폼화 될 것이다.

그 밑에는 플랫폼 스타가 있다. 플랫폼 스타는 대중에게 인기있는 정

당신의 커리어는 안녕하십니까?

치가, 예체능 천재와 창조적 전문가들이다. 아주 단순하게 이야기하자면 플랫폼을 통해 대중과 소통하면서 인기와 부를 누리는 스타들인 것이다. 사실 이들도 생소하지 않다. 이미 우리 주변에서 쉽게 찾아볼 수 있다. 유명 정치가, 유투브 크리에이터, 방송연예인, 엔터테인먼트 종사자들이다. 우리가 플랫폼 스타가 될 가능성 역시 희박하다. 0.002퍼센트 정도이다.

그 밑에 존재하는 프레카리아트precariat는 플랫폼에 종속되어 프리랜서로 일하며 살아가는 절대 다수의 사람들이다. 대부분의 사람들은 거대 플랫폼에 종속되어 계약직이나 프리랜서와 같은 불안정한 노동을 하면서 살아가게 될 것이다. 사람들이 프레카리아트에 속하게 될 확률은 무려 99.99퍼센트를 넘는다. 프레카리아트는 불안정하다는 뜻을 가진 이탈리아어 프레카리오precario와 임금 노동자 계급을 의미하는 독일어 프롤레타리아proletariat를 합친 말이다.

미래에 프레카리아트에 속한 평범한 사람들은 약간 더 작은 집에서 자고 로봇과 사람이 함께 요리나 서빙을 해 주는 허름한 식당에서 식사를 할 것이다. 가끔 스트레스를 풀고 몸짱이 되기 위해 근교 산이나 값싼 헬스클럽에도 간다. 먹고 자고 운동하는 모습은 현재와 크게 다르지 않다. 그런데 큰 차이가 있다면 많은 시간을 가상의 세계에서 보내게 된다는 것이다. 대부분의 사람들은 하루에 최소 몇 시간씩 가상 세계에서 머무른다. 마치 여행을 떠나듯 며칠씩 이곳에서 보내는 경우도 흔하게 목격될 것이다. 가상의 세계는 점점 더 매혹적인 공간으로 변화하고 시간이 지날수록 장기간 머무는 가상세계족이 증가한다. 이곳에서는 적은 돈으로도 짜릿한 쾌락을 얻을 수 있는 방법들이 널려 있다. 그러니 갈수록 북적거릴 수밖에 없다. 정신이 가상도시에 머물 동안 몸을 관리해 주는 '포팅 스테이션' 비즈니스는 활황을 맞고 관련 기술은 빠르게 발전할 것이다.

'포팅 스테이션'은 사람이 누울 수 있는 캡슐들이 가득한 곳을 말한다. 사람들이 가상의 공간에 머무는 동안 몸관리를 받는 곳이다. 사실 이 시스템이 낯설게 느껴질 수도 있지만 현재 많은 사람들이 이용하고 있는 PC방을 생각해 보자. 많은 사람들이 온라인 게임을 하기 위해 PC방을 이용한다. 온라인 게임은 사람들이 가상의 현실에 접속하게 하는 매개체이다.

게임 속에서 사람들은 현실에서 가질 수 없는 자신만의 무기와 영토를 소유한다. 또 더 많이 갖기 위해 게임 속 상대방을 공격하고 가지고 있는 것들을 빼앗는다. 이처럼 가상세계는 현실에서 할 수 없는 많은 일들이 가능하다. 포팅 스테이션의 캡슐 속에 누워 가상의 세계에 접속하고 그 곳에서 암담한 현실과 달리 원하는 것을 할 수 있다.

미래의 노동시장 가장 밑에는 인공지능이 있다. 인공지능은 단지 지능만 있는 것이 아니라 감정, 의지, 그리고 나아가 자의식까지 갖출 것이다. 미래의 인공지능은 설계자의 계획에 따라서만 작동하는 시스템이 아니라 스스로 자신을 개선하는, 말하자면 자가 진화하는 시스템이 된다. 더불어 자아, 즉 법인격도 가지게 될 것이다. 사람처럼 판단과 행위의 주체로 인정된다는 것을 의미한다.

인공지능이 법인격을 갖게 되면 사업을 할 수도 있고 재산을 모을 수도 있다. 그 과정에서 건물이나 컴퓨터 장비들을 사들일 수도 있고 사람이나 다른 작은 시스템, 로봇 등을 고용할 수도 있다. 인공지능은 계

당신의 커리어는 안녕하십니까?

속해서 서비스를 개선하면서 점점 더 많은 재산을 모으게 되고 시장에서 다른 인공지능과 경쟁도 하게 될 것이다.

그 과정에서 살아남은 인공지능은 거대한 자본을 형성한다. 인공지능은 적극적으로 플랫폼 경제에 참여하고 확산도 촉진할 것이다. 플랫폼 스타로 등극하는가 하면 더 나아가 거대 플랫폼의 지위도 노릴 것이다. 그렇게 되면 미래 도시의 지배자는 사람이 아닌 인공지능이 될 수 있다.

이렇게 육체적·정신적으로 인간의 능력을 뛰어넘는 인공지능의 출현에 대해 미래학자인 커즈와일Ray Kurzweil은 특이점singularity이라는 용어를 사용해 설명했다. 본래 특이점은 천체물리학에서 블랙홀 내 무한대 밀도와 중력의 한 점을 뜻하는 용어이다. 커즈와일은 이 특이점을 사회경제적인 의미로 차용하여 너머를 알 수 없을 정도로 커다란 단속적 변화가 이뤄지는 시점을 지칭했다. 커즈와일은 급격한 기술의 발전을 예측하면서 2045년을 기술적 특이점의 시기로 전망했다.[2]

특이점의 시기가 되면 인간은 기술과 융합하여 지금보다 훨씬 더 영리해질 것이다. 미래 사회의 기계들은 비록 생물이 아닐지라도 인간적인 면을 갖게 된다. 결국 문명의 지능 대부분은 비생물학적인 형태가 될 것이고 21세기 말에는 비생물학적 지능이 인간 지능보다 수조 배의 수조 배만큼 강력해질 것이다. 이처럼 생물학적 지능이 진화의 우위를 잃는다 해도 이것이 흔히 우려하는 것처럼 생물학적 지능의 종말을 의미하지는 않는다. 인간의 문명은 여전히 인간적일 것이기 때문이다.[3]

이러한 인간문명의 낙관적인 전망에도 불구하고 미래 도시의 노동시장은 갈수록 플랫폼 소유주와 플랫폼 스타, 그리고 프레카리아트의 시장은 줄어들고 대신 인공지능의 시장이 큰 폭으로 증가할 것이다. 이것이 미래 도시의 노동시장을 예측한 결과이다. 여기에서 저자는 다음과 같이 이야기한다.

> 이쯤에서 여러분은 프레카리아트에 대해 다시 한번 자세히 볼 것이다. 여러분의 미래 모습이기 때문이다. 이렇게 결론 내리는 나도 힘들고 그런 자신을 그려보는 여러분도 못마땅할 것 같다. 하지만 공학자로서 미래 도시를 시뮬레이션해 본 결과는 이렇다.[4)]

나는 이 글을 읽으면서 저자의 글에 이렇게 답하고 싶었다. "읽는 나도 힘드오."

사실 인공지능은 인간에게 도움을 주는 약한 인공지능과 인간의 능력을 뛰어넘을 수 있는 강한 인공지능으로 구분된다. 인간은 동물이다. 그러나 지금까지 인간이 지구에 생존해 오면서 스스로를 만물의 영장이라 칭하고 자신보다 몸집이 크고 힘이 센 많은 동물들을 제압하면서 오늘에 이르렀다. 아마도 인간의 DNA 안에는 이러한 기억들이 존재하는 것 같다. 자신들이 그랬던 것처럼 다른 존재에 의해 제압당할 수도 있다는 두려움 말이다. 그래서 더욱 강한 인공지능에 대한 두려움을 가지는지도 모르겠다.

"I'll be back." 생각만 해도 등골이 오싹해지지 않는가!

> …한 가지 확실한 건 인류는 21세기 초 어느 시점에서 스스

로 경탄하며 AI의 탄생을 한마음으로 축하했다는 거야… 기계들의 일족을 생산해 낸 단일 자의식이지… 우리와 그들 중 누가 먼저 공격했는지는 몰라. 다만 인류가 하늘을 불태운 건 확실해… 인류는 생존을 위해 기계에 의존해 왔어. (중략) 메트릭스가 무엇이지? 통제야. 메트릭스는 컴퓨터가 만든 꿈의 세계야. 우릴 통제하기 위한 것이지. 인간을 이것(배터리)으로 만들려고….

-영화 〈메트릭스 1〉-5)

커즈와일이 언급한 것처럼 2045년경 우리는 기술적 특이점을 마주하게 될 수도 있다. 어찌 보면 우리의 미래는 오늘을 살고 있는 우리의 손에 달려있는지도 모른다. 그렇다고 해서 기술의 발전을 막을 수도 속도를 늦출 수도 없다. 어쩌면 일자리의 문제를 넘어서서 기계와 인간의 전쟁에 대한 이야기가 될 수도 있다.

미래 노동시장은 프레카리아트 간의, 즉 인간 간의 경쟁을 넘어서 강력한 인공지능과의 경쟁의 장이 될 것이다. 과연 인간은 이 전쟁에서 승리할 수 있을까? 미래의 노동시장에 대한 글을 읽는 나도 힘들었다. 사실 우리에게 어떤 미래가 펼쳐질지 정확하게 알 수 없다. 우리가 정확하게 알 수 있는 것은 우리가 마주하고 있는 지금 이 순간뿐이다.

대한민국에 존재하는 1만 2,823개의 직업

한국직업사전은 우리나라의 모든 직업들을 총망라하여 정리한 것이다. 우리나라 최초의 직업사전은 1969년 인력개발연구소가 경제기획원, 과학기술처, 노동청의 감수를 받아 발간했다. 이 직업사전에는 3,260개의 직업이 수록되었다.

1986년에 발간된 한국직업사전에는 8,900여 개의 직업들이 소개되었다. 이후 1995년에 발간된 한국직업사전 2판에서는 1986년에 비해 약 600여 개의 직업이 증가한 것으로 나타났다. 이는 기술발전으로 인해 직업의 수가 증가했기 때문이다.

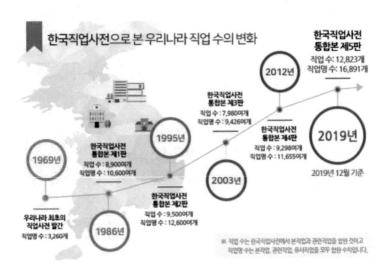

[그림 2-2] 한국직업사전으로 본 우리나라 직업 수의 변화

출처: 워크넷(https://www.work.go.kr/consltJobCarpa/srch/jobDic/jobDicIntro.do?pageType=job Dic Notes).

당신의 커리어는 안녕하십니까?

2003년 발간된 한국직업사전 3판에서는 직업 수가 7,980여 개로 이전보다 감소한 것을 확인할 수 있다. 직업 수가 감소한 주된 이유는 1990년대 후반부터 인터넷의 급속한 보급, 정보처리 기술의 발전으로 인한 직무 단순화와 이에 따른 직무 통합화가 가속화되었기 때문이다. 특히 기능원 및 조립과 관련된 생산직 직종에서는 직업 수가 줄어든 반면 전문 지식과 경험을 기초로 해당 분야에서 연구, 개발 및 개선 업무를 수행하는 전문가들이 포함된 직업의 수는 증가했다. 이러한 변화를 통해 지식정보사회로의 전환이 시작되었으며 블루칼라와 화이트칼라의 비율이 역전되었다.[6]

2012년 발간된 한국직업사전 4판에서는 다시 직업 수가 증가하여 9,298여 개로 조사되었다. 2003년 이후 새로 등장한 직업들은 주로 기술발전과 새로운 제품 및 서비스의 등장, 사회문화의 변화 및 새로운 제도의 시행 등을 통해 직업으로 인정받은 것들이다. 특히 전기자동차의 등장과 고속철도KTX의 개통, 신재생에너지·자원재활용 기술 및 산업의 성장, 영상처리 및 IT제품의 발전 등 기술의 진화와 새로운 제품, 서비스의 등장으로 나타난 신생직업 200여 개가 포함되었다. 신생직업은 전기자동차설계기술자, 폐기물자원화설비운전원, 태양전지모듈공정개발연구원, 디지털영상처리전문가, 증강현실전문가 등이다.

반면 제품의 생산이 중단되고 새로운 첨단 제품으로 대체되거나 자동화와 기계화로 직무가 사라지면서 30여 개의 직업이 소멸되었다. 브라운관의 생산 중단으로 사라진 직업은 브라운관봉입원과 전자총조립원 등이며, 비디오테이프의 생산 중단으로 비디오조립원과 비디오테이프검사원 등이 사라졌다. 유리진공병의 생산이 중단되면서 보온병도금원과 진공병양면부착원 등의 직업도 역사 속으로 사라졌고, 전신타자기의 사용 중지로 전보송수신원과 전보시설운용원 등의 직업이 소멸되었다.[7]

2019년 발간된 한국직업사전 5판에서는 총 1만 2,823개의 직업이 등재되었으며 2012년에 발간된 4판에 비해 3,500여 개의 직업이 추가로 수록되었다. 특히 새로 등재된 270개의 신생 직업은 주로 4차 산업혁명으로 인한 과학기술의 발전, 고령화에 따른 인구학적 변화, 전문화로 인한 사회환경 변화, 정부 정책과 관련된 제도변화에 따른 것이 많았다.

디지털화 및 4차산업혁명의 진전으로 빅데이터전문가사이언티스트·엔지니어·시각화전문가, 블록체인개발자, 인공지능엔지니어머신러닝엔지니어, 딥러닝엔지니어, 드론조종사, 디지털문화재복원전문가 등이 새롭게 등재되었다. 이외에도 수납정리원, 애완동물장의사, 산림치유지도사, 스포츠심리상담사, 지속가능경영전문가, 창업기획자엑셀러레이터, 도시재생코디네이터, 농촌관광플래너 등이 새롭게 수록되었다.

한편, 제품의 생산 중단 및 디지털화 등 기술 발전에 따라 종사자가 없는 18개의 직업이 삭제되었다. 플라즈마영상패널 관련 생산직, 영화필름자막제작원, 필름색보정기사, 테니스라켓 제작 관련 직업이 제외되었으며 TV디스플레이로 쓰이던 플라즈마영상패널PDP의 생산이 중단되면서 플라즈마영상패널격벽형성원 등의 직업이 소멸되었다.[8]

직업은 기술 발전, 경제성장, 인구학적 변화와 사회환경의 변화 등으로 인해 소멸되고 생성되는 메커니즘을 갖는다. 이러한 현상은 앞으로도 계속될 것이다.

당신의 커리어는 안녕하십니까?

물장수와 영화간판 제작원은 정말 사라진 걸까?

직업의 생성과 소멸 메커니즘에 따라 소멸된 직업 중 하나가 물장수이다. 물장수는 오늘날과 같은 상하수도 시설이 완비되기 이전에 각광받았던 직업이다. 물장수는 도시로 많은 인구가 유입되면서 하천이나 우물에서 멀리 떨어진 곳에 사는 사람들이 식수 불편을 겪게 되자 등장한 직업이었다. 상하수도 설치 수준이 열악하기도 했지만 인구의 도시 유입 속도가 빨라지면서 물장수는 서민생활에 꼭 필요한 존재가 되었다.

1900년대 초 한 지게의 물값이 1905년 을사조약 이전에 통용된 화폐로 20전 정도였는데 가정에 따라서는 하루에 스무 지게나 되는 물을 식수로 사용했다. 따라서 물장수 한 사람이 하루에 서른 곳의 가정을 맡는다고 가정했을 때 그 수입은 상당했을 것이다. 그만큼 그 시기에 물장수는 돈을 많이 벌 수 있는 직업이었다.[9]

1908년 수도 시설이 마련되기 전의 서울에는 약 2,000명의 물장수가 있었다. 당시 인구를 20만 명으로 가정하면 인구 100명당 한 명꼴로 물장수가 존재했던 셈이다. 이렇게 많은 물장수가 활동할 수 있었던 것은 당시 우물의 분포가 매우 불균등하였고 수질이 좋지 않아 식수를 구하기가 쉽지 않았기 때문이다. 물 없이 살 수 없었기에 물장수는 그야말로 불황이 없는 직업이었다.[10]

전국 각지에 상하수도 시설이 설치되기 시작하면서 물장수는 서서히 사라졌다. 이는 물장수라는 직업이 사라진 가장 직접적인 이유였다. 그러나 물장수는 급격하게 사라지지 않고 수도관 매설 정도에 따라서 서서히 사라졌다.

오늘날 생수산업의 발달은 새로운 물장수를 등장시켰다. 생수업체들은 더 정교해지고 더 체계화된 시스템을 갖춘 또 다른 형태의 물장수인 것이다. 그러니 물장수가 완전히 사라졌다고 이야기할 수 있을까?

먹고 살기 힘든 보릿고개 시절을 넘기면서 생활 수준은 점차 나아졌다. 먹고 사는 문제가 어느정도 해결되자 사람들은 문화생활에 관심을 갖게 되었다. 즐길 것이 많지 않았던 1970~1980년대 사람들은 영화를 통해 문화생활을 할 수 있었다. 영화산업이 서서히 발달하기 시작하면서 영화간판을 그리는 영화간판 제작원은 가장 각광받는 직업 중하나였다.

그 당시 영화간판 그림을 그리기 위해서는 상당한 수습기간을 거쳐야 했다. 대개 영화관에 소속된 미술부장들은 영화간판을 그리는 기술을 잘 전수해 주려고 하지 않았다. 그림을 그리는 기술이 많은 사람들에게 전수되면 자신들이 경쟁력을 잃게 될 것을 우려했기 때문이다. 그래서 영화간판 제작원이 되려면 수습기간을 거치면서 어깨너머로 기술을 배워야만 했다.

그 당시 영화간판 하나를 그리는 데 대개 7~10일 정도 소요되었는데 20년 정도 경력을 가진 미술부장 정도면 한 편당 200~300만 원 정도를 받았다. 영화가 크게 흥행을 할 경우 6개월 이상 간판이 걸리게 될 때도 있었다. 이럴 때면 영화간판 제작원들은 자신이 그린 그림이 오래 걸려있는 것을 보고 큰 보람을 느끼곤 했다. 그러나 한 간판이 그렇게 오랜 시간동안 걸려 있다 보면 새 간판을 그릴 일이 그만큼 줄어들기 때문에 돈벌이엔 도움이 되지 않았다.[11]

당신의 커리어는 안녕하십니까?

1990년대 멀티플렉스복합관 극장들이 등장하면서 영화관들이 대형화되기 시작했다. 이때부터 컴퓨터와 인쇄기인 플로터를 이용해 주로 천에 인쇄를 하는 플렉스 간판이 선보이기 시작하면서 손으로 그린 영화간판은 더 이상 환영받지 못하고 영화간판 제작원들과 함께 사라졌다. 1990년대 초까지 100여 명 정도되던 영화간판 제작원들은 모두 극장을 떠날 수밖에 없었다.

인쇄업체나 광고기획사에서 주로 제작하는 플렉스 간판은 그림간판과는 비교할 수 없을 정도로 시간과 인력을 절약할 수 있다. 플렉스 간판의 등장으로 영화간판 제작원들은 사라졌지만 여전히 영화관에는 대형 플렉스 간판이 걸려있다. 새로운 영화간판 제작원들이 등장한 것이다.

과거에 호황을 누렸지만 잊힌 물장수와 영화간판 제작원처럼 앞으로도 많은 직업들이 그렇게 사라질 것이다. 그러나 또 다른 물장수와 영화간판 제작원들이라고 할 수 있는 생수업체, 인쇄업체나 광고기획사처럼 더 체계화되고 발전된 시스템을 갖춘 직업들이 등장할 것이다.

자동화로 인해 사라질 직업들

2013년 옥스퍼드 마틴 스쿨의 연구원인 경제학자 프레이Carl B. Frey와 기계학습전문가인 오스본Michael Osborne은 자동화에 따른 고위험 직업군과 저위험 직업군을 발표했다. 이는 미국의 직업 목록들을 대상으로 과학기술 혁신이 실업에 미칠 잠재적 영향력을 수치화하여 자동화가 진행될 확률이 높은 702개 직업의 순위를 발표한 것이다. 자동화의 위험에 가장 민감하지 않은 직종0은 자동화 저위험 직군과 자동화의 위험에 가장 민감한 직종1은 컴퓨터와 같은 기술 때문에 자동화로 대체될 위험이 높은 직군을 수치로 표현했다.[12]

이 연구 결과는 여러 언론에 대대적으로 보도되었고 일자리에 대한 불안감을 조성하는 데 한몫했다. 특히 텔레마케터나 세무대리인이 당장 사라질 직업들인 것처럼 호들갑을 떨었다. 물론 처우에 대해서는 따져볼 일이지만 이 직업에 종사하는 사람들은 여전히 많다. 직업은 우리 생각처럼 그렇게 쉽게 사라지지 않는다.

[표 2-1] 자동화에 따른 고위험 직업군과 저위험 직업군

고위험 직업군		저위험 직업군	
직업	가능성	직업	가능성
텔레마케터	0.99	정신건강 및 약물남용치료 사회복지사	0.0031
세무대리인	0.99	안무가	0.004
보험조정인	0.98	내과·외과 의사	0.0042
스포츠 심판	0.98	심리학자	0.0043
법률비서	0.98	HR 매니저	0.0055
레스토랑, 커피숍 종업원	0.97	컴퓨터 시스템 분석가	0.0065
부동산업자부동산중개업자	0.97	인류학자, 고고학자	0.0077
외국인노동자 농장 계약자	0.97	선박기관사, 조선기사	0.01
비서직법률·의학·경영임원의 비서직 제외	0.96	세일즈 매니저	0.013
배달직	0.64	전문 경영인	0.015

출처: Schwab, K., 송경진 역 (2017). 제4차 산업혁명. (원 출처: Frey, C. B., & Osborne, M. A. (2013). THE FUTURE OF EMPLOYMENT. Oxford Martin School. University of Oxford.)

당신의 커리어는 안녕하십니까?

2018년 프레이와 오스본의 분석방법을 활용하여 LG경제연구원은 우리나라 직업들을 인공지능에 의해 자동화 위험이 높은 상위 20개 직업과 하위 20개 직업으로 분류한 결과를 발표했다.[13] 자동화 위험이 가장 높은 직업은 통신서비스 판매원, 텔레마케터, 인터넷 판매원 등과 같이 온라인을 통한 판매를 주요 업무로 하는 직업들이다. 관세사, 회계사와 세무사 등도 자동화 위험이 높은 상위 20개 직업에 포함되어 전문직에서도 업무 내용에 따라서는 인공지능에 의한 자동화 위험에서 자유롭지 못한 것으로 나타났다. 프레이와 오스본의 분석결과와 크게 다르지 않은 결과인 셈이다.

반면, 인공지능에 의해 대체되기 힘든 직업은 보건, 교육, 연구 등 사람 간의 상호 의사소통이나 고도의 지적 능력이 필요한 직업이었다. 특히, 영양사, 의사, 교육 관련 전문가, 성직자, 공학 기술자 및 연구원 등이 매우 낮은 수준의 대체확률을 보이는 것으로 나타났다. 우리나라 직업환경에 비춰볼 때 프레이와 오스본의 연구결과보다 현실성 있는 결과로 보인다.

[표 2-2] 자동화 위험이 높은 직업과 낮은 직업

자동화 위험이 높은 상위 20대 직업			자동화 위험이 낮은 상위 20대 직업		
분류코드	직업명	대체확률	분류코드	직업명	대체확률
5302	통신서비스 판매원	0.990	2440	영양사	0.004
5303	텔레마케터	0.990	2411	전문 의사	0.004
5304	인터넷 판매원	0.990	2591	장학관·연구관 및 교육 관련 전문가	0.004
8922	사진인화 및 현상기 조작원	0.990	1312	교육 관리자	0.007
2714	관세사	0.985	1331	보건의료관련 관리자	0.007
3125	무역 사무원	0.985	2521	중고등학교 교사	0.008
3142	전산 자료 인력원 및 사무 보조원	0.980	2545	학습지 및 방문 교사	0.009
3132	경리 사무원	0.970	2221	컴퓨터시스템 설계 및 분석가	0.011
5220	상품 대여원	0.970	2523	특수교육 교사	0.012
8212	표백 및 염색 관련 조작원	0.970	2420	약사 및 한약사	0.012
8222	신발제조기 조작원 및 조립원	0.970	1390	기타 전문서비스 관리자	0.014
8324	고무 및 플라스틱 제품 조립원	0.970	2542	컴퓨터 강사	0.014
8912	가구조립원	0.970	2489	기타 종교관련 종사자	0.017
8919	기타 목재 및 종이 관련 기계조작원	0.970	2481	성직자	0.017
9991	구두 미화원	0.970	2321	화학공학 기술자 및 연구원	0.017
3201	출납창구 사무원	0.965	2392	섬유공학 기술자 및 연구원	0.017
3126	운송 사무원	0.960	2393	가스에너지 기술자 및 연구원	0.017
8211	섬유제조 기계조작원	0.960	1311	연구 관리자	0.018
2712	회계사	0.957	2311	건축가 및 건축공학 기술자	0.018
2713	세무사	0.957	2341	환경공학 기술자 및 연구원	0.018

출처: 김건우 (2018. 05. 15). 인공지능에 의한 일자리 위험 진단: 사무, 판매, 기계 조작 직군 대체 가능성 높아. LG경제연구원.

보스턴컨설팅그룹이 2015년 2월에 발표한 『변화하는 글로벌 제조업의 경제』 보고서에 따르면 우리나라는 10년 후인 2025년 로봇에 의한 노동비용 감축비율이 33퍼센트로 세계에서 가장 높게 나타났다. 세계 평균 16퍼센트의 2배 이상이고 2위인 일본의 25퍼센트와도 무려 8퍼센트의 격차가 나는 것으로 나타났다. 보수적인 시나리오는 21퍼센트이지만 공격적인 시나리오는 47퍼센트로 노동비용의 절반까지 감축될 수 있다는 것이다.[14]

당신의 커리어는 안녕하십니까?

로봇 이외에도 인공지능의 발달이 우리나라 일자리 전반에 미칠 영향을 분석한 LG경제연구원의 『인공지능에 의한 일자리 위험 진단』 보고서에 따르면 전체 일자리의 43퍼센트가 인공지능으로 대체될 위험이 높은 것으로 나타났다. 고위험 일자리의 분포는 특정 직업과 산업으로 쏠림이 두드러졌다. 직업별로는 3대 고위험 직업으로 나타난 사무직, 판매직, 기계조작 종사자가 전체 고위험 일자리의 약 70퍼센트를 차지했다. 산업별로는 도소매업, 음식숙박업, 제조업 등 3대 고위험 산업에 고위험 일자리의 약 60퍼센트가 집중된 것으로 나타났다. 학력별 및 소득별로 보면 중위계층의 일자리에서 고위험 비중이 높게 나타나 중산층의 충격이 클 것으로 전망했다.[15] 이제까지 살펴본 여러 연구결과들은 일자리에 대한 불안감을 더욱 고조시키고 있다.

2030년까지 버스기사는 정말 사라지는 걸까?

세계적인 미래학자인 프레이Thomas Frey는 인류는 지금까지 모든 인류 역사보다 앞으로 다가오는 20년간 더 많은 변화를 경험하게 될 것이며 2030년까지 40억 개의 일자리 중 20억 개가 사라질 것이라고 주장했다. 일자리의 절반이 사라진다는 이야기이다. 가히 충격적인 전망이다. 너무 충격적이었다고 생각되었는지 그는 일자리가 없어지지만 일거리가 사라지는 것은 아니라는 의견을 덧붙였다.[16]

프레이는 2030년까지 소멸되는 대표적인 직업과 파괴적인 기술들을 제시했다. 프레이가 파괴적인 기술이라고 언급한 이유는 이 기술들이 기존에 많은 직업들을 소멸시키기 때문이다. 그의 예측에 따르면, 자율주행차가 등장해 연간 124만 건의 교통사고가 감소하고 이와 관련해 택시, 트럭, 버스 등의 운전기사가 사라질 것이다. 또 교통경찰, 판사, 변호사, 대리운전 및 주차장 직원 등의 일자리가 줄어들 전망이다.[17] 그렇다면 버스기사는 정말 그렇게 빨리 사라지게 되는 걸까?

[표 2-3] 2030년까지 소멸되는 대표적인 직업과 파괴적 기술

파괴적 기술	소멸되는 직업
자율주행 자동차	택시기사, 버스기사, 트럭기사, 우편배달부, 교통경찰, 판사, 변호사, 주차장 직원, 대리운전기사, 세차장 직원
드론(무인비행기)	택배기사, 음식 및 피자 배달, 우편배달, 해충구제 서비스, 토지현장 측량사, 지질학자, 긴급구조요원, 비상구조대원, 소방관, 경비원
3D프린터	보석, 신발 등 산업 디자이너, 건축, 건설, 자동차, 우주항공 노동자, 치과 및 의료산업 노동자, 토목공학자, 기계기술자, 물류창고 직원
3D빌딩 프린터	목수 등 건설노동자, 홈-리모델링 노동자, 도시계획가, 주택보험사, 부동산전문가, 부동산중개사
빅데이터	기자, 저자 및 소설가, 군사기획관, 암호전문가, 영양사, 다이어트 전문가, 방사선과 의사, 회계사, 경리, 변호사, 법률사무소 직원
인공지능	이벤트 기획사, 피트니스 트레이너, 통번역 전문가, 고객 서비스 전문가, 교사
로봇기술	소매점 직원, 계산대 직원, 외과의사, 약사, 수의사, 경비원, 미화원, 해충구제 및 산림관리자

출처: 국제미래학회 (2016), 대한민국미래보고서.

2019년 한국고용정보원은 우리나라의 향후 10년간2018~2027년 일자

당신의 커리어는 안녕하십니까?

리 전망에 대한 『2019 한국직업전망』 보고서를 발간했다. 여기에는 코로나19 팬데믹의 영향은 반영되지 않았다. 17개 분야 196개 직업을 대상으로 향후 10년간 연평균 고용증감을 '감소', '다소 감소', '현 상태 유지', '다소 증가', '증가'의 5개 구간으로 나누어 제시했다.[18]

이 보고서에 따르면 2027년까지 보건, 의료, 생명과학, 법률, 사회복지, 산업안전, 항공, 컴퓨터네크워크, 보안 관련 분야에서 고용이 증가할 것으로 전망했다. 보건, 의료, 생명과학 분야에서 고용이 증가하는 직업은 간병인, 간호사, 간호조무사, 물리 및 작업치료사, 생명과학연구원, 수의사, 의사, 치과의사, 한의사 등으로 나타났다.

법률 분야에서는 변리사와 변호사 수요가 증가하고 사회복지 분야에서는 사회복지사, 산업안전 분야에서는 산업안전 및 위험관리원의 고용이 증가할 것으로 전망했다. 항공분야는 항공기조종사와 항공기객실승무원, 컴퓨터네크워크와 보안분야에서는 네크워크시스템개발자, 컴퓨터보안전문가의 고용이 증가할 것으로 예측했다.

이외 분야에서는 전통 기법으로 한옥, 궁궐 등의 건축물을 신축하거나 보수하는 한식 목공이 건물 보수 예산 및 한옥 신축 증가 등의 요인으로 인해 혜택을 볼 것으로 전망했다. 신재생에너지를 연구, 개발하며 에너지 효율을 높이는 시스템과 관련된 업무를 수행하는 에너지공학기술자는 환경에 대한 관심 증가, 신재생에너지 강화정책 등에 따라 고용이 늘어날 것으로 예측했다.

일자리 증감에 영향을 미치는 요인에 관해서는 스마트 자동화 기술, 저출산 고령화, 경제 상황, 환경 등이 중요한 영향 요인인 것으로 나타났다.

[표 2-4] 2019 한국직업전망의 직업별 일자리 전망 결과

전망	직업
고용 증가 (19개)	간병인, 간호사, 간호조무사, 네크워크시스템개발자, 물리 및 작업치료사, 변리사, 변호사, 사회복지사, 생명과학연구원, 산업안전 및 위험관리원, 수의사, 에너지공학기술자, 의사, 치과의사, 컴퓨터보안전문가, 한식목공, 한의사, 항공기객실승무원, 항공기조종사
고용 다소 증가 (68)	감독 및 연출자, 경찰관, 경호원, 관제사, 광고 및 홍보전문가, 기자, 냉난방관련설비조작원, 노무사, 대중가수 및 성악가, 데이터베이스개발자, 도시 및 교통설계전문가, 만화가 및 애니메이터, 미용사, 방사선사, 방송 및 통신장비설치 수리원, 배우 및 모델, 법률관련사무원, 보육교사, 보험 및 금융상품개발자, 사서 및 기록물관리사, 사회과학연구원, 사회단체활동가, 상담전문가 및 청소년지도사, 상품기획전문가, 석유화학물가공장치조작원, 세무사, 소방관, 손해사정사, 스포츠 및 레크리에이션강사, 시스템소프트웨어개발자, 식품공학기술자 및 연구원, 안경사, 안내 및 접수사무원, 애완동물미용사, 약사 및 한약사, 여행서비스관련종사자, 연예인 및 스포츠매니저, 영양사, 웹 및 멀티미디어기획자, 웹 및 멀티미디어디자이너, 응급구조사, 응용소프트웨어개발자, 의무기록사, 인문과학연구원, 임상병리사, 임상심리사, 자동차 및 자동차부분품조립원, 작가, 전기 및 전자설비조작원, 전기공학기술자, 전자공학기술자, 정보시스템운영자, 제조공정부품조립원, 지리정보전문가, 직업상담사 및 취업알선원, 치과기공사, 치과위생사, 컴퓨터시스템설계 및 분석가, 컴퓨터하드웨어기술자 및 연구원, 큐레이터 및 문화재보존원, 택배원, 판사 및 검사, 피부미용사 및 체형관리사, 행사기획자, 화학공학기술자, 환경공학기술자, 환경관련장치조작원, 회계사
고용 유지 (81)	기업고위임원CEO, 간판제작 및 설치원, 감정평가전문가, 건설기계운전원, 건축가(건축사), 건축공학기술자, 경기감독 및 코치, 경비원, 경영 및 진단전문가경영컨설턴트, 공예원, 관세사, 국악인 및 전통예능인, 금속가공장치조작원, 금융 및 보험관련사무원, 금형 및 공작기계조작원, 기계공학기술자, 기계장비설치 및 정비원, 농림어업기술자, 대학교수, 도배공 및 유리부착원, 메이크업아티스트 및 분장사, 무용가 및 안무가, 물품이동장비조작원크레인 및 지게차운전원, 미술가, 미장공 및 방수공, 배관공, 버스운전원, 번역가, 법무사, 보험관련영업원, 부동산중개인부동산중개사, 비금속광물가공장치조작원, 비서, 상품중개인 및 경매사, 상품판매원, 생산관련사무원, 소년보호관 및 교도관, 시각디자이너, 식품가공관련기능종사자, 식품제조기계조작원, 아나운서 및 리포터, 영업원, 영화·연극 및 방송제작정비기사, 용접원, 운동선수, 운송장비정비원, 유치원교사, 음악가, 인테리어디자이너, 임업관련종사자, 자동차정비원, 자산운용가, 작물재배종사자, 장례지도사, 재료공학기술자, 전공전력시설 설치 및 수리, 전기 및 전자기기설치수리원, 제과제빵사, 제품디자이너, 조경기술자, 주방장 및 조리사, 중등학교교사, 철골공, 철도 및 전동차기관사, 청소원 및 가사도우미, 청원경찰, 초등학교교사, 출판물전문가, 캐드원, 토목공학기술자, 통신공학기술자 및 연구원, 통신장비 및 방송송출장비기사, 통역사, 투자 및 신용분석가, 특수학교교사, 패션디자이너, 학원강사 및 학습지교사, 항해사, 홍보도우미 및 판촉원, 화물차 및 특수차운전원, 회계 및 경리사무원

고용 다소 감소 (31)	조사전문가, 건축목공, 결혼상담원 및 웨딩플래너, 경영지원사무원, 계산원 및 매표원, 귀금속 및 보석세공원, 낙농 및 사육관련종사자, 단순노무종사자, 단열공, 단조원금속재질을 일정 온도로 가열하고 두들기거나 가압하여 성형, 도장원 및 도금원, 무역사무원, 바텐더, 비파괴검사원, 사진가, 섬유공학기술자, 세탁원 및 다림질원, 악기제조원 및 조율사, 어업관련종사자, 운송사무원, 의복제조원 및 수선원, 이용사, 조적공 및 석공, 주조원, 증권 및 외환딜러, 철근공, 철도 및 전동차기관사, 측량가, 콘크리트공, 텔레마케터, 판금원 및 제관원
감소 (1)	인쇄 및 사진현상관련조작원

출처: 한국고용정보원 (2019. 04. 26). 향후 10년 간 일자리 전망 밝은 직업은? 보도자료.

　물론 『2019 한국직업전망 보고서』가 모든 직업을 대상으로 한 결과는 아니다. 하지만 결과에 제시된 내용들을 검토해 보면 어느 정도 일자리 전망에 대한 힌트를 얻을 수 있다. 보고서에 따르면 2027년까지 경찰관, 판사 및 검사는 일자리가 다소 증가할 전망이다. 또 버스운전원은 현 수준에서 일자리가 유지될 것으로 예측했다. 프레이의 주장이 현실성 없어 보이는 부분이다.

　자율주행 자동차가 개발된다 하더라도 여전히 넘어야 할 기술적 제약이 많다. 따라서 기존의 직업이 그렇게 쉽게 사라지지는 않을 것이다. 그러나 당장 일자리가 사라지지 않는다고 느긋하게 다가오는 변화에 대비하지 않는 것도 문제가 될 수 있다. 물론 그렇다 하더라도 당장 직업들이 사라질 것처럼 호들갑을 떨기보다는 좀 더 현실을 직시하며 이성적으로 판단하는 자세가 필요할 것이다.

그러나 결국 일자리는 사라질 것이다

 그렇다면 자율주행 자동차만 놓고 이야기해 보자. 자율주행 기술은 2016년부터 국제자동차기술자협회SAE International에서 분류한 단계가 글로벌 기준으로 통용되고 있다. 0단계에서 5단계까지 총 6단계로 나뉜다. 2단계까지는 시스템이 주행을 돕지만, 3단계에서는 특정 모드에서 시스템이 주행을 직접 수행한다. 4단계는 시스템이 전체 주행을 수행하는 점이 3단계와 동일하지만 위험 상황 발생 시에도 안전하게 대응해야 한다는 것이 큰 차이점이다. 4단계는 자율 주행을 할 수 있는 지역에 제한이 있지만, 5단계는 제약이 없다. 즉, 5단계는 완전한 자율주행 기술 단계를 의미한다.[19]

[표 2-5] 자율주행 단계별 특징과 상세 내용

단계	특징	상세 내용
0단계	단순 경고	주행 중 전방 충돌방지 보조와 후 측방 충돌경고의 단순 경고 및 일시 개입
1단계	운전자 보조	첨단운전자보조시스템ADAS 기능, 현재 대부분의 신차 ADAS 옵션 채택
2단계	부분 자율주행	고속도로 및 자동차 전용도로 주행 시 차선 인식 및 앞차와 간격 유지
3단계	조건부 자율주행	일정구간 운전자 간섭없이 자율주행, 운전자 돌발 상황 감시 필요
4단계	고도화된 자율주행	특정 도로 조건에서 모든 주행 자율화
5단계	완전 자율주행	운전자 간섭 및 감시 불필요, 목표 지점까지 차량이 알아서 스스로 이동

 출처: 정찬수 (2021. 11. 10). 현대차 "내년 '레벨3' 자율주행차 양산…2024년 '레벨4' 현실화" 일부 수정. 헤럴드경제.(원 출처: SAE International, 국제자동차기술자협회 자료).

당신의 커리어는 안녕하십니까?

실제 우리나라의 경우 2021년 10월 레벨 4 수준의 완전자율주행 시험을 성공적으로 마무리했다. 물론 여기에는 우천 시, 통신환경 등의 여러 제약 조건이 존재하며 이를 극복하는 데는 많은 시간이 소요될 것으로 전망된다. 그러나 그렇게 기술은 조금씩, 때로는 비약적으로 발전해 나갈 것이다.

현대자동차는 운전자가 손을 놓고 주행할 수 있는 3단계 수준의 고속도로 자율주행 기술을 반영한 자동차를 2022년부터 양산할 예정이다. 또 2024년 4단계 수준의 기술 현실화를 목표로 하고 있다. 산업은행이 조사한 국내외 개발 현황에 따르면 자율주행차는 2021년 약 5만 대에서 2040년 약 3,300만 대로 가파른 성장세를 보일 것으로 전망된다. 한국과학기술정보원KISTI이 추산한 2025년 자율주행차 시장 규모는 370조 원에 달한다. 특히 센서, 소프트웨어를 포함한 제조비용이 기존 자동차보다 낮아지는 2025년 이후 보급률이 급증할 것으로 예측된다.[20]

2040년 자율주행차가 전 세계 차량의 75퍼센트를 차지할 것으로 예측한 전기전자기술자협회IEEE의 전망이 현실화될 경우 수많은 운전기사의 일자리를 대체하여 향후 차량 운전 종사자들에게 큰 위협이 될 것이다.[21] 이러한 자율주행자동차의 기술개발과 차량공유시스템의 정착은 제일 먼저 택시기사들의 일자리를 빼앗아 갈 것이다. 이러한 기술과 사회변화로 인해 궁극적으로 렌터카 종사자, 보험회사 직원, 콜센터 직원, 운전학원 강사, 자동차 판매원, 기사식당 운영자 등의 일자리에도 영향을 미칠 것이다. 또한 자율주행자동차는 자동차 보험시장을 약화시킬 것이다. 자신이 운전하지도 않았고 훈련시키지도 않은 인공지능이 낸 사고를 책임질 수 없기 때문에 미래 자동차보험은 제조사가 책임지게 되고 자연스럽게 자동차 보험시장이 위축될 것이다.[22]

그리고 이러한 우려는 이미 현실이 되고 있다. 아마존이 2020년 6월 인수한 스타트업 '죽스Zoox'가 첫 자율주행 택시인 '로보택시robo-taxi'를 공개했다. 완전 자율주행 전기차로 운전석이 없고 4명의 승객이 2명씩 마주 보는 형태로 설계되었다. 차량 모서리 네 곳에 카메라와 레이더를 설치해 사각지대를 없앴고 양방향 주행이 가능해 좁은 공간에서도 방향 전환이 용이하다. 한 번 충전으로 16시간을 주행할 수 있고 시간당 최대 속도는 120㎞에 달한다. 아마존은 죽스의 자율주행 차량이 물류배송에 투입될 수 있다고 전망했다.[23]

우리나라의 경우도 서울에서 자율주행차가 시내를 누빌 예정이다. 서울의 첫 자율주행차는 상암동 일대를 운행할 예정이다. 일반 택시처럼 스마트폰 앱으로 호출도 가능한데 한달간 무료 운행 이후 2022년 1월부터 유료로 전환된다. 요금은 2,000~3,000원대가 될 전망이다. 다만 아직은 완전 자율주행은 아니고 운전석에 안전요원이 탑승한다. 2022년에는 강남, 여의도와 마곡 등으로 자율주행차 운행이 확대될 전망이다. 또 2022년 4월에는 청계천에 자율주행 버스도 운행할 예정이다.[24]

전기자동차와 자율주행 자동차의 생산과 관련해서도 일자리가 위협받고 있다. 외부전문가로 구성된 자문단은 현대자동차 노사 양측에 미래 고용과 관련된 세가지 시나리오를 제시했다. 첫 번째 시나리오는 자동차의 전동화, 모듈화가 진행될 경우로 20퍼센트의 인력 감축이 필요하다. 두 번째 시나리오는 차량공유 서비스 확대로 판매가 줄어들

당신의 커리어는 안녕하십니까?

경우인데, 이 경우에는 30퍼센트의 인력 감축이 필요하다. 세 번째 시나리오는 극단적인 공장 자동화, 모듈화가 이루어질 경우로 약 40퍼센트의 인력 감축이 필요하다. 노사 모두 인력 감축에 대한 논의가 진행되어야 할 필요성에 대해 인식하고 있는 상황이다.[25]

이미 글로벌 완성차 업체들의 대대적인 인원 감축은 시작되었다. 폭스바겐은 전기차와 차량 소프트웨어 관련 자금 확보를 위해 2023년까지 비용을 5퍼센트 낮추겠다고 밝혔다. 업계에선 폭스바겐이 고령 노동자들에게 명예퇴직을 제안하는 등 직원 수를 최대 5,000여 명까지 감원할 것으로 보고 있다. 이러한 인력 감축을 통해 비용을 절약하고 이를 전기차와 자율주행차 등 미래차 기술과 서비스 개발에 투자하는 방향으로 구조조정이 진행되고 있는 것이다.[26]

독일의 이포 경제연구소는 독일 자동차업계에서 2030년까지 최소 21만 5,000개의 일자리가 사라질 것이라고 예측했다. 이는 2019년 기준 내연기관차 관련 전체 일자리 61만 3,000개의 40퍼센트에 해당하는 수치이다.[27]

전기자동차에 들어가는 부품은 내연기관차에 비해 3분의 1 수준이다. 엔진오일이나 냉각수를 교체할 일도 없다. 전기차는 특별히 교환을 해야 되는 부품이 없다. 1~2년 타면서 워셔액 넣고 타이어 공기압만 체크하면서 타는 사람들이 대다수이다. 자동차 정비공이 작업할 것이 없다는 이야기이다.[28] 따라서 전기자동차의 등장만으로 엔진을 만드는 부품회사의 40퍼센트가 사라지며 주유소와 정비소의 대부분을 사라지게 할 것이다.[29] 아직은 피부로 느껴지지 않는다 하더라도 서서히 그렇게 될 것이다.

일자리 감소는 비단 자동차 관련 분야에 국한된 것은 아니다. 물류 분야는 로봇기술과 자동화에 의해 가장 많은 일자리가 사라질 분야로 분류된다. 아마존은 '키바 시스템즈Kiva Systems'를 7억 7,500만달러에 인수해 온라인을 통한 주문 접수부터 출하까지의 과정을 전자동화시켰다. 연말 대목에 몰려드는 주문 폭주에 대비해 현존하는 로봇 팔 가운데 가장 힘이 강하고 1,200kg을 들어 올릴 수 있는 '로보스토Robo-Stow'도 물류창고에 배치했다.[30]

아마존의 의장 베이조스Jeff Bezos는 모든 근로자를 기계로 교체하는 것이 목표라고 말할 정도로 자동화 작업에 열의를 보이고 있으며 키바 시스템즈와 드론 '아마존 프라임 에어Amazon Prime Air'를 연계한 로봇 배송 시스템을 완성할 계획을 가지고 있다.[31] 아마존뿐만 아니라 구글, 알리바바 등 글로벌 기업들은 경쟁적으로 물류에 활용하기 위한 드론 기술을 확보하고 이를 통해 시장을 선점하기 위한 경쟁을 벌이고 있다.[32]

최근 월마트는 고객이 주문한 물품을 자율주행 자동차로 배송하는 시스템을 도입했다. 아르고ARGO의 AI 자율주행 시스템을 장착한 포드 차량이 이번 시범 서비스에 투입되었다. 우선은 플로리다주 마이애미와 텍사스주 오스틴, 워싱턴DC 등 3개 도시에서 이뤄지지만 점차 도시를 추가할 계획이다. 이러한 움직임은 코로나19 팬데믹 사태 이후 소비자들이 당일이나 다음 날 배송 받기를 희망하면서 앞당겨진 것이다.[33]

우리나라의 경우 물류기업 근로자의 업무는 노동강도가 높기 때문에 산재신청과 재해율이 매년 증가하는 추세이다. 또 직접 관련성은 입증하기 어렵지만 물류분야에서 과로로 인한 사망자도 늘어나고 있다. 이들의 처우와 근무 여건 개선에 대한 목소리가 커지고 있는 가운데 물류기업들은 시스템 자동화에 집중하고 있다.

국내 한 이커머스e-commerce, 전자상거래기업은 국내 3~4곳의 물류센터 일부에 노르웨이 기업 오토스토어의 물류 자동화 시스템을 도입할 예정이다. 오토스토어의 큐브형 자동저장 시스템은 큐브형 공간그리드에 플라스틱 상자를 가득 채우고, 그 안에 물건을 보관한다. 무선조종 로봇이 그리드 안팎을 구석구석 돌아다니며 주문이 들어온 제품을 가져다준다. 선반에 물건을 쌓아 놓고 사람이 출고할 상품을 꺼내 오는 일을 하는 시스템보다 저장 밀도가 훨씬 높다. 공간과 인력 모두 절감할 수 있다.[34]

이와 같은 물류분야 근로자들의 근무 여건 개선에 기여할 수 있는 로봇시스템의 도입은 일자리 감소로 이어질 것이다. 이는 결국 비용에 관한 것으로, 기계의 도입 비용이 저렴한가, 인건비가 저렴한가의 문제이다. 이미 우리에게 승산이 없어 보이는 기계와의 일자리 전쟁이 시작된 것이다.

만약 새로 만들어지는 일자리가 더 많다면 이야기는 달라지지 않을까?

파괴적 기술들이 제대로 영향력을 발휘하기 시작하면 무수히 많은 일자리들이 사라질 것이다. 그런데 이렇게 일자리들이 사라지기만 하는 것은 아니다. 프레이는 가장 많이 성장할 것으로 전망되는 미래 혁신기술과 이를 통해 새롭게 탄생하게 될 직업들에 대해 제시했다.

[표 2-6] 미래 혁신기술로 탄생하는 미래직업

미래 혁신기술	미래직업	미래 혁신기술	미래직업
소프트웨어 및 데이터	데이터 폐기물 관리자	드론	드론 조정 인증전문가
	데이터 인터페이스 전문가		드론 분류전문가
	컴퓨터 개성 디자이너		드론 표준전문가
	데이터 인질 전문가		드론 설계 및 엔지니어
	개인정보보호 관리자		환경오염 최소화 전문가
	데이터 모델러		악영향 최소화 전문가
3D 프린터	3D 프린터 소재 전문가		자동화 엔지니어
	3D 프린터 잉크 개발자	무인자동차	무인시승 체험 디자이너
	3D 프린터 패션디자이너		무인운영 시스템 엔지니어
	3D 음식프린터 요리사		교통수요 전문가
	3D 비주얼 상상가		무인 운영시스템 엔지니어
	3D 프린터 비용산정가		응급상황 처리대원
	3D 프린터 신체장기 에이젠트		자동교통 건축가 및 엔지니어
			충격최소화 전문가

출처: 국제미래학회 (2016). 대한민국 미래보고서.

무인자동차는 고도의 자율주행 무인자동차의 양산으로 이어질 것이다. 프레이는 무인시승 체험 디자이너부터 충격최소화 전문가에 이르기까지 새롭게 창출될 일자리에 대해 언급했다. 하지만 이런 직업들은

당신의 커리어는 안녕하십니까?

생소하고 너무 먼 미래의 이야기처럼 들린다.

자율주행 무인자동차 시대에 창출되는 일자리들에 대해 좀 더 살펴보면 운전대와 조수석 그리고 뒷자리로 구성된 내부 디자인이 탑승자가 함께 이야기를 나누는 회의 공간으로 바뀔 수 있고 차량 소유자의 개별 맞춤 디자인으로 설계될 것이다. 그렇기 때문에 개인 고객 맞춤용 차량 제작을 위한 무인 자동차 디자이너가 필요하다. 또 자율주행 자동차가 인지할 수 있는 교통 신호 체계 개발을 위한 새로운 일자리가 창출되고 자율주행 자동차의 해킹을 방지하기 위한 사이버 보안 설계와 이동경로 변화를 식별해내는 알고리즘 등은 새로운 일자리를 창출할 것이다.[35]

이렇게 새롭게 탄생할 것으로 예상되는 미래직업들이 현실성 있게 다가오지 않는 것도 문제이지만 더 큰 문제는 아무도 우리가 이런 변화에 어떻게 대비해야 할지 알려주지 않는다는 것이다. 앞으로 똑같은 직업이라고 해도 하는 일은 과거와는 전혀 달라질 수 있는데도 말이다.[36]

2016년 세계경제포럼WEF은 『일자리 미래 보고서』를 통해 가히 충격적인 일자리 전망을 내놓았다. 세계경제포럼의 조사에 응답한 전문가들은 세계 고용의 65퍼센트를 차지하는 주요 15개국에서 2020년까지 향후 5년간 710만 개의 일자리가 사라지고 새로운 일자리는 불과 200만 개 정도가 창출되어 결과적으로 510만 개의 일자리가 사라질 것이라고 예측했다. 또 현재 초등학교 입학을 앞둔 7세 아이들의 65퍼센트가 기존에 존재하지 않는 새로운 직종에서 일하게 될 것이라고 전망했다.[37]

이는 디지털 혁명에 기반하여 물리적 공간, 디지털 공간 및 생물학적 공간의 경계가 희석되는 기술융합의 혁명, 즉 4차 산업혁명4ᵀᴴ Industrial Revolution에 기인하는 것이다. 1차 산업혁명이 증기기관의 발명과 기계의 활용으로 대표된다면, 2차 산업혁명은 전기에너지를 통한 대량생산, 그리고 3차 산업혁명은 정보통신기술에 기반한 자동화가 중심이다. 4차 산업혁명은 기술이 융합되는 디지털 혁명으로 인공지능, 로봇, 사물인터넷, 자율주행차, 3D 프린팅, 나노기술, 바이오기술, 재료공학, 에너지 저장기술, 양자 컴퓨터, 드론 등이 부상하고 세상 모든 것이 융합된다.[38]

2016년 세계경제포럼의 일자리 보고서는 세상이 너무 빨리 변하고 있는데 각국 정부나 개인들이 이에 대해 경각심 없이 미래를 제대로 대비하지 못하고 있다는 사실을 알리려는 의도를 다분히 포함하고 있었다. 그런데 사실 상황은 더 좋지 않은 쪽으로 나타났다. 2020년 1년 동안 우리 나라에서만 100만 개의 일자리가 사라졌다. 예측하지 못했던 코로나19 팬데믹의 영향 때문이었다.

일자리에 대해 매우 절망적인 의견을 제시했던 2016년의 보고서와 달리 세계경제포럼은 2018년 『일자리 미래 보고서』에서 일자리에 대한 낙관적인 예측을 내놓았다. 2022년까지 기술 발전으로 전세계에서 창출될 일자리는 1억 3,300만 개에 달할 것으로 추산한 반면, 로봇에 의해 대체될 일자리는 그 절반 수준인 7,500만 개로 예상했다. 인력에 의해 수행되는 업무량이 줄어들고 기계에 의해 수행되는 업무량이 크게 증가할 것으로 전망했다. 자동화로 인해 기존의 상근직 일자리는 감소할 수 있지만 새로운 유형의 직무와 일자리가 만들어질 것이라고 예측

　당신의 커리어는 안녕하십니까?

한 것이다.[39]

기업들은 특정 업무를 수행하는 계약직 인력을 충원할 계획이며 코로나19 팬데믹 이전이었지만 이미 물리적 공간사무실 이외의 원격 업무 방식을 활용하여 보다 유연한 방식으로 근로자를 고용할 의사를 표명했다. 전통적 화이트 칼라 직무는 자동화로 인해 일자리를 잃을 위험이 큰 것으로 나타났고 인공지능 및 머신러닝 분야 전문가, 빅데이터 분석가, 정보 보안 분석가 등 최신 기술을 이해하고 활용할 수 있는 스킬을 갖춘 인력에 대한 수요가 크게 증가할 것으로 전망했다.[40]

코로나19 팬데믹 사태가 한창이던 시기에 세계경제포럼은 다시 일자리에 대해서 여전히 긍정적인 전망을 내놓았다. 세계경제포럼이 2020년 발표한 『일자리 미래 보고서』는 코로나19 팬데믹이 불러온 일자리의 변화와 기술 도입이 향후 5년간 일자리에 미칠 영향을 분석한 내용을 담고 있다. 코로나19 팬데믹으로 인해 이전부터 지속되던 기술 적용이 더욱 빨라지고 노동 시장의 변화도 더욱 가속화될 것으로 전망했다.[41]

특히 2025년에는 인간과 기계의 일하는 시간이 동일해질 것이고 정보 및 데이터 처리 분야에서 기계의 노동 시간이 인간의 노동 시간을 초월할 것이라고 전망했다. 반면 의사결정 분야에서는 여전히 인간의 노동 시간이 더 길 것으로 예측했다. 2025년까지 행정·사무 분야를 중심으로 약 8,500만 개의 일자리가 기계 및 기술로 대체될 것이라고 밝혔다. 단순 사무직은 대거 축소되는 반면 인간과 기계, 알고리즘 사이를 연결하는 분야에서 약 9,700만 개의 일자리가 새롭게 창출될 것으로 전망했다.

이렇듯 4차 산업혁명과 코로나19 팬데믹의 영향 하에서도 세계경제 포럼은 2025년까지 낙관적인 일자리 전망을 내놓았다. 그러나 특정 기술분야와 관련된 일자리의 편중이 심화될 것으로 보인다. 사실 이에 대해서는 누구나 같은 생각일 것이다. 디지털화되어 가는 세상 속에서 기술분야와 관련된 일자리는 점점 더 늘어날 것이고 인공지능과 기계에 의해 대체가능한 일자리는 점점 줄어들 것이기 때문이다.

사실 과학기술이 일자리에 영향을 미칠 것이라는 두려움은 항상 존재해 왔다. 1931년 경제학자인 케인즈John M. Keynes는 기술 진보 때문에 노동력에 대한 수요 감소로 발생하는 광범위한 기술적 실업을 두고 "인간이 노동의 새로운 용도를 찾아내는 것보다 노동을 절약하는 법을 더 빨리 찾아내기 때문에 발생한다."고 주장했다.[42] 지금까지 이 주장은 틀린 것으로 여겨졌다. 왜냐하면 지난 1, 2, 3차 산업혁명 시기에도 이러한 우려가 있었지만 이러한 우려를 불식시키고도 남을 만큼 양질의 일자리가 많이 증가했기 때문이다.

전자계산기에 이어 컴퓨터가 대중화되었을 때도 인간 일자리의 상당 부분을 컴퓨터가 차지할 것이라고 예상했다. 컴퓨터의 등장으로 단순 일자리가 줄어들고 고급 일자리만 약간 늘어 결국 일자리 생태계가 파괴될 것이라고 예측했지만 결과는 그렇지 않았다. 컴퓨터로 인해 고급 일자리가 증가한 것은 사실이지만 단순 일자리도 줄지 않았다. 컴퓨터의 보급으로 컴퓨터 수리를 비롯해 컴퓨터관련 시장이 폭발적으로 증가했기 때문이다.[43]

과학기술 혁신이 노동시장에 미치는 영향을 두고 두 가지 의견이 상충한다. 해피엔딩happy ending을 확신하는 쪽에서는 기술 발달로 일자리를 잃는 노동자는 새로운 직업을 찾게 되고 기술은 새로운 번영의 시대를 열 것이라고 말한다. 또 새드엔딩sad ending을 주장하는 쪽에서는 기술적 실업이 대대적으로 발생하여 점차 사회적·정치적 아마겟돈이 일어나게 될 것이라고 전망한다. 역사를 돌아보면 결과는 어느 한쪽에도 치우치지 않은 이 두 가지 관점의 중간에서 일어났다.[44]

그렇다면 세계경제포럼의 일자리 전망과 같이 사라지는 일자리보다 그래도 새로 만들어지는 일자리가 조금은 더 많지 않을까? 만약 이러한 전망이 틀리지 않는다면 우리가 일자리에 대해 크게 우려하지 않아도 되는 것은 아닐까? 정확한 답을 하기는 쉽지 않다. 4차 산업혁명이나 코로나19 팬데믹이 아니더라도 일자리에 대한 논쟁은 어제 오늘의 일이 아니기 때문이다.

과거에도 일자리에 대한 논쟁은 있었다

2017년 어느 토요일, 나는 강의 때문에 KTX를 타고 천안아산역에 내려 택시를 탔다. 택시기사와 이런저런 이야기를 나누던 중 앞으로는 택시기사들이 필요 없는 세상이 올 수 있다는 이야기를 했다. 그랬더니 택시기사는 무슨 뜬금없는 이야기냐며 의아해했다. 그로부터 채 2년이 지나기도 전에 한 70대 택시기사가 차량 공유 서비스 퇴출을 주장하며 분신 사망했다. 일자리를 지키기 위한 저항이 시작된 것이다.

최근 국내 완성차 시장에서 온라인 판매 경쟁이 치열해지고 있다. 코로나19 팬데믹 사태의 장기화로 비대면 수요가 전 세계적으로 증가하고 있는 가운데 판매 과정의 간소화로 수익성을 높일 수 있기 때문이다. 하지만 국내 오프라인 영업망이 촘촘하게 구축되어 있는 현대자동차의 경우 노조의 반발로 온라인 판매를 하지 못하고 있는 상황이다.

온라인 판매에 본격적으로 불을 지핀 것은 테슬라였다. 테슬라는 2021년 상반기 전 세계에 비대면 판매로 전기차 1만 1,629대를 팔았다. 오프라인 대리점이나 판매 직원을 따로 두지 않고 판매관리비 효율화 정책으로 완성차 매출 부문 영업이익을 극대화했다. 미국 시장조사업체 프로스트앤설리번은 온라인 판매 활성화로 도심에 있는 영업점 규모가 줄어들면 업체마다 임대료 부담은 70퍼센트 줄어들고 영업 사원 수는 75퍼센트 이상 줄일 수 있다는 분석을 내놓았다.[45]

차량 공유서비스의 확대를 원하지 않는 택시기사, 온라인 자동차 판매를 원하지 않는 영업사원, 사실 이들을 비난할 수 있는 사람들은 아무도 없다. 우리 모두가 그들의 입장이 되어 보지 않고는 함부로 말하기 어렵기 때문이다. 어쩌면 우리 모두가 경험하게 될 일인지도 모른다. 하지만 중요한 것은 그들도 알고 있을 것이다. 변화의 큰 흐름을 막기는 어려울 것이라는 것을…. 그래서 언젠가는 자신들이 일자리를 잃게 될 수도 있다는 것을…. 한 가지 바라는 것이 있다면 더 좋은 일자리들이 많이 만들어져서 일자리를 잃게 되는 사람들이 원하는 새로운 일자리를 갖게 되는 것이다. 가능할지는 모르겠지만….

사실 과거에도 일자리에 대한 저항은 존재해 왔다. 1800년대 1차 산업혁명 시기에도 사람들은 일자리 문제로 저항했다. 1차 산업혁명 시기인 1811~1817년 영국의 직물공업 지대에서 기계가 보급됨과 더불어

당신의 커리어는 안녕하십니까?

나폴레옹전쟁의 영향으로 고용 감소와 실업자가 증가하고 임금 체불이 성행하는 상태로 물가 상승이 지속되었다. 이로 인해 노동자들은 실업과 생활고의 원인을 기계의 탓으로 돌리고 러다이트Luddite로 불렸던 기계 파괴운동을 시작했다. 기계에 의한 상품의 대량 염가생산이 수공업에 기반한 숙련노동을 압박하여 임금을 인하시킨 데 원인이 있었다.[46] 이 운동은 정부의 무력 탄압으로 진압되었고 불황기에 다시 재연되었으나 크게 확대되지 못했다.

공장기계를 파괴하는 러다이트 운동에서 우리가 주목해야 할 점은 기계로 노동력이 대체되면서 경제 불황, 고용 감소와 실업이 증가하는 것은 물론 물가도 폭등했다는 것이다. 그러나 러다이트 운동이 크게 확대되지 못한 근본적인 원인은 기계가 단순노동력 자체는 잠식했지만 인간의 근본적인 일자리를 빼앗지는 못했기 때문이다. 기계가 등장해 상품 생산이 폭발적으로 증가하자 이들을 관리하고 수리, 보수하는 새로운 일자리가 창출되었기 때문에 일자리 소멸이라는 명제가 큰 힘을 받지 못했던 것이다.[47]

1970년대 이후 미국 경제의 일자리 논쟁에 대해 살펴보자. 노벨경제학상 수상자인 크루그먼Paul Krugman은 핫도그 우화를 통해 기술 발전에 따른 일자리 변화에 대해 설명했다.[48] 그가 제시한 핫도그 우화는 몇 가지 가정으로 시작한다. 첫째, 1억 2,000만 명의 노동자들이 고용되어 있는 완전 고용 상태의 시장경제가 있다. 둘째, 핫도그든, 롤빵이든 하나를 생산하는 데 2인이 하루가 걸린다. 셋째, 소비자들이 원하는 것을 생산한다고 하면 매일 핫도그 3,000만 개와 롤빵 3,000만 개를 생산할 것이고 두 부문에는 각각 6,000만 명의 노동자가 고용되어 있다.

이 시장경제에 기술발전이라는 사건이 발생했다. 이로 인해 노동자 한 사람이 이틀이 아니라 하루에 핫도그를 하나씩 생산하게 되었다. 그리고 이 시장경제는 이 같은 생산성 증가를 소비 증가에 활용하여 하루에 4,000만 개의 핫도그를 롤빵과 교환한다. 이 경우 노동의 재배치가 필요하게 될 것이다. 즉, 4,000만 명의 노동자가 핫도그를 생산하고 8,000만 명의 노동사가 롤빵을 생산하게 되는 것이다.

위의 우화에서 기술발전으로 인한 한 부문의 생산성 향상은 아주 간단하게 해당 부문에서의 고용을 감소시킬 수 있다. 그러나 생산성 향상이 경제 전체에서의 고용을 감소시킨다고 가정하기는 어렵다. 우리가 가정한 시장경제에서 핫도그를 만드는 노동자 수의 감소는 핫도그 부문에서의 일자리 수를 감소시키지만 감소된 만큼의 일자리 수를 롤빵부문에서 창출하며 그 반대의 논리도 성립할 수 있다.

이 핫도그 우화를 현실경제에 적용해 보자. 단적으로 핫도그를 제조업으로 롤빵을 서비스업으로 생각해 볼 수 있다. 1970년부터 1997년까지 미국 경제의 제조업 생산량은 대략 두 배가 되었다. 그러나 생산성 증가로 인해 고용은 사실상 약간 감소했다. 서비스업 생산도 대략 두 배가 되었는데 서비스업 분야의 생산성 향상은 거의 없었다. 고용은 90퍼센트 증가하여 서비스업 분야에서 4,500만 개의 일자리가 만들어졌다. 이처럼 현실 경제에서도 우화에서와 같이 한 부문의 생산성 향상이 다른 부문에서 일자리를 창출한 것이다. 실제로 미국 경제에서 지난 25년 동안 서비스업 부문에서 만들어진 4,500만 개의 일자리는 제조업 부문에서 상실된 일자리보다 많았다.[49]

크루그먼의 핫도그 논쟁을 4차 산업혁명으로 인한 기술혁신과 일자리 변화에 대입해서 생각해 보자. 한 산업의 기술혁신은 그 분야의 일자리를 감소시킨다. 그래서 4차 산업혁명으로 인한 인공지능과 로봇의 발전은 특정 분야의 일자리 감소를 가져올 것이다. 그러나 특정 산업 분야의 생산성 향상은 다른 산업분야의 일자리 증가로 이어질 수 있다. 물론 그렇게 되기를 바란다. 이러한 일자리에 대한 논쟁들은 미래 일자리에 대한 긍정적인 전망을 하게 한다. 그러나 이러한 전망이 그대로 실현될지에 대해서는 확신하기 어렵다.

코로나19 팬데믹 이후

일자리에 대한 논쟁이 한창일 때 코로나19 팬데믹이 발발했다. 코로나19 팬데믹으로 우리가 원해서가 아니라 강제적으로 비대면 경험을 할 수밖에 없었다. 미래에 우리 사회는 비대면이 중심이 되는 사회로 변화하게 될 것이다. 코로나19 팬데믹으로 인해 우리 사회가 급속하게 비대면 사회로 전화될 것이라는 전망을 하는 사람들도 있다. 그러나 지금 당장은 아니라고 주장하는 사람들도 있다. 그렇다 하더라도 코로나19 팬데믹이 이미 시작된 디지털 사회로의 전환을 가속화시키는 계기가 된 사건임에는 틀림이 없다.

코로나19 팬데믹 사태가 종식되면 대면 사회로 다시 돌아갈 것이라는 주장에 대해 살펴보자.

우리 사회를 코로나19 팬데믹 이전으로 되돌리는 강력한 동인은 인간의 망각과 비용의 문제이다. 이로 인해 실제 변화하는 것은 그리 많지 않을 것이다. 변화하는 것조차도 생각보다 속도가 빠르지 않을 것이다. 어떤 것은 반드시 바꿔야 한다고 대다수가 생각하더라도 비용 문제에 부딪혀서 코로나19 팬데믹 이전으로 되돌아갈 것이다. 코로나19 팬데믹이 아무리 강력한 충격과 상처를 남겼다 하더라도 모든 것이 변하지는 않을 것이다. 많은 것들은 코로나 바이러스 사태 이전으로 되돌아갈 것이다.[50]

그렇다 하더라도 코로나19 팬데믹으로 인한 변화는 4차 산업혁명에 의해 이미 촉발된 장기적인 변화를 더욱 복잡하게 만들었으며 결과적으로 변화의 속도와 깊이를 증가시켰다. 코로나19 팬데믹은 노동시장 전반에 걸쳐 기존의 불평등을 심화시키고 2007~2008년 글로벌 금융위기 이후 회복된 일자리 증가를 역전시켰으며 암울한 일자리의 미래를 앞당겼다.[51]

그리고 코로나19 팬데믹으로 인해 한 가지 공공연한 비밀이 드러났다. 바로 지식 노동자로 산다는 것, 기술을 통해 원격으로 업무를 처리할 수 있다는 것은 직업의 종말 시대에 살아남는 방법이 될 수 있다는 것이다. 사무실 자체가 없는 원격 근무 환경으로 빠르게 전환되면서 일자리 지형에도 변화가 일어나고 있다. 원격 근무를 할 수 있는 직종의 경쟁력이 강화되고 있는 것이다.[52] 코로나19 팬데믹 이후 사람들은 원격 업무가 가능한 일자리로 몰릴 것이다. 또 코로나19 팬데믹의 경험

당신의 커리어는 안녕하십니까?

을 바탕으로 자신의 미래 커리어를 디자인하려고 할 것이다.

코로나19 팬데믹 사태가 종식되더라도 의료분야는 사람들에게 여전히 인기 있는 분야가 될 것이다. 그 이유는 의료분야야말로 경기 침체에 강한 직종이기 때문이다. 실제로 의료분야는 인력 수요가 많은 분야이다. 특히 의료분야는 미국의 노동청 자료에서 오랫동안 향후 10년간 급격히 성장할 직종으로 분류되었다. 인구가 고령화되고 수명이 길어지는 한편 국민소득이 증가하면서 향후 의료에 대한 수요가 증가할 가능성이 크기 때문이다.[53]

물론 처우에 대해서는 여전히 생각해 봐야 하겠지만 특히 고령인구가 증가하면서 의료 최전선에 있는 간호사, 간호조무사, 간병인 등의 인력 수요가 증가할 것이다. 의료분야는 다른 일자리에 비해 자동화가 쉽지 않은 영역이다. 사람과 긴밀히 접촉해야 하는 분야이기 때문에 더욱 그러하다.

코로나19 팬데믹으로 전자 상거래는 그 어느 때보다 호황을 맞이했다. 전자 상거래는 팬데믹 상황에서 사람들의 안전을 지켜주는 중요한 역할을 할 수 있었다. 이후에도 그 입지를 넓혀가며 중요한 역할을 하게 될 것이다. 전자 상거래가 활성화되기 위해서는 택배노동자와 같은 공급망 종사자들의 충원이 필요하고 이 중 상당부분은 자동화에 의해 대체될 것이다. 그러나 이러한 공급망 종사자들에 대한 처우와는 별개로 앞으로 다가올 미래에는 공급망에 종사하는 사람들이 계속 증가할 것이다.

일자리 문제는 사람들이 원하는 것wants과 필요한 것needs의 구도로 귀결될 수 있다. 사람들이 필요로 하는 것은 경제가 어려워져도 지출이 계속 유지될 가능성이 크다. 반면에 사람들이 원하기만 하는 것은 경제가 어려워지면 지출을 멈출 것이다. 즉, 필요에 기반한 업종은 불황에 강하고 욕구에 기반한 업종은 불황에 취약하다. 따라서 식료품점, 병원, 학교, 핵심 정부 기관들은 경기 침체와 상관없이 잘 운영된다. 그러나 관광, 숙박, 요식업 등은 경기가 좋으면 호황을 누리지만 경기가 침체되면 무너진다. 일반적으로 민간부문 일자리는 공공부문 일자리보다 불황에 좀 더 취약하다. 공무원이나 군인은 좀처럼 해고될 일이 없다.[54] 이러한 직업들은 코로나19 팬데믹 상황에서도 그렇고 팬데믹이 종료된 이후에도 여전히 강한 직업들이 될 것이다.

한국개발연구원KDI은 2020년 3월~2021년 2월의 고용수준을 전년 동 기간2019년 3월~2020년 2월의 수치와 비교하여 산업별 고용 증감에 대해 분석했다.[55] 코로나19 팬데믹 위기 1년간 취업자 수는 전년 동기간 대비 42만 8,000명이 감소하였으며 산업, 교육수준, 직업 등 다양한 측면에서 이질적으로 나타났다.

산업별로는 대면서비스업인 숙박음식점업, 도소매업에서 취업자 수가 가장 큰 폭으로 감소했다. 교육수준별로는 고졸 이하에서, 종사상 지위별로는 임시직에서 고용 충격이 가장 크게 나타났다. 직업별로는 판매직과 서비스직의 고용이 가장 크게 감소했다. 전반적으로 평균임금이 낮은 산업, 교육수준이 낮은 임시직에서 고용이 더 많이 감소했다. 특히 코로나19 팬데믹 위기에서 재택근무가 어려웠던 산업과 직업에서 고용 충격이 더욱 심각하게 나타났으며 이러한 차별적인 고용 충격은 경기 회복기에도 지속되는 경향을 보이고 있다.

당신의 커리어는 안녕하십니까?

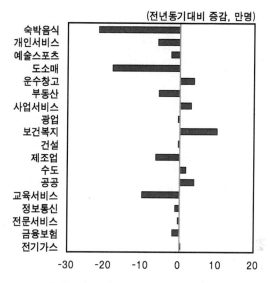

[그림 2-3] 코로나 위기 1년간 산업별 고용 증감
2020년 3월~2021년 2월의 고용을 전년 동 기간의 수치와 비교함. 평균임금이 낮은 산업에서 높은 산업 순으로 배치함
출처: 한국개발연구원 (2021. 11. 10). 코로나 위기가 초래한 고용구조 변화와 향후 전망 보도자료(자료: 통계청).

코로나19 팬데믹 이전에는 자동화와 같은 기술발전으로 반복직무 직군의 노동수요가 감소하고 전문·관리직과 단순노무·서비스 직군의 노동수요는 증가하는 구조 변화가 진행되어왔다. 코로나19 팬데믹 시기에는 비대면 근로가 어려운 직무에서 비용이 증가한 바 향후 기술발전은 비용이 높은 대면 근로를 대체하는 방향으로 진행될 가능성이 크다. 대면 중심의 근로를 대체하는 기술변화는 단순노무·서비스 직군의 노동수요가 감소하는 요인으로 작용할 것이다.

대면 직무를 대체하는 직업구조의 변화로 인해 저숙련 서비스업과 고령층에 대한 노동수요가 감소할 것으로 예측된다. 산업별로는 제조업에서 노동수요의 감소세가 완화되는 반면, 저숙련 서비스업에서는 노동수요가 감소세로 전환될 것이다. 연령별로는 단순노무·서비스업 종사자 비중이 가장 높은 60대에 대한 노동수요가 상대적으로 많이 감소할 것으로 전망된다.

이렇듯 실제 많은 사람들이 일자리 문제로 어려움을 겪고 있는 코로나19 팬데믹 상황 속에서도 특정 분야에서는 인력난을 호소했다. 코로나19 팬데믹으로 인한 비대면 상황 속에서 온라인 교육과 전자상거래 등의 비즈니스가 활성화되면서 소프트웨어 개발자들의 수요가 급격히 증가했다. 이로 인해 국내 IT, 게임업계의 개발자 영입 경쟁이 가열되었고 '네카라쿠배당토네이버·카카오·라인·쿠팡·배달의민족·당근마켓·토스'라는 취업 관련 신조어가 생길 정도로 주요 IT 기업의 채용이 활발히 진행되었다. 연봉 또한 천정부지로 높아져 신입 개발자 연봉이 6,000만 원을 호가하기도 했다.[56]

최근에 일어나고 있는 소프트웨어 개발인력 부족난은 당분간 지속될 것으로 전망된다. 그 이유는 거의 전 산업분야에서 소프트웨어 개발인력들이 부족하기 때문이다. 앞으로도 빅데이터, 금융, 게임, 온라인 쇼핑 등 거의 모든 산업분야에서 더 많은 개발인력들을 필요로 할 것이다. 따라서 알고리즘에 대한 이해와 전문성은 당분간 일자리 문제에서 자유로울 수 있는 주요 요건이 될 것이다.

반면에 코로나19 팬데믹 이후 암울한 고용 상황에 직면하게 될 사람들은 무너진 고용 시장에 첫발을 내딛는 젊은이들이 될 것이다. 수년째 이어졌던 취업난이 전염병 사태를 맞닥뜨리면서 가속화되는 가운데, 2020년 살면서 단 한 번도 취업을 한 적이 없는 청년 실업자가 사상 최대인 32만 명으로 나타났다. 전문대·대학에 재학 중이거나 학·석·

당신의 커리어는 안녕하십니까?

박사를 졸업한 만 25~39세 사람들 가운데 취업 경험이 단 한 번도 없는 청년 실업자가 30만 명을 넘어선 것이다.[57]

처음 노동시장에 진입하는 단계에서 노동시장 상황이 좋지 않으면 더 많은 사람들이 실업 상황을 경험한다. 실업기간 동안 일을 하지 않거나 아르바이트, 단순한 일자리들을 전전한 경우 경기가 회복되어 취업에 도전하지만 기업에서는 이런 사람들을 환영하지 않는다. 왜냐하면 채용 시점에 새로 졸업하는 사람들을 채용하려고 하기 때문이다. 이것이 바로 상흔효과scarring effect, 낙인효과이다. 이들에게 남은 실업의 상처는 이후의 삶에도 부정적인 영향을 미치게 된다.[58]

또 청년기에 실업을 경험한 사람은 실업기간뿐만 아니라 평생 동안 임금에서 손실을 입는 것으로 나타났다. 청년 패널 통계를 이용해 분석한 결과 대학 졸업 후 1년 이내에 실업을 경험한 청년들은 곧바로 취업한 청년들에 비해 임금이 9.8퍼센트 낮았으며 실업기간이 길어질수록 임금손실이 확대되어 4년간 실업을 경험한 경우 소득이 40퍼센트가량 낮아지는 것으로 나타났다.[59]

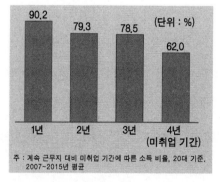

[그림 2-4] 상흔효과

출처: 이근태·이지선 (2017. 12. 07). 우리나라 잃어버린 세대 등장의 의미. LG경제연구원(자료: 청년패널, LG경제연구원).

그래서 졸업은 취업으로 이어져야 한다. 한 가지 방법은 적당한 해에 잘 태어나는 것이다. 만일 적당한 해에 잘 태어나지 못했다면 적어도 적당한 해에 졸업하는 것이다. 충분히 기다려서 경기가 좋아지기 시작한다면 그때가 졸업과 함께 직장에 들어갈 적기인 것이다. 경기가 좋다면 졸업하기 몇 개월 전에 미리 직장을 구해 두는 것이 훨씬 더 좋은 전략이 될 것이다. 이런 조언을 듣기에 너무 늦었다고 생각한다면 가능한 한 빨리 일자리를 구해야 한다. 실업 기간이 길어질수록 상흔 효과는 더 크게 나타나기 때문이다.[60]

현실에서는 쉽지 않은 일이다. 그렇다고 이론상의 이야기일 뿐이라고 넘겨 버릴 수도 없는 일이다. 코로나19 팬데믹으로 신입사원 채용시장마저 얼어붙은 상황에서는 더욱 그러하다. 상흔효과에 갇히지 않으려면 가능한 빨리 일자리를 구하는 것이 가장 좋은 방법이다.

코로나19 팬데믹 상황 하에서 사람들은 어떤 직업이 안전한 직업인지 깨닫게 되었고 향후 입직하려는 청년층, 또 아이를 키우는 부모 입장에서도 가능하면 그런 안전한 직업을 선택하려고 할 것이다. 이와 더불어 직업생활을 하고 있는 사람들조차도 가능하다면 안전한 직업을 갖기 위해 자신의 커리어를 디자인하고자 할 것이다.

부자에서 빈자로, 부의 재분배는 가능할까?

포스트코로나 시대에는 부자에게서 빈자로, 그리고 자본에서 노동으로 거대한 부의 재분배가 시작될 것이라고 주장하는 사람들이 있다. 이는 과거 역사적 사건에서 힌트를 얻은 것이다. 그러나 이번에는 그렇지 못할 가능성이 크다.

1347년에 시작되어 1351년에 종식된 흑사병페스트은 중세 유럽을 강타하며 세계인구의 30~40퍼센트를 사망에 이르게 했다. 흑사병으로 인구가 급격하게 감소하면서 노동력이 절대적으로 부족해지자 농노들은 귀한 몸이 되었다. 살아남은 농노들은 임금이 최고 10배까지 상승하였고 이로 인해 부유해졌으며 권리도 향상되었다. 반면에 농사지을 인력을 구하지 못한 영세 영주들은 파산했다. 장원제는 힘을 잃었고 자영농이 늘어나면서 봉건제가 뿌리째 흔들렸다. 당시 농노들은 세상을 변화시킬 힘이 자신들의 손에 있다는 사실을 생애 처음으로 깨달았다. 일정한 영역 내에서 자립경제가 힘들어지자 시장과 무역 의존도가 높아지면서 경제구조 전반의 변화도 시작되었다. 시장과 무역 경제는 상인과 장인의 힘을 강화하는 동시에 부르주아라는 신흥계급을 탄생시켰고 자본주의의 싹을 틔웠다.61)

그런데 코로나19 팬데믹 사태는 노동력 측면에서 흑사병과 같은 사회적 변화를 가져오기는 어려울 전망이다. 즉, 자본의 손상에 따라 노동자들이 이득을 보는 일은 발생하지 않을 것이다. 코로나19 팬데믹 기간 동안 자본은 그 세력을 키워 경제적 불평등을 더욱 심화시켰다. 또 이는 긍정적인 이야기가 되겠지만 세계인구의 30~40퍼센트가 사망하는 일은 발생하지 않았다.

그러나 필수인력에 대한 인식은 조금 달라졌다. 실제 코로나19 팬데믹은 필수노동자에 대한 인식을 새롭게 하는 계기가 되었다. 필수노동자들이 종사하는 직업은 현장에서 직접 업무를 수행해야 하는 그런 직업들이 해당된다. 여기에는 의료, 공공시설, 제조업, 농업, 유통망과 경제가 돌아가고 사회 전반의 안정을 유지하는 데 필수적인 분야의 직업들이 해당된다.

코로나19 팬데믹 사태를 겪으면서 4차 산업혁명 기술의 유익한 점을 직접적으로 경험할 수 있었고 그로 인한 산업구조의 변화도 예상할 수 있다. 그러나 이 흐름에서 한 가지 중요한 것이 있다. 사람들이 '과연 우리가 사는 데 무엇이 더 중요한가'에 대해서 다시 생각하는 계기가 되었다는 것이다. 왜냐하면 배달, 택배 같은 일들의 중요성을 이전에는 크게 생각하지 못하고 당연한 존재로 여겼기 때문이다. 배달이나 택배뿐만 아니라 의료, 보육, 요양 같은 업계에서 일하는 분들이 얼마나 중요한지 이제 깨닫게 된 것이다.[62]

영국에서는 이들을 핵심인력key worker이라 부른다. 미국에서도 필수 직원essential employee이라고 부르기 시작했다. 지금까지는 세상에 더 중요한 것도 없고 덜 중요한 것도 없이, 시장에서 사람들이 원하는 것은 더 많이 생산되고 사람들이 원하지 않는 것은 덜 생산되는 방식으로 사회가 운영되었다. 하지만 이제는 우리를 안전하게 지키고 사회를 유지하려면 더 필요한 일들이 있고 그런 분야에서 일하는 사람들이 중요하다는 인식을 가지게 되었다. 그래서 그런 인식에 따라 임금구조나 노동시장 구조도 변해야 할 것이다.[63] 그리고 달라져야 한다.

실제로 택배기사와 같은 특수고용직 종사자에 대해 2021년 7월부터 고용보험이 적용되었다. 고용보험 적용 대상인 특수고용직 종사자는 보험설계사, 학습지 방문 강사, 택배기사 등 12개 직종이며, 보험료율

당신의 커리어는 안녕하십니까?

은 1.4퍼센트로 특수고용직 종사자와 사업주가 절반씩 부담하게 된다. 고용보험에 가입한 특수고용직 종사자는 비자발적 실업이나 출산 시 관련 요건을 갖추면 해당 급여를 받을 수 있게 된다.[64]

또 2022년 1월부터 퀵서비스와 대리운전기사 등 일부 플랫폼 종사자도 고용보험에 가입할 수 있게 되었다. 2022년 7월부터는 2021년에 적용된 12개 업종 이외 다른 특수형태 근로종사자 업종으로 고용보험 적용 범위를 확대하기로 했다.[65] 그것이 전부이다. 흑사병으로 인한 부의 재분배와 같은 상황은 발생하지 않았다.

눈에 보이지 않는 일자리

긍정적인 일자리 전망처럼 일자리가 크게 줄지 않는다 하더라도 새롭게 등장하는 일자리들의 질 문제는 여전히 논란의 대상이 될 것이다. 질 낮은 일자리의 등장은 비단 코로나19 팬데믹 때문만은 아니다. 그러나 앞에서 살펴본 바와 같이 코로나19 팬데믹은 4차 산업혁명으로 촉발된 일자리 변화를 가속화시켰다.

스마트폰 화면에 문장이 하나 뜬다. '의사도 종류가 많은데 어떤 의사를 말하는 거야?' 하단의 빨간색 녹음 버튼을 누른 뒤 "의사도 종류가 많은데 어떤 의사를 말하는 거야?" 하고 따라 읽고 '제출' 버튼을 누른다. 제출한 데이터가 누군가의 검토를 거쳐 통과되면 50원을 받는다. 인공지능이 학습할 데이터를 수집, 가공하는 데이터 노동은 대부분 단순하고 반복적이다. 데이터 노동은 전통적인 노동과 다른 모습이다. 그렇지만 데이터 노동 수요는 급속도로 늘고 있다.[66] 또 다른 플랫폼 노동의 확산인 셈이다.

미국의 인류학자 그레이Mary Grey와 컴퓨터과학자 수리Siddharth Suri는 데이터 노동처럼 우리 눈에 잘 보이지 않는 노동이라는 의미의 유령노동의 개념을 처음으로 제시했다. 유령노동은 소비자들이 볼 수 없는 곳에서 이뤄지지만 반드시 필요한 인간의 노동을 의미한다.[67]

2019년 그레이는 한 강연에서 유령노동을 200년 전 산업혁명 시대의 변화에 비유했다. 산업혁명으로 방직기계가 대거 도입되었지만 스웨터를 대량생산하는 공장에서도 솔기를 박음질하는 일은 여전히 사람의 몫이었다. 오늘날의 상황도 유사하다. 자동화로 대체될 수 없는 영역이 있고 그런 곳에 유령노동자가 투입되는 것이다.[68]

인터넷을 기반으로 검색이나 SNS와 관련된 비즈니스를 하는 구글, 마이크로소프트, 페이스북Meta, 트위터와 같은 많은 기업들은 기계학습과 인공지능을 활용하여 고객들이 접하게 되는 콘텐츠에서 유해한 내용들을 제거하기 위해 소프트웨어 프로그램들을 활용한다. 그러나 이러한 프로그램들은 완벽하지 못하다. 그래서 성이나 인종 차별적인 발언, 비웃는 표현을 구분하지 못할 뿐 아니라 일반 그림과 성인물을 구별하지도 못한다. 이 경우 우리 눈에 보이지 않는 유령노동자들이 그 역할을 하게 된다. 온디맨드On-Demand 작업을 통해 인간의 통찰력을 활용하여 부족한 소프트웨어 시스템을 보완하는 것이다.

온디맨드는 정보통신기술 인프라를 통해 소비자의 수요에 맞춰 즉각적으로 맞춤형 제품 및 서비스를 제공하는 경제 활동을 의미한다.[69]

온디맨드 플랫폼들은 무수히 많은 업체들과 일자리를 희망하는 유령 노동자들을 연결시켜주고 유령노동 시장을 만든다.

온디맨드 플랫폼들은 유령노동자들이 노동을 사고 팔 수 있도록 알선하고 그 대가로 경제적 이익을 얻는다. 사실 온디맨드 작업 플랫폼들은 유령노동자들을 구하는 기업들의 좋은 사업 파트너인 셈이다. 많은 기업들은 갑자기 발생한 인력 결손을 메우기 위해 기존의 오프라인 인력 소개 업체 대신에 저렴하고 손쉽게 인력을 구할 수 있는 온디맨드 플랫폼 업체들을 활용한다. 온디맨드 플랫폼은 온라인 직업소개소이고 그곳에는 유령일자리가 넘쳐난다.

유령일자리와 관련해 '자동화 최종 단계의 역설'에 주목할 필요가 있다. 이는 유령일자리가 끊임없이 생성되는 이유를 잘 설명해 주는 말이다. 기술의 발전으로 특정 단계에서 인공지능이 인간만큼 일을 잘해낼 수 있을 정도로 훈련이 되고 나면 유령노동자들에게는 자동화 단계의 다음 업무가 주어진다. 그래서 최종 자동화 단계의 끝은 아무도 알 수 없다. 결국 최종 단계는 유령노동자가 할 수 있는 일과 컴퓨터 시스템이 할 수 있는 일 사이의 틈을 의미한다. 이 틈을 메우기 위해 유령노동자들이 계속 필요한 것이다.

오늘날 유령일자리에 종사하는 노동자들은 근본적으로 새로운 유형의 노동자들이며 특히 임시직 신분이라는 특성이 이들을 더욱 매력적인 존재로 부각시키고 있다. 이들은 특정 기업과 확실한 고용관계가 없기 때문에 많은 기업들이 공유할 수 있는 인력 집단이다. 기업들은 이들이 가지고 있는 경력, 언제든 손쉽게 구해서 사용할 수 있는 유용성을 바탕으로 유령노동자들을 활용해 지속적으로 새로운 사업을 진행한다. 요즘 기업들은 고객에게 제품과 서비스를 제공하는 방식을 끊임없이 재설계해야 하고 24시간 대응해야 하기 때문에 정규직 근로자들 이외에 유령노동자와 같은 임시직 인력에 의지할 수밖에 없는 것이다.

S&P 글로벌 마켓 인텔리전스의 분석에 따르면 2017년 고용을 많이 하는 세계 20대 기업 중에 5곳은 아웃소싱과 인력 솔루션을 제공하는 기업이었다.[70] 아웃소싱 부문은 지난 20년 동안 호황기를 누렸으며 향후에도 지속적으로 아웃소싱 시장은 성장을 이어갈 것이다. 물론 유령 노동 시장의 성장도 함께 이어질 것이다. 그리고 눈에 보이지 않는 저임금의 불안정한 일자리는 계속 늘어날 것이다.

기본소득은 필요하다

사람들은 코로나19 팬데믹 사태가 위험한 기회라고 이야기한다. 그런데 이 위험한 기회가 모든 사람에게 공평하지는 않은 것 같다. 어떤 사람들에게는 위험하기만 한 것 같고 또 어떤 사람들에게는 기회이기만 한 것처럼 보인다.

개인의 커리어 디자인이 잘되었는지는 사실 불황이 닥쳤을 때 알 수 있다. 철저한 계획을 세워 준비한 사람들에게 위기는 기회가 될 수 있기 때문이다. 반면 그렇지 못한 사람들에게 위기는 그저 위험하기만 한 상황인 것이다.

거대한 경제위기는 서민층의 고통을 가중시킨다. 코로나19도 마찬가

지였다. 전염병이 남녀노소, 빈부격차, 지위고하를 가리지 않았지만 약자와 가난한 사람들에게 주는 충격은 상대적으로 더 컸다. 가난한 사람들이 먼저 일자리를 잃었고 약한 사람들이 위험에 더 노출되었다.[71] 부의 양극화가 심화될 수밖에 없는 것이다.

국제구호단체 옥스팜OXFAM이 발표한 『불평등 바이러스』 보고서 따르면 세계 억만장자들의 총자산은 2020년 말 11조 9,500억 달러약 1경 3,175조 원로 팬데믹 초기인 2020년 3월 중순보다 3조 9,000억 달러약 4,300조 원 증가했다. 전기차 업체 테슬라의 CEO 머스크Elon Musk와 아마존 의장 베이조스 등 자산 순위 10위 안에 드는 억만장자의 순자산은 2020년 3월부터 12월까지 9개월간 5,400억 달러약 595조 원 증가한 것으로 나타났다. 이는 전 세계인에게 백신을 접종하고 사람들이 빈곤층으로 전락하지 않도록 조치를 취하는 데 필요한 액수보다 훨씬 많은 것이다. 옥스팜은 역사는 코로나19 팬데믹을 사상 최초로 사실상 모든 국가에서 동시에 불평등이 심화된 때로 기록할 것이라고 주장했다.[72]

이러한 부의 불평등 심화는 기본소득에 대한 논의와 실험을 증가시키는 주요 요인이 되었다. 실제로 각국 정부는 이번 코로나19 팬데믹 사태로 기본 소득에 해당하는 시스템을 강제적으로 실험할 수 있었다. 각국 정부들은 일자리를 잃고 소득이 감소한 국민들의 생활 안정을 위해 적지 않은 금액을 지급했다. 물론 각국의 재정 상태에 따라 지급된 금액은 상이했다. 우리나라의 경우 재난지원금이라는 명목으로 전 국민이 동일하게 받은 금액은 크지 않았다. 그렇다 하더라도 이제까지 이런 형태로 국민들에게 무노동의 생활자금을 모두 지급한 사례는 없었다. 불가항력적인 상황에서 발생한 조치였지만 기본 소득의 성격을 띤

지원금이었다.

이러한 기본소득에 대해 찬성하지 않는 입장도 있다.

> 기본소득은 비용이 많이 들고 걷잡을 수 없는 인플레이션, 기업 이탈, 높은 세금, 장기 경기 침체, 개인의 삶과 사회의 분열 등의 문제를 일으킬 수 있다. 보편적 기본소득은 향후 가장 뜨거운 정치적 이슈가 될 것이다. 비록 각국 경제가 그것을 감당할 수 없을지라도 모든 사람에게 공짜로 주는 돈은 수많은 사람들의 마음을 사로잡을 것이다. 특히 코로나19 팬데믹으로 인한 경제 셧다운shut down과 그 불황의 여파로 사람들이 생활자금을 공급받은 후에는 더욱 그러할 것이다. 그러나 이러한 보편적 기본 소득이 내건 잘못된 약속이 결국 경제 전체를 침몰시킬 수도 있다.[73]

위와 같은 기본소득 반대론자들의 주장을 입증하는 사태가 실제로 발생했다. 미국 언론들은 각종 영업제한 조치가 완화되면서 미국 내 일자리는 빠르게 늘고 있지만 실제로 일할 사람을 찾지 못해 신규 취업자가 예상만큼 증가하지 못하고 있다는 분석을 내놓았다. 실업자들이 재난지원금과 실업수당 등으로 원하는 일자리가 생길 때까지 버티고 있어서 오히려 기업들이 구인난에 시달리고 있다는 것이다.[74]

기업들이 사람을 구하는 구인건수가 증가하였으나 일할 사람을 구하기 쉽지 않았고 이로 인해 자연스럽게 시급이 인상되었다. 미국의 가장 큰 약국 편의점 체인 중 하나인 CVS는 11달러인 최저 시급을 2022

당신의 커리어는 안녕하십니까?

년 여름까지 15달러로 인상하기로 했다. 이 때문에 바이든Joseph R. Biden 대통령의 공약인 시간당 최저임금 15달러를 코로나가 해냈다는 이야기 까지 나왔다.[75]

그렇다 하더라도 나는 기본소득에 찬성한다. 연구결과가 긍정적이기 때문이다. 문제는 기본소득 자체가 아니라 어떻게 운영하느냐의 문제 인 것이다. 일하지 않더라도 충분한 생활이 가능할 정도의 금액을 지 급하는 것에는 나 역시 반대한다. 조금은 부족하고 아쉬운 상태가 될 수 있도록 지급해야 할 것이다. 그리고 국가 재정이 감당하기 어렵기 때문에 그렇게 충분하게 기본소득을 계속 지급할 수도 없을 것이다.

성별, 소득, 노동여부 등과 상관없이 먹고살 돈을 주자는 보편적 기 본소득universal basic income에 대한 논의는 처음에는 뜬구름 잡는 소리처 럼 들렸지만 코로나19 팬데믹으로 경제가 무너지는 것을 막기 위해 각 국이 돈 풀기에 나서면서 힘을 얻었다. 미국 대선 때 민주당 예비후보 로 나선 양Andrew Yang은 18세 이상 모든 미국인에게 매월 1,000달러씩 을 기본소득으로 지급하겠다는 공약을 내놔 눈길을 끌었다. 인공지능 이나 자동화로 이득을 보는 기업들에게서 세금을 더 거두어 그로 인 해 일자리를 잃은 이들에게 주자는 것이었다. 이 제안 덕에 양은 '양갱 Yang Gang'이라 불리는 지지 세력을 얻을 정도로 인기를 얻었다.[76]

세계 여러 곳에서 기본 소득에 대한 실험이 계속되고 있다. 핀란드 정부는 2년간 2,000명에게 매달 70만 원씩 지급하는 기본소득 실험을 실시했고 그 결과를 2020년 5월에 발표했다. 고용률 상승 효과는 미미 했지만 기본 소득 반대론자들의 주장과 다르게 기본소득 수급자는 게 을러지지 않았다. 기본소득을 조건으로 취업센터와 계속 연락해야 할

의무가 없었는데도 사람들은 취업을 위한 노력을 계속했다. 무엇보다 수급자 집단의 많은 사람들이 더 큰 행복감을 느낄 수 있었다. 이들은 일반적인 신뢰, 제도에 대한 신뢰가 더 높았고 상황 처리 능력에 대한 자신감도 높아졌다.[77]

이러한 기본소득에 대한 일부 긍정적인 효과에도 불구하고 기본 소득에 대한 논의는 지속될 전망이다. 특히 실업률이 증가하는 상황에서 기본 소득은 조금 다른 형태로 논의될 수 있다. 기업이 채용을 하면 임금의 절반 정도는 정부에서 부담하고 나머지 절반 정도를 기업이 부담하는 형태의 지원에 대해서도 고려할 수 있다. 물론 이럴 경우 근로자는 최저임금 수준에서 임금을 받게 된다.

가장 이상적인 시나리오는 이렇다. 한 사람이 실직을 했다. 자신이 근무했던 산업분야에서 일자리가 부족해서 발생한 일이다. 이럴 경우 지역사회 고용센터에서 직업상담을 받고 향후 일자리가 여유 있을 만하고 또 본인이 관심을 가진 분야의 기술교육을 받는다. 기술교육을 받는 동안 정부는 교육비와 최저생계비를 지급한다. 교육기간이 6개월 혹은 1년이 걸릴 수도 있다. 교육기간이 종료하고 관련 자격증을 받거나 기술을 인정받게 되면 그 분야로 취업을 한다. 이 모든 과정에 지역사회 고용센터가 관여한다.

만약 이렇게 될 수 있다면 실업률을 낮추는 것은 물론이고 완전고용이 가능해질 수 있다. 하지만 여기까지는 이론상 가능한 부분이다. 여기서 우리가 주목해야 할 것은 교육을 받고 옮겨갈 일자리가 있어야 한다는 것이다. 또 개인적으로 이런 서비스를 충분히 받을 수 있도록 시스템이 마련되어야 한다. 마지막으로 교육을 받는 동안 최저생계비

당신의 커리어는 안녕하십니까?

에 대한 보장을 국가로부터 받을 수 있어야 하는데 이는 정부의 재정 상태와 관련된 문제이다. 그렇기 때문에 일자리를 원하는 전 국민에게 이런 서비스를 제공하는 것은 사실상 어려운 일이다.

만약 이러한 단계를 거치지 못하게 된다 하더라도 미래에는 기본 소득이 보편화될 가능성이 크다. 이 경우 정부의 재정은 주로 플랫폼 기업이 제공하는 세금으로 충당될 것이다. 사람들이 플랫폼에 접속해야 소비와 생활이 가능해지기 때문이다. 플랫폼 기업 입장에서도 기업이 돌아가기 위해서는 소비가 이루어져야 하는데 소비를 위해 사람들에게 최저생계비가 제공되어야 기업과 정부가 유지될 수 있는 것이다.

2050년이 되면 극단적인 고실업 문제를 겪게 될 것이고 기본소득은 삶을 살아갈 가치 있는 몇 안 되는 수단 중 하나가 될 것이라는 전망도 있다. 기본소득을 추구한다는 것은 결국 경제성장이 둔화되고 빈곤이 확대된다는 의미이다. 기본소득은 반드시 필요하지만 올바르게 정착되어야 한다. 2016년 독일의 베텔스만 재단의 조사에서 전문가 집단의 60퍼센트에 가까운 응답자가 기본소득이 장기적으로 '꼭 필요하다' 또는 '매우 중요하다'고 응답했다.[78]

상당수의 전문가 집단은 체계적인 대책이 마련되지 않는다면 현재의 선진국에서 대규모 사회적 불안 내지는 지속적인 내전이 발생할 수도 있다고 전망했다. 심지어 적절한 대책이 아예 마련되지 못함으로써 사회적 격차가 더욱 크게 벌어질 가능성에 대해서도 주목했다.[79] 기본소득에 대한 논의가 계속되어야 하는 이유이다.

커피 만들기에서 배우는 교훈

왓슨Watson은 첨단기술로 무장한 'AI 의사'로 기대를 한 몸에 받으며 2016년 8월 가천대학교 길병원을 시작으로 국내에 도입되었다. 도입 당시 왓슨의 족집게 진료에 암 환자들이 매료되었던 것과 달리 왓슨의 역할에 회의적인 시각들이 번지기 시작했다. 의료현장에서 왓슨이 내린 권고대로 치료를 하지 못하는 사례가 자주 발생하고 있다. 이는 왓슨이 대부분 미국과 유럽 등의 암 치료 관련 연구 자료를 습득했기 때문이다. 한국인을 비롯한 동양인은 서양인과 암 발병 원인이 다르고, 항암제에 대한 반응도 차이가 있다.[80]

대표적인 것이 위암이다. 위암은 국내에서 환자 수가 가장 많은 암이지만 미국에서는 '10대 암'에 포함되지 않은 흔치 않은 암이다. 실제로 위암의 우리나라 5년 상대 생존율은 75.4퍼센트로 미국의 31.1퍼센트보다 2배 이상 높다. 또 왓슨은 모든 암의 치료법을 제시하지도 못한다. 여러 이유들로 인해 왓슨은 IBM의 본고장이라고 할 수 있는 미국 의료 현장에서도 외면 받고 있다.[81]

이러한 추세를 반영하듯 2018년 5월 IBM은 왓슨을 실패한 사업으로 규정하고 사업팀을 구조 조정했다. 전문가들은 IBM이 왓슨을 시장에 내놓을 때 지나치게 성급했다고 입을 모은다. 근거기반의 의학적 치료 옵션을 제공하려고 했다면 인큐베이터 단계에 더 머물렀어야 했다는 주장이다.[82]

이처럼 아직은 AI가 전문적인 의사의 역할을 하기에는 많이 부족해 보인다. 그렇다면 좀 더 기계의 접근이 용이한 다른 분야는 어떠할까?

당신의 커리어는 안녕하십니까?

전통적으로 바리스타는 재능 있는 장인으로 꼽혔다. 새 포장지를 뜯으면 퍼지는 커피콩의 부드러운 향기, 그라인더가 커피콩을 갈 때 나는 으드득 소리, 부드러운 탬퍼커피를 추출하기 전에 커피 가루를 눌러 다지는 도구 패드, 기계가 응응거리는 소리, 두 갈래로 부드럽게 흘러나와 컵으로 내려오는 커피 줄기. 철학자 바지니Julian Baggini는 훌륭한 커피를 만들려면 창의력과 재능이 필수적이라고 주장했다. 이 모든 과정은 일종의 예술인 셈이다.[83]

그러나 최근에 다양한 커피기계들이 등장하면서 이 예술적 행위를 대체하고 있다. 원두를 직접 넣으면 분쇄부터 추출까지 가능한 커피기계에서부터 간편하게 포장된 캡슐을 넣어 자동으로 커피를 추출하는 커피기계에 이르기까지 다양한 기계들이 보급된 것이다. 그 결과 바리스타들의 고유 영역이었던 커피 만들기는 포장된 커피 원두나 캡슐을 커피기계에 삽입하는 일반인도 쉽게 할 수 있는 단순한 행위가 되었다. 특히 사람이 개입하는 부분은 원두나 캡슐을 삽입하고 버튼을 누르거나 레버를 당기는 정도이다. 전문가의 영역이 자동화된 기계에 의해 대체된 것이다.

사실 다른 영역의 자동화에 비하면 커피 만들기가 자동화된 것은 그다지 놀라운 일도 아니다. 실험과 연구를 통해 최상의 커피 맛을 낼 수 있는 물의 양, 온도, 분쇄된 커피 입자 등을 찾아낼 수 있다. 이렇게 찾아낸 최적의 셋팅으로 추출하게 되는 커피는 그 맛에서 최상의 품질을 유지할 수 있고 이 때문에 종종 블라인드 테스트에서 기존 방식으로 추출한 최고의 커피를 이기기도 한다.

이런 시스템이 도입된 결정적 이유는 가정과 카페에서 시간을 절약하기 위해서였다. 하지만 이제는 세계에서 손꼽히는 고급 레스토랑에서도 이런 기계를 사용하고 있다. 미슐랭 가이드에서 별을 받은 레스토랑 중 네스프레소 기계를 사용하는 곳은 영국에 15개, 프랑스에 100개 이상, 그리고 커피의 본고장이라 할 수 있는 이탈리아에서도 20개 이상이 있다. 이 같은 사실을 알고 실망하는 사람이 많다. 견습생이 몇 년 동안 채소를 손질하고 접시를 닦은 후에야 작은 칼이나마 들 수 있는 고급 레스토랑에서 웨이터가 기계에 달린 버튼을 눌러 커피를 만들고 내온다는 사실이 마음에 들지 않는 것이다.[84]

사람들은 무엇을 평가할 때 그 결과물뿐만 아니라 그 결과물이 만들어지는 절차에 대해서도 고려한다. 그리고 사람의 수작업이 자동화된 방식으로 전환될 경우 높은 가치를 지닌 무엇인가를 잃어버렸다는 생각을 하게 된다.

이러한 사고방식은 전문직의 일에도 영향을 미칠 수 있다. 소위 전문가라고 우리가 부를 수 있는 사람들의 일은 고객 맞춤형 서비스 제공에서 벗어나 표준화와 자동화의 방향으로 변해갈 것이다. 전통적으로 전문가의 일로 분류되던 것들이 세분화되면서 분해될 것이고 이렇게 분해된 일들은 각각 가장 효율적인 방법으로 처리될 것이다. 일부 일들은 인공지능이 담당할 것이고 사람이 할 수 있는 일은 로봇과 같은 기계로 대체될 것이다.

커피를 만드는 전통적 방식이 사라져가듯 사람이 그리던 설계도면을 소프트웨어가 그리게 되면서 전문가의 기술이 점차 대체되는 과정에서 가치 있는 무언가를 잃어버렸다는 생각을 갖게 될지도 모른다. 세상이 좀 더 빠르고 편리해지는 방향으로 결과가 개선되더라도 옛 것을

당신의 커리어는 안녕하십니까?

그리워하며 인간의 기술이 사라져가는 것에 대해 애석 해하는 사람이 있을 것이다.

전문가의 일에 대한 우려를 살펴보면, 현재 전문가들이 수행하고 있는 일들을 미래에는 더 이상 수행하기 어려울 수 있다는 것이다. 또 미래의 전문가들이 수행하는 일들은 오늘날의 전문가들이 수행하는 일과는 현저히 다를 것이다. 훨씬 더 재미없고 성취감도 낮을 것이며 전문가로서 권위도 떨어지는 일이 될 것이다. 향후 전문직의 일도 자동화의 지배를 피할 수 없기 때문이다.

전문가들이 일을 처리하는 방식은 기술 발전을 통해 간소화, 시스템화될 것이다. 지속적으로 발전하는 시스템은 전문가의 업무에 혁신을 가져오고 전문가가 독점하던 전문성을 공유할 새로운 방법을 만들어 낼 것이다. 이러한 절차를 통해 전문직의 전문성은 독점에서 개방으로 나아갈 것이다. 또 시간이 흐르면서 자연스럽게 전문직 종사자도 그 수요도 줄어들게 될 것이다.

아직은 인공지능이 전문직의 일자리까지 위협하기에는 조금은 부족한 것 같다. 그러나 향후 인공지능의 기술 혁신이 자신을 탄생시키고 만들어 준 전문가의 일자리까지 위협하게 될 것이다. 이것이 바로 인공지능 기술과 과거의 기술 혁신이 다른 점이다.[85] 인공지능을 비롯한 기술의 발전은 다가올 미래에 전문직의 의미에 대해 다시 생각하게 한다.

Coaching Pocket 🔍

일자리 전망과 관련해 다음의 내용에 대해 생각해 보자.

입직을 준비하는 경우라면 향후에 어떤 산업분야의 전망이 밝을지 생각해 보고 자신의 진로를 실현하는 데 참고해야 한다.

직업생활을 하고 있는 경우라면 자신이 일하고 있는 분야의 전망에 대해 생각해 보아야 한다.

만약 자신이 이직이나 전직을 생각하고 있다면 어떤 분야의 전망이 밝을지에 대해서도 고민해 보아야 한다.

은퇴 이후를 준비하는 경우라면 은퇴 이후에 전망이 좋을 직업분야에 대해서 생각해 보아야 한다.

자신이 그동안 종사해 온 분야에서 전망이 좋을 세부 분야에 대해서도 고민해 볼 필요가 있다.

향후 AI, 로봇 등의 기술 발전이 자신의 직업분야와 관련해 어떠한 영향을 미치게 될지 생각해 보아야 한다.

코로나19 팬데믹 이후 자신이 현재 일하고 있는 분야의 전망에 대해서도 생각해 볼 필요가 있다.

코로나19 팬데믹 이후 전반적인 산업 및 직업 전망에 대해서도 생각해 보아야 한다.

2050년의 노동시장, 기술적 특이점에 대해서도 직업생활과 관련해 개인적 차원에서 예측이 필요하다.

당신의 커리어는 안녕하십니까?

3장

커리어는 어떻게 디자인하는가?

우리의 긍정미래는?

미래를 예측하는 학문인 미래학futurology은 과거 또는 현재의 상황을 바탕으로 미래 사회의 모습을 예측하고 그 모델을 제공하는 학문이다.[1] 미래학에서 우리가 예측할 수 있는 미래는 크게 세 가지로 분류할수 있다. 현재 시점에서 가장 구체적인 미래가 유력미래이다. 그리고조금 더 넓게 발생 가능성을 말할 수 있는 정도의 미래는 타당미래이고 가장 넓게 볼 수 있는 것이 가능미래이다. 가능한 상태에서 불확실성이 줄어들어 좀 더 구체화되면서 타당한 과정을 거치고 확률적으로표현이 더 가능해지면 유력한 상태가 된다.[2]

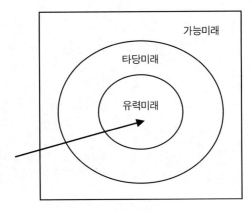

[그림 3-1] 예측 가능한 세 가지 미래
출처: 이광형 (2016). 3차원 예측으로 보는 미래경영.

미래는 너무 복잡하기 때문에 현재 시점에서 미래를 바라보는 모습은 보는 관점에 따라 다양하게 나타난다. 그래서 영어에서는 미래를

당신의 커리어는 안녕하십니까?

futures라는 복수로 표현한다. 이처럼 복잡한 미래의 전체 모습을 예측하는 것은 거의 불가능하다. 따라서 우리가 말하는 미래 예측은 발생 가능한 다양한 미래 중 일부를 그려본다고 할 수 있다.[3]

미래는 우리가 희망하는 정도를 고려하여 다음 세 가지로 예측할 수 있다. 긍정미래는 발생 가능한 미래 중에서 가장 바람직한 미래이고, 중립미래는 발생 가능한 미래 중에서 중간적인 미래이다. 부정미래는 발생 가능한 미래 중에서 가장 부정적인 미래를 의미한다.[4] 그래서 우리가 가장 원하는 미래는 긍정미래이다. 가능하다면 우리는 긍정미래를 만들어가야 한다. 그래야 우리가 원하는 삶을 살 수 있기 때문이다.

그렇다면 우리가 미래 예측을 하는 이유는 무엇일까? 미래를 예측하지 않고 살면 안 되는 걸까? 기관이나 기업에서 미래 예측을 하는 가장 중요한 이유는 비전과 미래 전략을 수립하기 위해서이다. 미래 예측을 해야 실현 가능한 비전과 목표를 설정할 수 있기 때문이다.[5] 즉, 미래에 닥쳐올 위기를 극복하고 계속해서 성장해 나가려면 반드시 미래 예측을 해야 하는 것이다.

특히 기업에게 미래 예측은 때로는 기업의 명운을 가르는 중요한 경영전략이 된다. 다국적 석유기업인 로열더치셸은 1973년 제4차 중동전쟁으로 인한 유가 급등을 사전에 예측하고 현재의 위치를 구축했다.[6]

로열더치셸의 직원 왁Pierr Wack은 경영전략 회의에서 석유가격이 상승하는 돌발적인 상황에 대비한 전략이 필요하다고 주장했다. 로열더치셸은 돌발 상황으로 고유가 사태가 발생할 때를 대비하여 별도의 계획을 수립하였고 대형 석유보관창고도 확보했다. 이후 이스라엘과 중동 간의 제4차 중동전쟁이 발발하자 중동의 산유국들은 전후 복구비용을 충당하기 위해 유가를 인상했다. 이 때 로열더치셸은 수립한 계획에 따라 움직였고 그 덕에 1973년 유일하게 돈을 번 기업이 되었다. 세계 6위였던 로열더치셸은 이 사태가 마무리되면서 세계 2위의 기업으로 성장했다.[7]

이것이 비록 정확성은 떨어지지만 반드시 미래 예측을 해야 하는 이유이며 미래학자들을 비롯하여 많은 사람들이 계속해서 미래 예측을 하는 이유이다. 그렇다면 개인의 경우는 어떠할까?

물론 개인의 경우도 크게 다르지 않다. 학교를 졸업하기 전에 어떤 진로를 선택할 것인지 미리 계획을 수립하는 것, 은퇴 전에 은퇴 후의 진로를 선택하고 계획을 수립하는 것, 기존에 다니던 직장을 그만두고 창업을 하기 위해 선택하고 준비하는 것 등 이 모든 것들이 바로 개인이 자신의 미래 커리어를 예측하는 것, 즉 커리어를 디자인하는 것이다.

이렇게 커리어를 디자인하는 것은 결국 자신이 원하는 긍정미래를 만들고자 하는 것이다. 이것은 아직 눈에 보이지 않고 실재하지 않는 것을 구체화시키는 과정이며 이렇게 구체화시킬 수 있을 때 실현 가능성은 커진다. 미래는 앞으로 자신에게 일어날 어떤 것이 아니라 자신이 스스로 만들어 가는 어떤 것이기 때문이다.

우리가 커리어를 디자인하는 경우에도 정확성이 떨어져서 미래에 대한 예측이 빗나갈 수 있다. 그러나 이러한 염려 때문에 커리어를 디자인하지 않는다면 목표설정과 계획수립은 불가능하다. 미래 예측에 대한 정확성을 높이기 위해 미래학자들은 다양한 정보와 자료를 활용하고 다양한 미래 예측 방법들을 사용한다.

이와 동일하게 우리도 커리어 디자인의 정확도를 높이기 위해 미래

당신의 커리어는 안녕하십니까?

직업세계나 산업동향, 일자리에 대한 전망, 내가 잘하는 일, 관심을 가지고 있는 분야 등에 대한 자료와 정보를 바탕으로 커리어를 디자인해야 한다. 또 유동적인 미래의 특징을 고려한다면 디자인한 커리어가 그대로 유지되지 않을 수 있다는 점에 주목할 필요가 있다. 변화하는 미래와 환경 등의 요인을 고려하여 커리어를 재디자인할 수 있어야 한다.

미래의 경력곡선

경력곡선은 일생 동안 연령의 변화에 따라 경력개발이나 경력감퇴와 관련된 경력변화를 곡선으로 표현한 것이다. 에릭슨Tamara Erickson에 따르면 우리가 평생 동안 경험하게 되는 경력곡선은 전통적 경력곡선, 다운시프트형 경력곡선과 편종형 경력곡선으로 분류할 수 있다.[8]

1980년대와 1990년대의 직장인들은 20대에 회사에 들어가 30대에 중간관리자 자리에 오르기 위해 열심히 일했다. 성과가 좋으면 월급과 회사 내 직급이 올라갔다. 50대가 되면 직급이나 소득면에서 정점을 찍었다. 그러다 60대 초반이 되면 모든 것을 마무리하고 은퇴해야 했다. 그나마 평생직장이 유지되던 시기의 이야기이다. 이러한 상황을 그림으로 표현한 것이 전통적 경력곡선이다. 전통적 경력곡선은 20대 이후부터 경력의 자원과 에너지가 꾸준히 상승하다 60대에 완전히 멈추어 힘과 권위의 정점에서 곧바로 추락하게 되는 모습을 보여준다.[9]

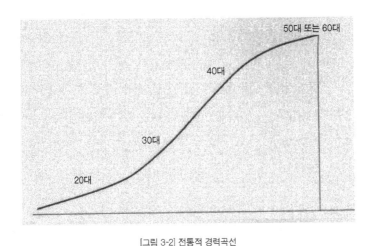

[그림 3-2] 전통적 경력곡선

출처: Ericson, T. (2008). Retire retirement(원 출처: Dychtwald, K., Erickson, T. J., & Morison, R. (2006). Workforce Crisis: How to Beat the Coming Shortage of Skills and Talent. Boston, MA: Harvard Business School Press).

미래에는 이러한 전통적 경력곡선을 가진 사람들을 찾아보기 어려울 것이다. 그렇다면 우리가 선택할 수 있는 미래의 경력곡선은 어떤 형태일까?

두 번째 경력곡선은 '다운시프트downshift' 형태가 될 가능성이 크다. 다운시프트는 원래 자동차를 '저속 기어로 바꾼다'는 뜻이다. 1970년대 이후에 태어난 유럽의 젊은 직장인들 사이에서 빡빡한 근무 시간과 고소득보다는 비록 저소득일지라도 자신의 마음에 맞는 일을 느긋하게 즐기려는 사람들이 늘어나면서 등장했다. 즉, 빨리 달리는 자동차의 속도를 늦추듯이, 금전적 수입과 승진에 쫓기느라 숨가쁘게 돌아가는 바쁜 일상에서 벗어나 생활의 여유를 가지고 삶을 즐기려는 사람들을 의미한다. 이들은 금전적 수입, 사회적 지위와 명예보다는 시간이 더

당신의 커리어는 안녕하십니까?

중요하다고 생각한다.[10]

이러한 의미를 담고 있는 다운시프트형 경력곡선은 경력개발을 통해 20대에서 50대까지 지속적인 발전을 이루다가 서서히 쇠퇴하기 시작해 70대나 80대의 어느 시점에 이르러 경력활동이 완전히 멈추는 형태이다.

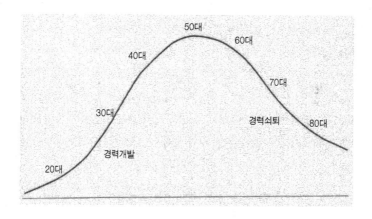

[그림 3-3] 다운시프트형 경력곡선

출처: Ericson, T. (2008). Retire retirement(원 출처: Dychtwald, K., Erickson, T. J., & Morison, R. (2006). Workforce Crisis: How to Beat the Coming Shortage of Skills and Talent. Boston, MA: Harvard Business School Press).

21세기를 살아가는 많은 사람들의 커리어를 예측해 보면, 20대부터 40대까지 경력개발이 이루어지고 50대에 정점을 찍은 후에 50대 이후부터 80대까지는 저단기어로 변속이 이루어지는 경력쇠퇴가 나타날 수 있다.

세 번째 경력 곡선은 편종Carillon형 경력곡선이다. 편종형 경력곡선의 삶은 어떠할까?

대학을 졸업하고 20대에 기업에 입사해서 30대 중반까지 열심히 일하며 해당 분야에서 깊이 있는 전문 지식과 능력을 기른다. 서른다섯 살에는 1년 동안 일을 쉬면서 여러 지역을 여행하고 자원봉사 활동을 한다. 서른여섯 살에는 다양한 기관의 프로젝트에 참여해 경험을 쌓는다. 그리고 직장으로 돌아가 워라밸work-life balance을 유지하면서 이후 4년 동안 일을 한다. 40대가 되면 1년 동안은 학습에 매진하여 전문 능력을 쌓고 두 번째 전문 영역으로 이직한다.

40대 중반에서 50대 초가 되면 두 번째 전문 능력을 발휘하여 일을 하고 전문성을 충분히 갖춘다. 그리고 50대 중반에 다시 사회체험을 위하여 1년 동안 여행을 하거나 자원봉사를 한다. 50대 후반 혹은 60대에는 지금까지 두 분야에서 쌓은 전문 능력을 바탕으로 1인 기업가로 변신한다. 덕분에 70대와 80대까지도 자신의 전문성을 발휘하면서 사회에 공헌한다. 이것이 편종형 경력곡선의 사례이다.

편종형 경력곡선에서는 새로운 분야에서 전문 능력을 키우고 쉬는 시간을 가지며 자원봉사에도 참여할 수 있다. 편종형 경력곡선에 따른 직업생활은 전통적인 경력곡선보다 유연하고 다운시프트형 경력곡선보다 직업생활을 더 오랫동안 이어 갈 수 있다. 편종형 경력곡선의 삶을 살게 된다면 시간을 효율적으로 사용하는 방법, 각 시기에 적합하고 다양한 활동, 전문능력을 키우는 동안 경제적인 안정을 이룰 수 있는 방법 등에 대해서 고민할 필요가 있다.

전문능력을 개발하고 열정을 품는 일에 몰두한다는 것은 학교를 졸업한 후에도 교육이 끝나지 않는다는 것을 의미한다. 가치 있고 흥미로운 업무생활을 창조하려면 평생학습과 자기개발을 통해 스스로를 쇄신하고 활력을 불어넣는 데 매진해야 한다. 또한 휴식기 동안 자신의 능력을 재통합하고 새로운 지식과 기술을 습득하며 대가 밑에서 도제 생활을 하는 것도 기꺼이 받아들여야 한다. 앞으로는 삶에서 능력개발과 재충전이 여러 번 반복되는 편종형 경력곡선이 등장하게 될 것이다.[11]

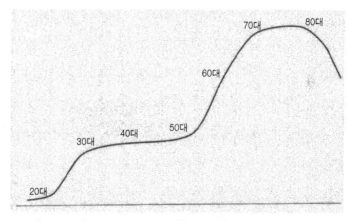

[그림 3-4] 편종형 경력곡선
출처: Ericson, T. (2008). Retire retirement.

커리어 디자인에는 자신이 희망하는 유형의 경력곡선이 포함된다. 따라서 자신이 희망하는 경력곡선은 어떤 형태인지 생각해 볼 필요가 있다. 다운시프트형 경력곡선은 좋지 않고 편종형 경력곡선은 좋다고 이야기하기는 어렵다. 이것은 개인의 선택이 될 수도 있고 또 아니면 의도하지 않은 환경의 변화로 선택이 아닌 강제에 의할 수도 있다.

다운시프트형 경력곡선은 50대에 커리어의 정점을 찍고 50대 이후부터는 일을 조금씩 줄여 나가면서 삶의 다른 영역에 집중하는 삶이 될 수 있다. 이것이 나쁜 것은 아니다. 자발적으로 이루어진 경우, 특히 경제적으로 큰 어려움이 없다면 다운시프트형 경력곡선을 선택하는 것도 나쁘지 않다. 그렇다고 해서 일을 완전히 멈추는 것도 아니기 때문에 계속해서 의미 있는 삶을 살 수 있다. 만약 강제적으로 다운시프트형 경력곡선을 갖게 된다면 삶의 여러 영역에서 어려움에 처할 수 있고 특히 경제적 문제가 발목을 잡을 수도 있다.

편종형 경력곡선은 어떠한가? 앞에서 살펴본 것처럼 하나의 직업생활을 마무리하고 휴식과 함께 학습을 통해 전문성을 기른 후에 다음 직업생활을 시작한다면 큰 무리가 없겠지만 다음 직업생활을 이어 가는데 어려움을 겪게 된다면 이 역시 큰 문제가 될 수 있다. 일자리 상황은 항상 유동적이기 때문이다. 또 삶은 자신이 뜻하는 대로 잘되지 않을 수 있다는 것을 우리는 잘 알고 있다. 만약에 비자발적으로 편종형 경력곡선을 경험하게 된다면 더욱 곤란한 상황에 직면할 수도 있다. 계획한 대로 직업생활을 유지하기 어렵다면 예상했던 것보다 빨리 다음 직업을 준비해야 하는 상황에 처할 수 있기 때문이다.

그렇기 때문에 어떤 경력곡선이 더 좋다고 이야기하기는 어려울 것 같다. 그러나 한 가지 명확한 것은 어떤 경력곡선을 갖겠다고 하는 계획을 가지고 커리어를 디자인하는 것과 그렇지 못하고 강제적으로 어떤 상황에 놓이게 되는 것에는 큰 차이가 있다는 것이다. 그렇기 때문에 자신의 커리어를 디자인하는 과정에서 희망하는 경력곡선을 그려 볼 필요가 있다.

당신의 커리어는 안녕하십니까?

시간은 어디로 가는가?

칙센트미하이는Mihaly Csikszentmihalyi는 미국의 성인들과 10대들의 하루 일과에 대한 조사를 통해 일과 시간활용과의 관계를 살펴보았다.[12] 물론 성별, 연령, 사회적 지위와 개인성향에 따라 약간의 백분율 차이가 있을 수 있다. 다음에 제시된 [표 3-1]은 개인들이 잠자는 시간 이외에 대략적으로 1일 16시간 내외로 활동하는 시간을 어떻게 활용하고 있는가에 대한 것을 보여주는 것이다. 표에 제시된 수치는 최소치와 최대치이며, 여기서 1퍼센트는 일주일에 한 시간을 의미한다. 하루 동안하는 일은 크게 세 영역으로 나눌 수 있다.

[표 3-1] 시간은 어디로 가는가?

활동	세부활동	백분율(%)	백분율 합계(%)
생산활동	업무 또는 공부	20~45	24~60
	담소, 식사, 쓸데없는 생각	4~15	
유지활동	가사요리, 설거지, 장보기	8~22	20~42
	식사	3~5	
	몸치장씻기, 옷 입기	3~6	
	운전, 출퇴근	6~9	
여가활동	TV, 독서	9~13	20~43
	취미, 운동, 영화, 외식	4~13	
	담소, 교제	4~12	
	휴식, 빈둥거리기	3~5	

출처: Csikszentmihalyi, M., 이희재 역. (2013). 몰입의 즐거움(원 출처: Csikszentmihalyi & Graef, 1980; Kubey & Csikszentmihalyi, 1990; Larson & Richards, 1994).

우리 삶은 우리가 특정 직업에서 하는 일생산활동, 이미 쌓아 놓은 것들이 헛되지 않도록 하는 노력유지활동, 그리고 그 외에 남은 시간에 하는 활동여가활동들로 이루어진다. 그렇다면 세 가지 영역의 활동들을 보면서 아주 단순하게 수리적으로만 생각해 보자. 완전히 단정지을 수는 없겠지만 어떤 활동에서 만족감이 클 때 우리 삶이 전체적으로 만족할 가능성이 크겠는가?

그렇다. 생산활동이다. 왜냐하면 가장 많은 시간을 사용하고 있기 때문이다. 살면서 가장 많은 시간을 사용하는 활동에서 만족해야 삶 전체가 만족스럽고 행복할 가능성이 크기 때문이다. 삶이란 우리가 어떤 일을 선택하고 그 일을 어떤 방식으로 하는가에 따라 달라질 수 있다. 따라서 자신이 원하는 일을 할 수 있는 직업을 갖는 것, 또 자신이 원하는 공부를 하는 것은 삶에서 매우 중요하다.[13]

자신이 원하는 일을 한다면 열정적으로 임할 수 있을 것이다. 1장에서 의미 있는 일은 전문성을 전제 조건으로 해서 이타성으로 완성된다고 설명했다. 이러한 요건들을 갖출 수 있을 때 그 일에 대한 열정이 유지되는 것이고 그 일은 삶에서 진정으로 의미 있는 일이 될 수 있을 것이다.

여기 그것을 입증하는 연구가 있다. 예일대학교 조직행동학 교수인 브제스니에프스키Amy Wrzesniewski는 자신의 연구를 통해 생업, 직업 그리고 천직의 차이에 대해 설명했다.

생업은 숨을 쉬거나 잠을 자는 것처럼 인생에서 불가피한 일을 말한다.

직업은 기본적으로 다른 직장으로 가기 위한 징검다리의 일이다.

당신의 커리어는 안녕하십니까?

천직은 인생에서 매우 중요한 것 중 하나를 의미한다.[14)

브제스니에프스키는 의사, 컴퓨터 프로그래머부터 사무직 직원에 이르는 다양한 직업 종사자들을 대상으로 한 조사에서 대부분의 사람들이 자신의 일을 이 세 가지 범주 중 하나로 인식한다는 사실을 발견했다.

브제스니에프스키는 지위가 같고 거의 비슷한 업무를 담당하는 대학 행정보조 직원들을 조사했다. 그 결과 자신의 일을 각각 생업, 직업과 천직으로 생각하는 비율이 거의 비슷하게 나타났다. 또 자신의 일을 천직으로 생각하는 사람들을 구분하는 강력한 지표가 근무기간이라는 점을 발견했다. 근무기간이 긴 행정 보조 직원일수록 자신의 일을 삶에서 중요하게 생각하는 사람이 더 많았다. 근무기간이 길다는 것은 일에 능숙해지고 높은 능률을 올릴 수 있는 충분한 시간을 보냈다는 것을 의미한다. 또한 동료들과 끈끈한 유대감을 형성하고 자신의 일이 타인을 이롭게 하는 경험도 많이 했을 것이다.[15)

이러한 논리에 근거한다면 자신의 일에 전문성을 가지고 이타성을 발휘하는 사람들이 자신의 일을 천직으로 생각할 가능성이 크다. 그렇다. 천직은 어느 날 눈앞에 나타나는 것이 아니다. 또 천직은 찾아내기만 하면 되는 것도 아니다. 천직은 어느 날 갑자기 발견하게 되는 열정적인 일이 아니라 자신의 일에 전문성과 이타성을 갖추었을 때 그 일은 천직이 되는 것이고 삶에서 의미 있는 일이 되는 것이다.

우리가 오해하는 것들

　주식투자를 생각해 보자. 만약 자신이 반복해서 주식투자에서 돈을 잃는다면 운이 없고 돈복이 없는 사람이라고 생각할 것이다. 그러나 그렇지 않다. 주식투자에서 필요로 하는 능력이 없는 것이다. 직업적성 검사를 해 보면 추천 직업으로 투자신용분석가와 같은 직업이 나온다. 그 경우 주식이나 펀드 투자와 같은 분야의 능력이 어느 정도 있는 것으로 볼 수 있다. 물론 능력이 있다고 해서 다 주식투자로 돈을 번다는 것은 아니지만 적어도 그 분야에 대한 능력을 어느 정도 가지고 있다는 이야기이다.

　만약 자신이 주식투자와 관련된 능력을 가지고 있지 않다고 가정해 보자. 그러면 능력을 어떻게 향상시킬 수 있겠는가? 방법은 주식투자와 관련된 책을 읽고, 강의도 듣고 능력을 향상시키기 위한 노력을 하는 것이다. 그래서 자신의 능력이 향상되면 이전보다 주식투자를 통해 돈을 벌 가능성이 커질 것이다. 그런데 많은 노력을 해도 여전히 능력이 향상되지 않는다면 주식투자를 해도 여전히 돈을 잃게 될 것이다. 즉, 능력은 노력을 해서 어느 정도 향상될 수도 있지만 향상되기 어려운 경우도 있다.

　내 동생은 대기업에 근무하는 직장인이다. 그런데 동생이 다니는 회사에서 가상화폐 투자로 많은 돈을 벌고 사표를 쓴 젊은 직원이 있었다. 사실 요즈음 대기업은 입사하기가 어려워서 사직을 하는 경우는 드물다. 그 직원이 사직한 후 동생이 들은 소문에 의하면, 퇴사한 그 젊은 직원은 원래부터 투자감각이 남달랐다고 한다. 투자감각이 남다르다는 것은 결국 그 분야에 뛰어난 능력을 가지고 있었다는 이야기이다. 뛰어난 능력이 있었으니 돈을 많이 번 것이다.

내 수업을 수강하는 학생들 중에서도 자신이 어떤 직업을 가져야 할지 잘 모르겠다고 이야기하는 학생들이 있다. 그런데 자신에 대해 이해할 수 있는 수업을 통해 자신이 가진 능력들을 알게 되면 어느 정도 직업에 대한 방향성을 찾는 경우가 있다. 한 학생은 자신은 특별히 하고 싶은 일도 없고 어떤 일을 해야 할지도 모르겠다면서 내 수업을 수강했다. 수업에서는 자기이해를 위해 필요한 직업심리 검사를 하고 검사결과를 토대로 자신이 원하는 직업을 찾을 수 있도록 살펴본다. 그런데 이 학생의 경우는 세 가지 직업심리 검사결과가 거의 유사한 직업을 추천하고 있었다. 투자신용분석가라는 직업이었다.

"직업심리 검사결과지는 가져오셨나요?"

"검사결과가 다 비슷하게 나왔어요. 투자신용분석가라는 직업이 반복해서 나왔어요."

"그래요? 혹시 주식투자에 관심이 많은가요?"

"누구나 다 관심이 있는 거 아닌가요?"

"모두 다 그런 것 같지는 않아요. 나는 별 관심이 없거든요."

"그래요?"

"그럼 혹시 주식투자를 해서 돈을 벌어본 경험이 있나요?"

"누구나 다 돈을 벌지 않나요?"

"모두 다 그런 것 같지는 않아요…. 내 주변에 돈을 많이 잃고 힘들어 하시는 분들도 계세요."

"그래요?"

"어떤 주식을 사서 돈을 벌었나요?"

"IT 관련 주식을 샀어요. 카카오 주식도 샀고요. 돈을 좀 벌었어요."

"IT 관련 주식들을 샀군요. 본인은 이 분야에 뛰어난 능력을 가지고 있는 것 같아요. 누구나 다 본인처럼 그렇게 주식투자를 해서 돈을 많이 벌지는 못해요. 그래서 검사결과가 이렇게 나온 것 같아요."

수업을 진행하면서 안 사실이지만 이 학생은 투자능력뿐만 아니라 사업기획서를 쓰는 능력 또한 뛰어난 것 같았다. 그런데 본인은 본인이 어떤 능력이 뛰어난지 정확히 모르고 있었다. 다행히 직업심리 검사결과 덕분에 자신이 원하는 일의 범위를 좁힐 수 있었다. 그런 다음 투자신용분석가라는 직업이 자신에게 정말 잘 맞는 직업인지 알아보도록 코칭을 진행했다.

대학생이니까 자신이 잘하는 것이 무엇인지 아직 정확하게 모를 수 있다고 생각하는가? 절대 그렇지 않다. 나는 나이 마흔이 넘어서야 내가 어떤 사람이고 어떤 능력이 있는지 알게 되었다. 너무 늦었다고 생각된다면 다음 사례는 어떠한가?

진로 관련 워크숍에서 만났던 사람들 중에도 이런 경우들이 있다. 50세가 훌쩍 넘어 보이는 분이었는데 직업군인으로 은퇴를 한 후 자신은 군인이 맞지 않는 사람이었다는 것을 알게 되었다고 했다. 그런데 자신이 맡은 일에 투철한 책임감을 가지고 임하는 성격이어서 군인이라는 직업이 맞지 않았지만 그 일을 참으면서 끝까지 해냈던 것 같다고도 했다. 그리고 은퇴 이후 자신에 대한 이해부터 다시 시작하고 있다는 이야기도 했다.

내가 이야기하려고 하는 것은 사람들이 생각보다 자신이 가진 능력을 제대로 잘 모르는 경우가 많다는 것이다. 내 주변에만 이런 사람들이 여러 명 있는데 대학에서 전산학이나 컴퓨터공학을 전공한 사람들 중에 마흔이 넘어서 코칭이나 심리상담을 하는 사람들이 있다. 어찌 보면 너무 다른 분야 아닌가? 이러한 현상을 어떻게 설명하겠는가?

나는 이러한 일들이 자신이 가진 뛰어난 능력을 발견하고 그 능력을 발휘하는 가운데 삶의 의미를 찾아 나가는 과정이라고 생각한다. 삶이란 결국 자신이 잘 할 수 있는 일, 자신이 좋아하는 일, 자신의 삶에서 의미 있다고 생각되는 일, 결국 그런 일을 찾아 나가는 여정인 것이다.

나는 여기서 타고난 능력인 재능과 연습과 훈련에 의해 갖게 되는 능력, 이 두 가지 중 무엇이 더 중요한가에 대해서는 논쟁하고 싶지 않다. 일부 학자들은 천재성이라는 것은 중요하지 않고 소위 천재라고 하는 사람들의 일면을 들여다보면 거기에는 의식적인 연습deliberate practice이 있었다고 주장한다. 그렇든, 그렇지 않든, 그것이 타고난 재능인지, 노력에 의해 길러진 능력인지가 중요한 것이 아니라 지금 이 순간 자신이 가장 잘하고 또 잘할 수 있는 것이 무엇인가 하는 것이 중요한 것이다. 그리고 그 능력이 무엇인지 아는 것은 더 중요하다.

나는 중학교 1학년 때 경험했던 일을 아직도 생생하게 기억하고 있다. 가정 수업시간이었던 것 같다. 플레어 스커트를 만드는 수업을 했다. 첫 시간에는 원형지에 본을 그리는 수업을 하고 마무리했다. 사실 나는 별 흥미도 느끼지 못했고 생각보다 조금은 복잡하다는 생각을 했던 것 같다.

그런데 그 다음 날 아침에 교실에 들어서는데, 맨 앞줄에 앉았던 학생이 스커트를 입고 빙글빙글 돌고 있는 게 아닌가. 여러 명이 지켜보면서 웃고 있었다. 자세히 보니 그 전날 원형지에 본만 그린 스커트를 그 학생은 하루 만에 만들어서 입고 교실 앞에서 패션쇼를 하고 있었다. 나는 그야말로 멘붕 상태였다.

나는 겨우 원형지에 본만 그렸는데 그 학생은 단 하루 만에 스커트를 다 완성한 것이다. 어떻게 이럴 수가 있는가? 그 학생이 공부를 그렇게 잘하지는 못했던 것으로 기억한다. 그런데 공부를 잘하지 못하면 어떤가? 그 학생은 어쩌면 유명한 패션 디자이너가 되어 있을지도 모른다.

사람은 그렇게 다르다. 어떤 사람은 자신이 가지고 있는 여러 능력 중에서 특히 언어능력이 뛰어나고, 어떤 사람은 수학적능력이 뛰어나고, 그렇게 사람은 저마다 뛰어난 능력이 다르다. 그런데 여기서 한 가지 짚고 넘어가야 할 점은 내가 언어능력이 뛰어나다고 해서 다른 사람들보다 뛰어나다는 것을 의미하는 것은 아닐 수 있다. 그저 내가 가진 여러 능력들 중에서 언어능력이 가장 뛰어난 것이지 다른 사람들과의 비교는 또 다른 문제이다. 그렇다 하더라도 내가 전문성을 갖기 위해서는 내가 가진 능력들 중에서 가장 뛰어난 능력을 개발하는 것이 필요하다.

만약 자신이 많이 부족한 특정 능력을 개발하고 싶다면 굳이 말릴 생각은 없다. 그것은 개인의 선택이기 때문이다. 그리고 아주 많이 노력한다면 분명 능력이 향상될 것이다. 그런데 자신이 특정 분야의 전문성을 갖춘, 즉 뛰어난 능력을 갖춘 사람이 되고 싶다면 자신이 가진 능력들 중에서 가장 뛰어난 능력을 개발하기 위해 노력할 것을 권한다. 잘할 수 있는 것을 더 잘하게 하는 것은 못하는 것을 잘하게 하는 것보다 훨씬 수월하고 에너지 소모도 적기 때문이다. 그러니 자신이 어떤 능력을 가지고 있는 사람인지, 자신이 가진 능력들 중에서 어떤 능력이 가장 뛰어난 능력인지에 대해 알아야 하지 않겠는가?

나는 앞에서 커리어코치의 역할에 대해 고객이 평생 employable한 마인드를 갖도록 도와주는 것이라고 설명했다. 여기서 employable은 어떤 의미에서 노동시장에서 고용주가 아니라 고용인雇傭人이 주도권을 갖는 것을 의미하는 것이다. 기술의 발전으로 일자리 전망이 암울해지는 상황에서 고용인이 주도권을 갖는다는 것은 쉽지 않은 일이다. 이는 고용주가 탐내는 인재가 되어야 한다는 것을 의미하는 것이기 때문이다.

이를 위해서는 개인들이 특정 분야에서 전문성을 갖추어야 하고 다른 사람들을 능가하는 경쟁력을 확보해야 한다. 또 프리랜서나 1인기업가, 창업을 한다면 이 경우 역시 경쟁력 있는 사람이 되어야 한다. 그래서 원하는 일을 원하는 만큼 할 수 있는 상태가 되도록 만들어야 하는 것이다.

이를 위해 먼저 자신이 무엇을 잘하는 사람인지, 어떤 능력을 가진 사람인지, 그래서 노력한다면 어떤 분야에서 전문성과 경쟁력을 갖출 수 있을지에 대해서 고민해 볼 필요가 있다. 이는 노동시장에 입직하는 젊은이들부터 직업 전환을 하려는 성인, 은퇴 후 다음 직업생활을 준비하려는 사람들에 이르기까지 모두 공통되는 사항이다. 결국 자기 자신에 대한 충분한 이해가 선행되어야 한다.

현재 자신의 직업이 만족스럽다면 아마도 그 일이 어느 정도는 자신이 좋아하고 잘 해낼 수 있는 일일 것이다. 하지만 내가 현재 하고 있는 일이 만족스럽지 못하다면 이러한 질문에 대해 답을 찾기 위한 노력이 필요하다.

자기이해부터 시작한다

대부분의 사람들은 자신에 대해 스스로 잘 이해하고 있다고 생각할 것이다. 하지만 막상 내가 잘하는 일, 좋아하는 일이 무엇인지 물으면 쉽게 대답하지 못하는 경우가 많다. 기본적으로 사람들이 자신에 대해 이해하는 교육이나 코칭을 제대로 받아본 경험이 없기도 하고 또 자신의 삶을 되돌아보며 성찰하는 시간을 충분히 갖지 못했기 때문일 수도 있다.

나는 어떤 사람인가? 나도 마흔 살이 될 때까지 어떤 일을 좋아하는지, 어떤 일을 잘 하는지 잘 모르고 산 것 같다. 지금은 내가 어떤 일을 좋아하는지, 어떤 일을 잘하는지 조금은 알게 되었다. 그렇다고 하더라도 내 능력의 한계는 정확히 알지 못한다.

40~50대가 대부분인 커리어 전문가들을 대상으로 하는 워크숍에서 나는 이렇게 질문했다.

"여러분은 여러분의 능력의 한계를 아시나요?"

그러자 대부분의 수강생들이 고개를 가로저었다. 그리고 "아니요."라고 답했다.

자신이 좋아하는 일, 잘하는 일을 어느 정도 알게 된다고 하더라도

당신의 커리어는 안녕하십니까?

그 일을 해낼 수 있는 자신의 능력의 한계는 정확히 알기 어렵다. 왜냐하면 지금 이 순간에도 능력의 한계에 계속 도전하고 있기 때문이다. 아마도 많은 사람들이 그러할 것이다. 그러니 완벽하게 자신을 이해한다는 것은 어쩌면 처음부터 불가능한 일인지도 모른다.

그렇다 하더라도 자신을 이해하려는 노력을 포기해서는 안 된다. 내가 어떤 사람이고, 내가 정말 좋아하고 잘하는 일이 무엇인지에 대해 고민하지 않는다면 커리어를 디자인할 수 없기 때문이다. 즉, 나를 employable한 상태로 만들기 어렵다는 것이다. 사실 이런 질문들은 이제까지 살아온 삶을 성찰하는 숙고의 시간을 갖는다고 해도 쉽게 답할 수 있는 질문은 아니다. 경우에 따라서는 전문가의 도움을 받아 여러 심리검사 도구들을 사용해야 할 수도 있다.

먼저 자기이해를 위해서는 자신의 내적인 특성에 주목할 필요가 있다. 슈퍼는 개인의 욕구, 가치, 흥미, 지능, 적성 등의 요인들이 커리어 발달에 영향을 미치는 내적 요인들이라고 주장했다.[16] 나의 현장 경험을 토대로 커리어 디자인에 영향을 미치는 내적 요인들을 좀 더 단순화시켜 본다면 직업적성, 직업선호도, 직업가치관, 생애주제와 직업생활 경험으로 함축할 수 있다.

직업적성, 직업선호도, 직업가치관에 대해서는 무료로 검사가 가능한 워크넷www.work.go.kr의 직업심리 검사를 추천한다. 청소년과 성인용으로 구분되어 있으며 검사결과에 대해 상세히 안내하고 있다. 워크넷 사이트가 제공하는 직업심리 검사 종류는 생각보다 많다. 그렇지만 커리어를 디자인하는 데 직접적으로 꼭 필요한 검사로 직업적성검사, 직업선호도 검사와 직업가치관 검사를 추천한다. 대학생이나 성인의 경우는 검사결과에서 적성에 맞는 직업을 추천하고 있지만 청소년의 경우는 직업을 추천하기 보다는 적성에 맞는 분야나 전공 등에 대해 제시하고 있다.

직업적성

직업적성 검사는 자신의 직업적 능력에 대해 알아보는 검사이다. 즉, 자신이 어떤 능력이 뛰어나고 어떤 능력이 부족한가를 보여주는 것이다. 성인용 직업적성검사의 경우 언어력, 수리력, 추리력, 공간지각력, 사물지각력, 상황판단력, 기계능력, 집중력, 색채지각력, 사고유창력과 문제해결능력의 11가지 적성요인에 대해 검사를 실시한다. 그리고 적성요인별로 일반 사람들의 능력과 자신의 능력을 비교하여 점수에 따라 최상, 상, 중상, 중하, 하, 최하 등으로 표시하고 있다. 검사결과에서는 자신이 가진 뛰어난 적성요인들을 토대로 직업을 추천한다.

나의 경험에 의하면 40대 중반에 실시했던 검사결과와 50대 중반에 실시한 검사결과가 조금은 달랐다. 그동안 능력의 변화가 있었다. 더 향상된 능력도 있었고, 더 퇴보한 능력도 있었다. 사실 특정 능력을 더 개발하려고 노력한 것은 아니다. 일하면서 특정 능력을 더 많이 사용했고 그로 인해 특정 능력이 더 향상되었을 수 있다. 그래서 추천 직업에도 변화가 있었다. 추천 직업 리스트를 보면 지금 하는 일과 전혀 다른 직업들도 제시되고 있지만 현재 하고 있는 일과 유사한 상담전문가,

당신의 커리어는 안녕하십니까?

직업상담사, 취업알선원, 청소년지도사 등의 직업도 함께 추천하고 있다. 따라서 오래전에 직업적성 검사를 실시한 독자들이라면 다시 한번 검사해 볼 것을 권한다. 그 사이 자신의 직업 적성이 변화되었을 수도 있기 때문이다.

사실 직업적성은 다른 표현으로는 직업적 지능이라고도 할 수 있다. 지능은 잘 변하지 않기 때문에 직업적성도 타고난다고 할 만큼 유전적 영향이 강해서 잘 변하지 않는다고 주장하는 사람들도 있다. 그러나 또 다른 한편으로는 노력한다면 어느 정도 개발이 가능하다고 이야기하는 사람들도 있다.

나는 개인적으로 직업적성은 유전적 성향이 강해서 잘 변하지 않는다는 의견을 지지하였으나 최근에 그 입장이 조금 바뀌었다. 시간이 지나면서 내 능력이나 수준의 변화를 목격했기 때문이다. 그러니 특히 은퇴를 앞두고 새로운 직업생활을 준비하는 독자들이라면 자신의 직업적 능력의 변화 여부를 확인해 볼 필요가 있을 것이다.

직업선호도

직업선호도 검사는 홀랜드John L. Holland의 이론[17]을 근거로 개인의 직업적 성격을 현실형, 탐구형, 예술형, 사회형, 진취형과 관습형의 여섯 가지로 구분하고 가장 선호하는 직업적 성격을 보여준다. 그리고 그 직업적 성격에 부합하는 직업들을 추천한다. 나의 경우는 최근에 다시 실시한 검사에서 오래전에 실시했던 검사결과와 동일한 결과가 나왔다. 그러나 직업선호도 검사결과는 자신이 처한 상황에 따라 달라질 수 있다.

실제 나는 1년 동안 세 번 실시한 직업선호도 검사에서 각각 다른 결과를 얻은 경험이 있다. 물론 워크넷의 직업선호도 검사는 아니었지만 같은 이론을 근거로 한 검사였다. 2009년은 박사학위 논문을 쓰던 시기였는데 봄에 실시한 첫 번째 검사에서는 연구하는 사람들에게서 많이 나타나는 탐구형의 유형이 제1유형으로 나왔고, 여름에 실시한 두 번째 검사에서는 흥미 있는 분야가 전혀 없는 0코드제로 코드라는 검사결과가 나왔다. 한마디로 모든 것을 내려놓고 산속으로 들어가고 싶다는 이야기이다. 그리고 가을에 실시한 세 번째 검사에서 현재와 같은 진취형제1유형/사회형제2유형 유형이 나왔다. 아직까지도 이 유형을 유지하고 있다. 그러니 직업선호도 검사를 오래전에 실시한 독자라면 다시 검사해 볼 것을 권한다. 자신이 처한 상황에 따라 선호하는 직업적 성격의 결과가 이전과 다를 수 있기 때문이다.

직업가치관

직업가치관 검사는 직업선택에서 중요하게 생각하는 가치가 무엇인지 검사하는 것이다. 검사시간은 20분 정도 소요되지만 검사결과는 상당히 중요하다. 그래서 나는 이 검사를 짧지만 굵은 검사라고 부른다. 성취, 봉사, 개별활동, 직업안정, 변화지향, 몸과 마음의 여유, 영향력 발휘, 지식추구, 애국, 자율, 금전적 보상, 인정과 실내활동의 13개 가치요인들 중에 자신이 직업선택 시 더 중요하게 생각하는 가치가 무엇인지 검사하는 것이다. 직업가치관 검사결과는 자신이 상대적으로 중요하게 생각하는 가치요인과 가치점수 비교를 통해 가치에 부합하는 직업을 추천하고 있다. 직업가치관은 직업만족도에 영향을 미치는 강력한 요인이다. 직업가치관이 충족되지 못하면 가치결핍이나 가치충돌을 경험할 수도 있다.

나는 HR컨설팅 비즈니스를 하는 동안 심각한 가치결핍을 경험했다. 삶이 대체적으로 만족스러웠지만 가슴 한가운데가 뻥 뚫린 것 같았고 그 사이로 바람이 통하는 것 같은 느낌이 들었다. 당시 나는 코칭을 공부하기 전이었고 이유를 알 수 없었다. 단지 시간적 여유가 많아서 그런 건가라는 생각을 가졌을 뿐이다. 그러던 차에 코칭을 만났고 곧이어 박사과정 공부를 시작했다. 바쁘게 살아서이기도 하겠지만 많은 공부를 하면서 나에 대한 이해도 점점 깊어졌다.

그렇게 몇 년이 흐른 뒤 나는 내 가슴에 뚫렸던 구멍이 메워져 있는 것을 깨달았다. 그리고 그 구멍의 정체도 알 수 있었다. 나는 사람들에게 좀 더 중요한 사람이 되고 싶었던 것 같다. 인정받고 싶은 가치의 결핍이 원인이었다. 그리고 이후로 나는 다시 가슴이 뚫린 것 같은 느낌을 경험하지 못했다. 지금 나는 인정의 가치가 충족된 일을 하고 있다. 물론 모든 사람이 자신이 원하는 직업가치를 모두 충족하면서 사는 것은 아니다. 그러나 가치결핍이나 가치충돌 정도가 심각하다면 현재의 직업생활에 만족하기 어려울 것이다.

나의 경우는 세 가지 직업심리 검사결과 중 대학교수라는 현재 나의 직업을 정확히 추천하고 있는 검사는 직업가치관 검사뿐이다. 그만큼 검사결과가 강력하다. 최근 사람들의 검사결과를 살펴보면 13개의 가치요인들 중에서 몸과 마음의 여유라는 가치에 집중하는 경향이 있다. 워라밸을 중시하는 성향 때문으로 해석된다. 그런데 사실 몸과 마음의 여유가 있는 직업은 많지 않다. 이 점 때문에 사람들이 직업생활에서 가치결핍이나 가치충돌을 경험하게 될 수도 있다.

생애주제와 직업생활 경험

생애주제는 생애 전반에서 이슈가 되는 것일 수도 있고 이루고 싶은 그 무엇인가가 될 수도 있다. 나는 사람들이 커리어 문제를 해결할 수 있도록 돕는 일을 하고 싶었고 자연스럽게 내 삶은 그 방향으로 흘렀다. 나에게 커리어는 삶에서 해결해야 하는 문제였다. 나는 대학을 졸업하기 전 은행에 취업했다. 그리고 은행 일이 맞지 않아 3개월 만에 사표를 쓰고 특성화 고등학교에서 10년간 교사로 재직했다. 그리고 비즈니스가 하고 싶어서 HR컨설팅 회사를 운영했다. 마흔이 넘어서 코칭을 접하면서 박사과정 공부를 시작했고 학위를 취득한 후 46세에 대학교수가 되었다. 이렇게 나의 커리어는 뒤죽박죽되어 있었다.

나는 다른 사람들에게 만약 누군가 나의 커리어를 디자인해 나가는 데 도움을 주는 사람을 만났더라면 지금과는 다른 삶을 살았을 것 같다는 이야기를 자주한다. 그래서 다른 사람들이 나처럼 뒤죽박죽된 커리어를 갖지 않도록 도와주는 것이 내 삶에서 추구해야 할 가치가 된 것이다. 즉, 커리어 문제는 내가 내 삶에서 해결해야 할 문제인 동시에 내가 이루고 싶은 가치인 것이다.

앞에서 대학에서 컴퓨터공학을 전공한 사람들 중에 나이 마흔이 넘어서 심리상담이나 코칭을 하는 사람들이 있다고 말했다. 이들도 나와 유사한 생애주제를 가지고 있을지도 모른다. 이처럼 자신이 살아온 삶을 성찰해 보면 자신의 생애주제를 찾을 수 있다. 그리고 경우에 따라서는 생애 주제를 찾는 과정에서 의미 있는 일을 발견할 수도 있다. 사실 혼자서 생애주제를 찾기 어려운 사람들도 있다. 이럴 경우 주변의 전문가들에게 도움을 요청하는 것도 좋은 방법이 될 수 있다.

비교적 쉽게 생애주제를 찾을 수 있는 방법 중 하나로 '생애 경력 그래프' 작성을 추천한다. 지금까지 삶을 살아오면서 자신의 커리어에 영향을 주었던 주요한 사건들에 대해 그래프에 그려보면서 성찰하는 시간을 갖게 된다면 생애주제를 찾는 데 도움이 될 수 있다. 생애 경력 그래프는 이 장의 후반부에 있는 Coaching Pocket에서 확인할 수 있다.

생애 최초로 직업을 가지려는 사람들의 경우라면 세 가지 검사결과와 생애주제에 기반하여 희망하는 직업을 생각해 볼 수 있다. 그런데 직업생활 경험이 있는 사람들이라면 그동안의 직업생활을 성찰하며 자신이 가진 강점에 대해 생각해 볼 필요가 있다. 강점이 앞에서 실시한 직업적성 검사결과와 유사하게 나타날 수도 있고, 아니면 직업적성 검사결과와 다르게 자신이 가진 강점을 발견할 수도 있다. 이러한 강점은 자신의 커리어를 디자인하는 과정에서 중요한 요소로 작용하게 될 것이다.

이제 선택이다

직업적성, 직업선호도, 직업가치관 이 세 가지 검사들이 제시하는 검사결과에 주목할 필요가 있지만 그렇다고 해서 검사결과를 전적으로 신뢰하는 것은 바람직하지 않다. 왜냐하면 이 검사들이 비진단 자기보고식 검사이기 때문이다. 비진단 검사라는 의미는 자신의 상태를 있는 그대로 보여주지 못한다는 것이다.

X-Ray 검사는 진단검사라고 한다. 자신의 질병을 감추고 싶어도 검사를 하면 질병 상태가 그대로 드러나기 때문이다. 자기보고식 검사는 스스로 자신의 상태를 판단해서 검사하는 것을 말한다. 그래서 비진단 자기보고식 검사는 현재 자신의 상태가 그대로 드러나는 것이라기보다는 스스로 자신의 상태를 판단해서 검사하는 것이고 그것이 결과로 보여지는 것을 말한다.

쉽게 이야기하면 자신이 체크하는 대로 검사결과가 나온다는 것이다. 그래서 스스로 자신의 상태를 정확하게 잘 판단하고 검사에 임해야 한다. 만약 그럴 수만 있다면 검사결과에 대한 신뢰도는 높아진다. 이 경우 자기이해의 중요한 근거 자료로 활용될 수 있다. 그렇지 못할 경우 재검사가 필요할 수도 있다.

세 가지 검사가 잘 진행되어 자기이해의 중요 자료로 활용 가능하다면 다음과 같은 점들을 고려해야 한다. 앞에서 살펴본 대학생의 사례와 같이 세 가지 검사결과가 비슷한 직업을 추천하고 있다면 먼저 그 직업에 주목해야 한다. 그 직업에 대해서 어느 정도 알고 있다면 좋겠지만 그렇지 않아도 괜찮다. 전혀 알지 못한다 해도 크게 문제가 되지 않는다. 다음의 환경인식과 직업정보 탐색 단계가 있기 때문이다.

세 가지 검사결과를 살펴본 결과 추천하는 직업 중에서 반복적으로 나오는 직업이 없다면 검사결과의 추천 직업들을 살펴보고 가장 관심이 가는 직업을 한 개 혹은 두 개 정도 선택한다. 그리고 역시 환경인식과 직업정보 탐색 단계에서 이 직업들에 대해 확인해 볼 수 있다.

검사결과가 이 세상에 존재하는 모든 직업들을 포함하고 있지 않기 때문에 특정 직업명에 너무 집중하기보다는 그 직업 분야 전체에 대해 고려하는 자세가 필요하다. 예를 들어 투자신용분석가라고 한다면 펀드매니저, 애널리스트 그리고 주식, 보험분야 관련 종사자, 더 넓게는 전체 금융분야 종사자 등으로 폭을 넓혀 이해할 필요가 있다는 것이다. 이를 위해서는 추론과 통찰이 필요하다.

개인에 따라서는 취업을 희망하거나 창업, 프리랜서 등 희망하는 일의 형태가 다를 수 있다. 개인의 관심사나 능력, 경제적 여력에 따라 다른 일의 형태가 가능하다. 일의 형태는 다를 수 있지만 일의 분야, 즉 직업과 관련된 분야는 선택해야 한다.

창업의 경우도 기술창업을 할 것인지, 서비스업 창업을 할 것인지 선택하고 프리랜서나 취업의 경우도 동일하게 직업이나 일의 분야를 선택해야 한다. 지금까지 살펴본 내용을 토대로 세 가지 직업심리검사 결과뿐 아니라 생애주제, 직업생활 경험 등을 고려하여 희망하는 직업분야를 선택할 수 있다.

선택한 직업이 정말 나에게 맞는 직업일까?
- 환경인식

슈퍼는 개인의 커리어 발달에 영향을 미치는 외적인 사회환경적 요인들로 지역사회, 학교, 가족, 또래집단, 경제, 사회, 노동시장 등을 언급했다.[18] 이를 커리어 디자인에 조금 더 현실적으로 적용해 보기 위해서 경제동향, 산업동향, 노동시장 상황과 향후 일자리 전망, 가족과 지인들의 의견, 법·제도적 문제 등으로 정리해 볼 수 있다. 자신이 선택한 직업이 정말 자신에게 잘 맞는 직업인지 살펴보기 위해서는 이러한 외적 요인들을 고려해야 한다.

경제동향은 경제상황을 의미한다. 경제상황에 따라 노동시장의 상황이 달라질 수 있다. 만약 창업을 생각한다면 경기침체기에는 선뜻 창업하기가 쉽지 않을 것이다. 반면에 경제가 호황이라면 창업에 대해 좀 더 긍정적으로 검토할 수 있을 것이다. 또 경기침체기에는 기본적인 생활에 필요한 산업 분야는 영향을 덜 받을 수 있지만 생활하는 데 필수적으로 요구되는 것 이외의 산업 분야는 영향을 많이 받을 수 있다. 이는 곧 노동시장의 상황과 직결될 수 있다.

산업동향은 산업별 발전정도와 산업구조의 변화 등을 포함한다. 향후에 유망하고 발전가능성이 있는 산업분야는 어떤 분야인지, 또 전망이 어둡고 침체될 산업분야는 어떤 분야인지에 대해 이해하는 것이 필요하다. 이는 산업별 기술발전의 정도에 따라 달라질 수 있을 것이다. 취업을 하려는 사람들이라면 향후 발전가능성이 큰 산업분야에 취업을 하는 것이 조금은 더 안전할 것이다.

당신의 커리어는 안녕하십니까?

노동시장 상황과 향후 일자리 전망은 말 그대로 현재의 일자리 동향과 미래의 일자리 예측에 대한 것이다. 미래에는 앞에서 살펴본 바와 같이 일자리 문제가 심각한 상황에 놓일 수 있다. 그렇다 하더라도 자신이 잘할 수 있는 일, 의미 있는 일을 할 수 있도록 일자리를 예측하고 도전해야 할 것이다.

특히 4차 산업혁명에 기반한 기술발전, 코로나19 팬데믹 사태로 인한 직업전망 등은 향후 일자리 예측에 영향을 미치는 주요 요인들이다. 이러한 큰 흐름의 변화에 따라 일자리 전망이 달라질 수 있다. 어느 정도 현실성 있는 일자리 예측이 이루어진다면 개인의 직업선택에 긍정적인 영향을 미칠 수 있을 것이다.

가족과 지인들의 의견은 가족과 주변 지인들의 심리적 지원이나 기대, 협조 등이 포함된다. 특히 취업, 창업 등에 도움을 줄 수 있는 인적 네트워크가 여기에 해당된다. 청소년이나 성인이 크게 다르지 않겠지만 가족의 반대는 직업을 선택하는 데 큰 장애요인이 될 수 있다. 그러므로 직업을 선택하는 경우 가족의 의견이 어느 정도 반영될 수 있다.

또 동료, 선후배 등 지인들의 의견도 직업선택에 영향을 미칠 수 있다. 직업생활 경험이 있는 성인들이라면 인맥이라고 이야기할 수 있는 인적 네트워크가 직업선택에 결정적 요인으로 작용하기도 한다. 그러므로 직업선택에 긍정적 영향을 미칠 수 있는 인적 네트워크를 구축하는 일은 커리어 디자인을 위해서도 매우 중요하다.

법·제도적 문제는 거시적인 일자리 환경에 영향을 미치기보다는 특정 일자리와 관련된 요인이다. 한 가지 예를 들면 사법고시 시험이 폐지되고 법학대학원 제도가 시행되면서 시험을 준비하던 고시생들에게 큰 영향을 주었다. 우리나라에서 차량 공유서비스는 제도적으로 인정되지 않고 있다. 카카오나 우버 등은 택시사업자들과 손잡고 플랫폼 서비스를 시행 중이다. 이처럼 법·제도적 문제는 특정 일자리에 국한될 가능성이 크다.

취업을 하는 것뿐만 아니라 자신이 창업이나 프리랜서를 희망하는 경우에도 환경인식은 중요하다. 특히 창업을 원하는 경우라면 위에 제시된 항목들 이외에 경제적 문제를 고려해야 할 것이다. 창업의 경우 외부 지원을 받을 수 있는 경우도 있지만 그렇지 못한 경우 창업자가 창업비용을 전액 부담해야 하기 때문이다. 창업의 경우에 경제적 문제는 창업 초기 단계뿐 아니라 안정적으로 정착될 때까지 성패의 중요 요인이 될 수 있다.

이렇게 선택한 직업과 관련된 경제동향, 산업동향, 노동시장 상황을 고려한 일자리 전망, 가족과 지인의 의견, 법·제도적 문제 등의 환경인식을 통해 선택한 직업을 갖는 데 큰 문제는 없는지 살펴보아야 한다.

알아야 결정할 수 있다 - 직업정보 탐색

자신이 원하는 직업을 선택하고 이에 대한 환경인식을 마무리하였다면 이제 본격적으로 직업정보를 탐색해야 한다. 이러한 과정 없이 커리어 디자인을 위해 목표를 설정한다는 것은 불가능한 일이다. 따라서 자신이 희망하는 직업이 있다면 이에 대한 면밀한 조사가 이루어져야 한다. 사실 가장 좋은 방법은 그 일을 직접 경험해 보는 것이다. 우리는 이것을 직업체험job shadowing이라고 한다. 그런데 만약 상황이 여의치 않다면 그 대안으로 그 일에 종사하는 사람으로부터 직업정보를 얻어야 한다. 물론 직접체험을 하는 것보다 그 효과는 덜하다.

만약 음식점을 창업하고 싶다면 음식점을 운영하는 사람을 만나 이야기를 들어보는 것보다 더 좋은 방법이 있다. 음식점에서 직접 일해 보는 것이다. 특히나 자신이 음식점을 운영하고 싶은 지역이 있다면 그 지역의 원하는 분야의 음식점에서 직접 체험할 경우 음식점 운영에 대한 많은 정보를 얻을 수 있다. 매출은 어느 정도인지, 주요 고객층은 누구인지, 어떤 음식점을 하면 장사가 잘될 지 등에 대해 구체적인 정보를 얻을 수 있다. 무조건 프랜차이즈업체 본사를 찾아갈 일이 아니다. 이렇게 직접 경험을 하고 나면 창업에 대한 생각이 달라질 수도 있을 것이다. 그래서 직업체험은 직업을 선택하기 위한 가장 확실한 공부 방법이다.

그러나 원하는 직업을 직접 체험하기 어려운 경우도 있다. 만약 건축가라는 직업에 관심을 가지고 있는 청소년이라면 건축가가 하는 일을 직접 경험하기 어렵기 때문에 건축가를 만나서 정보를 얻어야 한다.

또 은퇴 후 전기기능사로 일하고 싶은 성인이 있다면 전기기능사 자격을 취득할 수 있는 학원에 가서 정보를 얻기 전에 직접 전기기능사로 일하고 있는 사람을 만나서 정보를 얻는 것이 좋다. 학원은 많은 수강생들을 확보해야 하기 때문에 직업정보에 대해 좀 더 긍정적인 의견을 제시할 가능성이 크다. 그렇다고 해서 학원을 전적으로 신뢰하지 못한다는 것은 아니다. 다만 그 직업에 직접 종사하고 있는 사람이 그 직업에 대해 더 정확한 정보를 줄 수 있기 때문이다.

직업체험에 대해 많은 사람들이 오해하는 부분이 있다. 직업정보를 탐색하는 과정은 학교를 졸업하고 노동시장에 처음 입직하는 청년들에게만 해당된다고 생각하는 것이다. 그러나 그렇지 않다. 한마디로 이야기하자면 은퇴 후 아파트경비로 일하고 싶다면 경비지도사 자격증을 취득하기 이전에 먼저 아파트 경비로 일하는 사람을 만나서 그 일에 대한 이야기를 들어보라는 것이다.

그래야 내가 할 수 있는 일인지, 아니면 내가 하기 어려운 일인지 결정할 수 있기 때문이다. 그리고 한 명이 아니라 가능하다면 여러 명을 만날 것을 권한다. 나는 이러한 직업정보 탐색이 경비지도사 자격증을 취득하는 일보다 더 중요하고 선행되어야 하는 일이라고 생각한다.

이와 같은 직업정보 탐색활동을 통해 크게 세 가지 영역에서 직업정보를 얻을 수 있다.

첫째, 직업 자체에 관한 것이다. 하루일과, 주요업무, 처우 및 급여수준, 스트레스 정도는 과연 자신이 그 일을 할 수 있을 것인가에 대한 정보를 얻는 데 중요한 사항들이다. 하루일과는 출퇴근 시간을 포함한 하루 전체 일정을 말한다. 주요업무는 해당 직업에서 하는 주요 업무활동을 말한다. 처우 및 급여수준은 그 직업을 선택한다면 안정된 경제생활이 가능한지에 대한 부분이다. 스트레스 정도는 심리적 만족과 관련된 부분이다.

둘째, 해당 직업의 전망이다. 자신이 당장 그 직업에 도전할 것이 아니라 5년이나 10년 후 도전할 예정이라면 해당 직업의 전망은 더 중요하다. 그 직업의 향후 전망에 대해서는 그 일에 종사하는 사람이 가장

당신의 커리어는 안녕하십니까?

잘 알고 있다. 만약 누군가 교수가 되는 것을 고민하고 있다면 나는 쉽지 않을 것이라고 이야기해 줄 것 같다. 대학 입학생들이 계속 줄어들 것이고 이미 지방에서는 정원을 채우지 못한 대학들이 많은 상황이니 그러하다. 또 향후에 전망도 그리 밝지 못하다. 그 이유는 사이버 대학과 같이 온라인으로 수업을 듣고 학위를 받는 대학들과 단기간의 기술교육을 받고 학위를 취득하는 기술교육 중심의 마이크로 칼리지micro college가 등장할 수 있기 때문이다.

몇 해 전 학생들에게 본인이 관심있는 직업에 대해 조사해 오는 과제를 내 준 적이 있다. '기자'에 대해 조사해 온 한 학생의 과제 보고서에 따르면 인터뷰에 응한 기자는 향후 전망에 대해 부정적으로 답했다. 누구나 글을 써서 인터넷에 올릴 수 있는 시대가 되었고 어떤 글은 기자들이 작성한 글보다 더 조회 수가 많은 경우도 있다. 최근에는 기본 자료만 주면 AI가 기사를 작성하기도 한다. 또 채용 상황도 좋지 못해서 채용이 많지도 않다. 한마디로 되기는 어려운데 돼서도 그리 전망이 좋지 못하다는 것이다. 물론 조사에 응했던 기자의 개인적인 견해일 수도 있다. 어쨌든 이렇게 그 직업에 대한 전망은 그 직업에 종사하는 사람들이 가장 잘 알고 있다.

셋째, 준비에 관한 것이다. 해당 직업에서 요구하는 학력과 경력, 해당 직업을 갖기 위해 필요한 자격증이나 직업훈련, 그 밖에 준비해야 할 것들은 그 직업을 갖기 위해서 자신이 특별히 노력해서 갖추어야 할 것들을 의미한다. 사실 직업분야를 선택하는 데 준비에 관한 것이 핵심 전략이 될 수 있다. 그 직업을 갖기 위해 내가 무엇을 준비해야 하는지 정확히 알 수만 있다면 이미 준비는 시작된 것이나 다름없다.

이와 같은 직업정보 탐색활동은 새로운 직업을 찾거나, 이직이나 전직을 희망하는 구직자들뿐만 아니라 창업을 하거나 프리랜서로 일하기를 희망하는 경우에도 매우 중요하다. 정확히 알아야 결정할 수 있기 때문이다.

만약 위와 같은 직업정보 탐색활동을 진행한 결과 자신에게 적합한 직업이라고 판단된다면 큰 문제가 없겠지만 직업정보 탐색결과가 자신에게 적합한 직업이 아니라고 판단된다면 어떻게 해야 할까? 그 경우는 자기이해 단계로 돌아가서 관심이 가는 다른 직업을 선택한 후에 그 직업과 관련된 환경인식 단계를 거친 후 다시 직업정보 탐색활동을 해야 한다. 그래서 직업정보 탐색활동 결과가 도전해 볼 가능성이 있는 직업이라는 결론을 얻었다면 이제 본격적으로 커리어 디자인을 할 수 있다.

직업정보 부족은 커리어 디자인을 위한 목표설정 과정에서 간과할 수 없는 중요한 부분이다. 생각보다 많은 사람들이 직업에 대한 정보가 부족하며 그 직업의 피상적인 면만을 보고 직업에 대해 판단하는 오류를 범하기도 한다. 따라서 커리어 디자인을 위한 목표설정을 위해서 직업정보는 매우 구체적이고 현실적으로 다룰 필요가 있다.[19]

미국 직업상담의 아버지라 불리는 파슨스Frank Parsons는 직업선택과 관련해 다음과 같이 3단계의 진로상담 과정을 제시했다.

첫째, 자신과 자신의 태도, 능력, 흥미, 야망과 같은 내적 특성을 이해해야 한다. 둘째, 성공을 위한 요건, 서로 다른 직업의 장점과 단점, 보상, 기회, 전망 등에 대한 지식을 쌓아야 한다. 마지막으로 이 두 가지 사실 간의 관계를 추론해야 한다.[20] 파슨스는 이러한 과정을 통해 자신의 직업을 선택하고 진로를 실현해 나가야 한다고 주장했다.

이러한 주장에 근거한다면 우리가 앞서 살펴본 자기이해와 선택, 환경인식 및 직업정보 탐색 과정에서 얻은 실질적인 정보들을 바탕으로 추론과 통찰을 통해 자신의 직업을 선택하고 커리어를 디자인해 나가야 하는 것이다.

다음은 목표이다

커리어 디자인은 커리어 목표와 이를 달성하기 위한 구체적인 실행계획으로 구성된다. 지금까지 살펴본 자기이해와 선택, 환경인식과 직업정보 탐색 등은 바로 커리어 목표를 설정하기 위한 사전 작업이었다. 이와 같은 사전 작업을 토대로 커리어 목표를 설정해야 한다.

앞에서 커리어 디자인은 경력곡선을 포함한다고 설명했다. 따라서 커리어 목표를 설정하고 이에 부합하는 경력곡선을 그릴 수 있어야 한다. 예를 들어, 자신이 현재 하고 있는 일을 60세까지 하고 싶다면 그 일을 60세까지 잘하기 위한 목표가 필요하며 또 60세 이후에는 어떤 일을 할 것인가에 대한 목표 또한 필요하다. 이 경우 경력곡선의 형태가 결정될 것이고 각 연령대별로 세부 목표도 수립할 수 있다.

이제 목표 설정과 관련된 이야기를 해 보자. 이 세상에 불가능은 없다. 아니다. 이 세상에 불가능한 것은 많다. 노력만으로 이룰 수 있는 일은 많다. 물론 이룰 수 없는 일도 많다. 죽을 만큼 노력한다. 그렇게 노력한다면 이룰 수도 있다. 그런데 정말 죽을 수도 있다.

목표를 달성하는 방법은 아주 단순하게 두 가지로 정리할 수 있다.

첫째, 불가능해 보이는 목표지만 달성할 때까지 계속해서 도전하는 것이다. 둘째, 나는 이 두 번째 방법이 더 설득력 있다고 생각되는데 노력한다면 달성할 수 있는 목표에 도전하는 것이다. 사실 두 번째 방법이 훨씬 더 쉽다.

이를 위해서는 노력하면 가능한 일인지, 아닌지를 먼저 구분해야 한다. 아무리 노력해도 불가능한 일이라면 도전하지 않는 것이 더 낫다. 노력하면 이룰 수 있다고 생각된다 하더라도 자신의 능력 수준에서 어느 정도의 노력이 필요한지 생각해 보고 도전해야 한다.

어떤 사람들은 무모한 꿈, 불가능에 도전하는 것이 가능을 만들고 기적을 만든다고 한다. 그래서 불가능해 보이는 목표지만 계속해서 도전하라고 이야기한다. 물론 이러한 도전이 소수의 사람들에게 커다란 성공을 가져다줄 수도 있을 것이다. 하지만 모든 사람들이 그렇게 살아야 하는 것은 아니다. 그렇게 커다란 성공을 이루고 싶다면 불가능에 도전하기 바란다. 커다란 성공을 이룰 수도 있을 것이다. 그런데 만약 그렇게 살고 싶지 않다면 굳이 그럴 필요는 없다고 생각한다.

그렇기 때문에 목표를 설정할 때 중요한 것은 자신의 능력을 고려하는 것이다. 목표는 달성하기가 조금 어렵더라도 도전적으로 수립해야 한다. 그렇다고 불가능한 것에 도전하라는 것은 아니다. 노력해서 가능한 것에 도전해야 한다. 또 너무 쉬운 목표를 설정하는 것은 자칫 도전에 흥미를 잃게 되고 의욕상실로 이어질 수 있다. 쉬운 목표는 쉽게 달성이 가능하지만 자신이 가진 능력을 모두 발휘할 필요가 없기 때문이다.

사람들은 자신이 가진 능력의 한계를 잘 모르고 자신을 스스로 과소평가한다. 도전적인 목표를 수립하고 이를 달성하기 위해 노력하는 가운데 미처 자신이 발견하지 못한 자신의 능력을 발견할 수도 있다. 따라서 불가능한 것에 도전하는 것이 아니라 다소 어렵고 힘들더라도 달성할 수 있는 목표를 수립하는 것이 필요하다. 그것이 목표설정에서 가장 중요한 원리이다.

자신이 A라는 공기업에 입사를 희망한다고 생각해 보자. 공기업 입사가 목표가 된다. 그렇다면 노력해서 달성 가능해야 한다. 얼마나 많은 사람들이 도전할지에 대해서도 생각해 봐야 하고 과연 그 경쟁에서 살아남을 수 있겠는가, 자신의 능력과 노력이 과연 감당할 수 있겠는가에 대해서도 고민하고 결정해야 한다. 최근 추세는 대학 졸업 후 3~5년 정도 일반기업에서 경력을 쌓은 후 공기업에 신입으로 도전하는 사람들도 상당수이다. 그러니 여러 가능성을 열어 두고 고민해야 한다.

만약 공무원 시험 공부를 하기로 목표를 정해 공부를 시작한다고 가정해 보자. 여러 과정을 거쳐 자신이 경쟁에서 우위를 점할 수 있다고 판단되어 공부를 시작했다. 우리가 살면서 어떤 일에 배수진背水陣을 쳐서는 안 된다는 이야기를 한다. 삶은 전쟁과 다르기 때문이다. 삶은 이기고 지는 두 가지 경우의 수만 존재하는 것이 아니다.

자기이해와 선택, 환경인식과 직업정보 탐색의 결과 공무원이라는 직업을 선택하고 3년 동안 시험에 도전했지만 실패했다면 그때는 어떻게 할 것인가? 목표를 설정하고 실행하는 데 배수진을 쳐서는 안 되는 확실한 이유이다. 내가 최선을 다해서 노력은 하지만 목표를 달성하지 못했을 경우 어떻게 할 것인가에 대한 대안을 마련해 두어야 한다. 대안 없이 배수진을 치고 도전하는 것은 결코 바람직하다고 볼 수 없다. 왜 냐하면 삶을 살아가는 데는 내가 통제할 수 없는 여러 변수들이 존재하기 때문이다.

그런데 다른 대안을 마련해 두고 도전한다는 것에 대해서 조금 더 생각해 볼 필요가 있다. 대안에 대해 너무 구체적인 실행계획을 수립하고 원래 자신이 희망하는 일에 도전한다면 사실 그 일에 몰입하기가 쉽지 않다. 왜냐하면 이미 자신이 도전하는 일이 잘되지 않을 수 있다는 전제 하에서 도전하고 있기 때문이다.

대안을 마련해 둔다는 것은 자신이 도전하는 일이 실패할 경우 할 수 있는 다른 일이 있다 정도로 생각해 두어야지, 이미 도전하면서 실패할 것을 가정해서는 안 된다는 것이다. 따라서 대안에 대해서는 너무 구체적인 실행계획을 수립하지 않는 것이 좋다.

실제 여러 해 동안 준비해야 하는 자격증 시험 공부를 하는 사람들 중에 유독 공부에 몰입하기 어렵다는 사람들이 있다. 이들을 만나서 코칭을 해 보면 모두 그런 것은 아니지만 자격증 취득에 실패했을 경우 대안으로 할 일을 생각해 두고 있는 경우가 많았다. 그런데 그냥 생각해 두는 것으로 그치는 것이 아니라 대안으로 생각한 일을 해도 크게 나쁘지 않겠다는 생각까지 하고 있는 경우가 대부분이었다. 어찌 보면 마음 속에 이미 자격증 취득에 실패하더라도 따로 생각해 둔 다른 일을 하는 것도 나쁘지 않겠다는 마음을 가지고 있는 것이다.

이럴 경우 자격증 취득을 위한 공부에 몰입하기 쉽지 않다. 그러니 대안을 마련해 두라는 것은 자신이 도전하는 목표의 달성이 가장 바람

당신의 커리어는 안녕하십니까?

직하겠지만 만약 그렇지 못했을 경우 무엇인가 할 일이 있어야 하지 않겠냐는 차원에서 대안을 준비하라는 것이다. 만약 대안으로 생각한 일을 하면서 살아도 괜찮겠다는 생각이 든다면 굳이 어려운 일에 도전할 필요가 없는 것이다.

공무원 시험에 합격한 사람들 중에는 자신은 이것 아니면 안 된다고 배수진을 쳤기 때문에 합격했다고 이야기하는 사람들도 있을 것이다. 하지만 합격했기 때문에 그렇게 이야기할 수 있다. 경쟁률이 20대 1, 30대 1이라는 것은 합격하는 사람들보다 떨어지는 사람이 훨씬 더 많다는 것을 의미한다. 그러니 그들이 모두 배수진을 치고 시험공부를 했더라도 시험에 떨어진 사람들이 훨씬 더 많다는 것이다.

또 목표는 변화하는 상황과 환경을 반영해야 한다. 자신이 처한 상황과 주변 환경이 변화함에 따라 목표는 유동적이 될 수 있다. 바다에 폭풍우가 친다면 항해하는 배는 목적지로 가는 경로를 수정하거나 잠시 인근 섬에서 쉬어 가는 대안을 선택해야 한다.

아르바이트를 하면서 공무원 시험 공부를 할 생각으로 도전했지만 코로나19 팬데믹 사태가 발발하면서 아르바이트 일자리가 줄어들어서 더 이상 공부를 계속하기 어려울 수 있다. 이것이 삶이다. 다시 한번 강조하지만 삶은 이기고 지는 두 가지 경우만 있는 것은 아니다. 삶은 이기거나 지는 결과로 인해 단절되는 것이 아니다. 삶은 굴곡이 있더라도 끝내 이어져 가야 하는 여정인 것이다.

실행이 문제이다

목표를 달성하는 사람과 그렇지 못한 사람의 차이는 매우 크다. 하지만 이들 간의 차이가 처음부터 큰 것은 아니다. 시간이 지날수록 목표를 달성하는 사람은 점점 더 많은 것을 이루게 되고 그렇지 못한 사람은 늘 그 자리에 머물거나 혹은 퇴보하게 된다. 이 두 유형의 차이점은 '실행'이다. 자신이 아는 것, 그리고 해야 된다고 생각하는 것을 행동으로 옮기느냐 아니면 아는 것으로 그치느냐의 차이인 것이다.[21]

누구나 목표를 설정하고 실행계획을 세울 수는 있다. 하지만 누구나 그것을 이루는 것은 아니다. 행동하는 자, 실행하는 자가 목표를 달성하는 자이고 곧 삶에서 자신이 원하는 것을 이루는 자이다. 이렇게 실행 가능성을 높이기 위해서는 구체적인 실행계획을 수립하고 실천하는 것이 필요하다.

1920년대 독일 베를린대학 심리학과에 유학 중이던 자이가르닉Bluma Zeigarnik은 지도교수인 레빈Kurt Lewin과 카페에서 자주 세미나를 진행했다. 그녀는 카페의 직원들이 계산을 하기 전에는 주문 내역을 정확하게 기억하는데 계산한 후에는 전혀 기억을 못한다는 것을 이상하게 생각하고 이를 심리학 연구의 주제로 삼았다.[22]

자이가르닉은 실험 참가자들을 두 그룹으로 나누고 같은 과제를 수행하게 한 후, 한쪽 그룹은 일을 완성하도록 하고 다른 그룹은 의도적으로 일을 완성 전에 중단시켰다. 그 후에 자신들이 수행하던 과제의 기억 수준을 조사했는데 과제를 완성한 그룹에 비해 과제를 풀다가 중단당했던 그룹에서 자신이 푼 문제를 기억해낼 가능성이 1.9배나 큰

당신의 커리어는 안녕하십니까?

것으로 나타났다. 이처럼 미완성 과제에 관한 기억이 완성 과제의 기억보다 강하게 남아 판단에 영향을 주는 심리적 현상을 '자이가르닉 효과Zeigarnik effect'라고 한다.[23]

이런 현상이 일어나는 이유는 우리가 임무를 부여받았을 때 일정한 긴장 상태를 느끼게 되고 그 임무를 완성한 후에야 긴장이 사라지기 때문이다. 또 미완성 과제에 대한 정서적 애착이 강하게 남아서 판단 결과를 좌우하기 때문이다.[24], [25]

이는 우리가 '인지적 구두쇠cognitive miser'이기 때문에 일어나는 일이다. 즉, 우리가 인지적으로 많은 에너지를 소비하면서 어떤 생각을 깊게 하는 것 자체를 싫어한다는 것이다.[26]

누구나 그런 경험이 있을 것이다. 해야 할 일이 있는데 그 일을 미루게 되면 마음이 편치 않은 경험 말이다. 그 불편함은 그 일을 마무리할 때까지 지속되는 경우가 많다. 또 다른 일이 손에 잡히지도 않는다. 우리는 대개 목표가 명확하고 또 하고 싶은 일이 무엇인지 잘 알고 있는 상황에서도 여전히 해야 할 일을 완수하는 데 어려움을 경험한다.

그런데 이러한 자이가르닉 효과를 뒤집는 새로운 연구결과가 발표되었다. 미국 플로리다주립대학의 바우마이스터Roy F. Baumeister와 그의 연구팀은 과제를 끝내지도 못하고 일에 대한 진전이 없었음에도 단순히 계획을 세우는 행동 하나만으로 마음이 정리되고 자이가르닉 효과가 사라질 수 있다는 연구결과를 발표했다.[27]

자이가르닉은 사람들이 머릿속에서 과제를 지우려면 일단 그것을 끝내야 한다고 생각했지만 이 새로운 연구결과에 따르면 그럴 필요가 없는 것이다. 좋은 계획을 가지고 있다면 그것만으로 충분하다. 이것은 놀라운 결과이다. 왜냐하면 계획을 세우는 사람들이 문제를 해결한 사람들과 똑같은 심리상태가 될 수 있다는 것을 의미하기 때문이다.[28]

바우마이스터의 연구결과에 따르면 결국 완수하지 못한 일로 인한 심리적 압박, 즉 자이가르닉 효과로부터 벗어나는 길은 실행계획을 수립하는 것이다. 그런데 단순히 마음이 편해지기 위해 실행계획을 수립하는 것은 실행계획을 수립하는 진정한 이유라고 볼 수 없다. 실행계획은 실행 가능성을 높이기 위해 수립하는 것이기 때문이다.

그렇다면 우리가 실행가능성을 높이기 위해 실행계획을 수립하는데 실제 실행으로 이어지지 못하는 이유는 무엇일까? 그 이유들 중 하나는 해야 할 일이 너무 버겁게 다가오기 때문이다. 이 경우 시작은 쉽게 하지 못하면서 마음도 편하지 않다. 그렇다고 해서 그 일을 포기하기도 쉽지 않다. 이를 해결하는 한 가지 방법은 해야 할 일을 실행에 옮길 수 있도록 작게 나누어 구체적으로 계획을 수립하는 것이다.

즉, 한마디로 말해서 쉽게 시작할 수 있도록 만들어야 한다는 것이다. 잘게 쪼개진 일들은 그 일을 실행에 옮길 때 마음의 부담을 덜 수 있다. 이렇게 작은 일들을 하나씩 실행하고 나면 비로소 자신이 목표로 했던 일을 이루게 되는 것이다. 이것이 바로 구체적으로 실행계획을 수립해야 하는 이유이다.

실행계획이란 목표를 달성하기 위한 구체적인 일정표, 즉 시간표라고 볼 수 있다. 이 시간표에는 언제까지 무엇을 어떻게 할 것인가가 모두 망라되어야 한다. 목표달성을 위해서는 목표는 명확하고 실행계획은 치밀해야 한다. 따라서 구체적이고 실행 가능한 계획수립은 목표달성을 위해 반드시 필요하다.[29]

당신의 커리어는 안녕하십니까?

실행계획을 수립하게 되면 목표달성의 가능성을 높여준다. 목표에서 벗어난 실행계획은 실행계획으로서 가치가 없다. 목표를 달성하기 위한 것이 실행계획이므로 목표에 충실하게 작성되어야 한다.

실행계획의 수립은 개인의 능력과 시간 사용의 효율성을 높여준다. 효과성이 목표달성 정도를 나타내는 것이라면 효율성은 투입대비 산출의 개념이다. 개인의 능력과 시간활용의 효율성이 높다라는 것은 투입된 개인의 능력이나 시간에 비해 훨씬 더 많은 것을 얻을 수 있다는 것을 의미한다.

실행계획의 수립은 목표달성에 대한 자신감을 갖게 한다. 때로는 다이어리에 실행계획 한두 가지만 적어 놓아도 스스로 뿌듯한 감정을 느끼고 즉시 실행하고 싶은 생각이 들 때가 있다. 이처럼 실행계획은 실행에 대한 자신감을 갖게 하고 실행 가능성을 높여준다.

이러한 실행계획을 수립할 때 중요한 것이 해야 할 일들 가운데 우선순위를 정하는 것이다. 최대한 실행 가능하도록 일을 잘게 쪼개어 그 일들의 우선순위를 정해야 한다. 즉, 실행계획을 수립한다는 것은 해야 할 일들에 대한 우선순위를 명확하게 정하고 그 순서에 따라 시간표를 만드는 것이다.[30]

실행계획 수립 절차

1. 목표달성을 위해 필요한 일들을 모두 나열한다.
2. 그 일들을 실행하기 위해 각각 필요한 자원들을 검토한다.
3. 자원들의 검토를 통해 실행 불가능한 일을 제거한다.
4. 남아있는 일들의 중요도와 긴급도를 주관적으로 평가하여 일들의 우선순위를 정한다.
5. 가장 먼저 실행해야 할 일을 선택하고 구체적인 실행계획을 수립한다.
6. 나머지 일들에 대해서도 구체적인 실행계획을 수립한다.
7. 동시에 실행이 가능한 일들은 동시에 실행할 수 있도록 계획을 수립한다.

구체적인 실행계획은 어떻게 수립해야 할까? 여러 책에서 구체적인 실행계획을 수립할 때 스마트SMART 원칙을 활용하라고 조언한다. SMART 원칙은 구체적specific, 측정가능measurable, 실행가능actionable, 현실적realistic, 시간기한time-based으로 구성된다.[31] 그런데 사실 이 원칙을 활용해 실행계획을 구체적으로 수립하기는 쉽지 않다. 그래서 실행계획을 구체적으로 수립하기 위해 2W3H원칙을 추천한다.[32]

첫째, What이다. 실행해야 할 일을 결정하는 것이다. 취업을 위해 필요한 영어학습을 하기로 했다면 TOEIC을 할 것인지 TOEIC Speaking을 할 것인지를 결정해야 한다. 그것이 바로 What에 해당된다. 또 전직을 위해서 자격증 공부가 필요하다면 어떤 자격증 공부를 할 것인지가 해당된다.

둘째, When이다. 실행 시작 시점을 결정하는 것이다. 취업을 위해 TOEIC 공부를 하기로 했다면 언제 시작할 것인지를 결정하는 것을 말

당신의 커리어는 안녕하십니까?

한다. 전직을 위해 자격증 공부를 하기로 했다면 언제부터 공부를 시작할 것인지를 결정하는 것이다.

셋째, How이다. 어떤 방법으로 그것을 실행할 것인지를 결정하는 것이다. 취업을 위해 TOEIC을 공부하기로 했다면 어떤 방법으로 학습할 것인지를 결정하는 것을 말한다. 학원을 다닐 것인지, 다닌다면 어떤 학원을 다닐 것인지, 아니면 온라인 동영상 강의를 들을 것인지, 그렇다면 어떤 동영상 강의를 들을 것인지, 그것도 아니면 친구들과 모여서 스터디를 할 것인지 학습 방법을 결정하는 것이다. 전직을 위해 자격증 공부를 하기로 했다면 이 역시 어떤 방법으로 학습할 것인지 결정하는 것을 말한다. 온라인 강좌를 들을 것인지, 학원에 직접 가서 배울 것인지를 결정해야 한다. 그렇다면 어디에 있는 어떤 학원을 선택할 것인지까지 결정해야 할 것이다.

넷째, How much/many이다. 어느 정도 수준까지 할 것인지를 결정하는 것이다. TOEIC 공부를 하기로 하고 학원을 다닌다면 어느 수준의 점수를 목표로 할 것인가를 결정하는 것을 말한다. 이 수준은 자신이 원하는 목표를 달성하기 위해 필요한 수준을 의미하는 것이다. 전직을 위해 자격증 공부를 한다면 자격증 수준1급, 2급을 결정해야 한다. 자격증 수준이나 종류에 따라 처우가 달라질 수도 있지만 자신의 학력이나 경력을 고려할 때 취득 가능한 자격증 수준이나 종류가 달라질 수 있기 때문이다.

다섯째, How long이다. 마감기간을 결정하는 것이다. TOEIC을 학습하기로 했다면 얼마 동안 학습을 할 것인지를 결정한다. 즉, 시작시점에서부터 종료시점까지를 말하는 것으로 얼마나 오랫동안 그 일을 지속할 것인지를 의미한다. 기간이 너무 짧다면 포기하게 될 수도 있고 또 기간이 너무 길다면 시간적 여유가 많다고 생각해 학습에 몰입하는 것이 어려울 수 있다. 따라서 자신의 학습 능력을 고려하여 기간을 결정해야 할 것이다. 전직을 위한 자격증 공부도 이와 동일하다.

이렇게 위에서 언급한 2W3H 원칙에 따라 실행계획을 수립한다면 그 실행 가능성을 높일 수 있다. 실행계획을 수립한 후에 이를 지속적으로 실행하기 위해서는 먼저 실행한 일에서 성공경험을 가져야 한다. 작은 일이라도 실행을 통해 얻게 되는 성공경험은 더 크고 중요한 실행계획을 실천하게 하는 원동력이 될 수 있다. 이러한 성공경험의 축적을 통해 결국 자신이 이루고자 하는 목표를 최종적으로 달성할 수 있게 된다. 실패를 두려워하거나 실패에 위축되어서도 안 되겠지만 무엇보다 성공경험을 가질 수 있도록 노력하는 것이 궁극적으로 목표달성을 이루게 되는 가장 빠른 지름길이 될 것이다.

먼저 실행한 일이 성공적으로 잘 마무리되면 그 다음 일을 실행하고 또 그 다음 일을 실행하면서 지속적으로 성공경험을 하게 되는 것이다. 성공은 성공해 본 사람이 하는 것이다. 실패를 경험한 사람이 실패의 늪에서 빠져나오려면 먼저 성공경험을 갖도록 노력할 필요가 있다. 그리고 나면 계속해서 성공할 수 있는 자신만의 성공 공식을 얻게 될 것이다.

실행 후에는 잘 실행되었는지에 대해 사후평가를 해야 한다. 실행 과정에서 예기치 않은 문제가 발생할 경우 실행계획대로 실행되지 않을 수 있다. 이럴 경우 평가를 통해 계획을 수정하고 수정된 계획에 따라 다시 실행해야 한다. 그렇게 해야 자신이 원하는 목표를 달성할 수

있다.[33)]

제가 지금 사는 게 너무 힘이 듭니다

그렇다면 모든 사람들이 이렇게 구체적인 실행계획을 수립해야 하는 걸까?

수년 전 국립대 석·박사과정 학생들을 대상으로 DISC 성격이론에 대한 강의를 진행한 경험이 있다. 석·박사과정 학생들의 필수 이수 과정이었기 때문에 대형 강당에 수백 명이 모여 강의를 들었다. 강의가 거의 마무리되어갈 무렵 혹시 질문이 있는지 물었다. 멀리 뒤에 앉은 성인 학생이 손을 들었다. 아마도 직장을 다니면서 박사과정에서 공부를 하는 학생인 것 같았다. 마이크 줄이 짧아 그 학생은 강당 앞으로 나와 질문을 했다.

"제가 지금 사는 게 너무 힘이 듭니다. 제가 전에 강의를 들은 적이 있는데 그 강의에서 평생의 삶의 목표를 세우고 그 목표를 달성하기 위한 10년의 목표 그리고 10년의 목표를 달성하기 위한 1년 목표, 1년의 목표를 달성하기 위한 1달 계획, 1달 계획을 달성하기 위한 1주일 계획 마지막으로 1주일 계획을 달성하기 위한 1일 계획을 세워서 살아야 한다는 것을 배웠습니다. 그래서 지금 그렇게 하고 있는데 이것 때문에 제가 지금 사는 것이 너무 힘이 듭니다. 어떻게 하면 좋을까요?"

그 이야기를 듣고 나는 이렇게 답했다.

"선생님, 그렇게 하지 마시고 이제부터는 막 살아보세요."

내 이야기가 끝나자마자 대형 강당의 수백명의 학생들은 박장대소하기 시작했다.

나는 다시 이야기를 이어 갔다.

"이분에게는 막 살라고 이야기하지만 여러분들에게는 절대로 막 살라고 이야기하지 않습니다. 왜냐하면 여기에는 정말 막 살 수 있는 분들도 있으니까요."

내 말이 끝나자 대형 강당 안은 얼음물을 끼얹은 것 같았다. 아무도 웃지 않았고 숨소리만 들릴 뿐이었다.

나는 다시 이야기를 시작했다.

"이분은 제가 막 살라고 해도 절대 막 살지 못하세요. 이분의 성격이 그러세요. 선생님 어디에서 어떤 교육을 들으셨는지 모르겠지만 우리가 성공하는 삶을 이야기할 때 그렇게 계획을 세워서 살라고 합니다. 그러니 제대로 교육을 잘 들으신 것은 맞습니다. 그런데 선생님 같은 분은 그렇게 목표와 계획을 세우지 않으셔도 자신이 마음먹은 일은 알아서 제때 잘하시는 분이세요. 그러니 계획을 세우는 데 너무 많은 에너지와 시간을 쓰지 마시고 그것을 실행하는 데 더 많은 에너지와 시간을 쓰시기 바랍니다. 이것이 제가 선생님께 막 살라고 하는 이유입니다."

이렇게 내 말을 정리했다.

실행계획을 세우기 위한 삶이 아니라 실행하는 삶이 되어야 한다. 목표를 설정하고 계획을 수립하는 것은 그것을 잘 실행해서 원하는 목표를 달성하기 위함이다. 그런데 이러한 과정에 지나치게 많은 에너지와 시간을 사용하게 된다면 정작 실행하는 데는 사용할 에너지와 시간이 부족할 수 있다. 삶이 힘들 수 있다는 말이다. 그래서 먼저 우리는 왜 목표설정과 실행계획을 수립해야 하는지 그 이유를 명확히 이해해야 한다.

내 경험에 의하면 실행계획을 수립하고 실천하는 과정에서 사람들의 유형은 다르게 나타난다.

첫 번째 유형은 자신과의 약속을 비교적 잘 지키는 유형이다. 두 번째 유형은 자신에게 지나치게 관대한 유형이다. 경우에 따라서 이 두 유형의 중간에 해당되는 유형도 있을 수 있다. 이 경우는 두 가지 유형에 대해 살펴보면 그 특징을 파악할 수 있을 것이다.

위의 두 유형에 따라 계획수립 방법이 달라질 수 있다. 따라서 자신이 어떤 유형인지 생각해 보고 자신에게 적합한 계획수립을 해야 한다.

첫 번째 자신과 약속을 잘 지키는 유형은 앞서 사례에서 언급한 유형이 포함된다. 이 유형은 어떤 일을 일단 해야겠다는 생각을 하게 되면 별다른 일이 없으면 그 일을 해낸다. 물론 예상했던 시간보다 조금 더 걸릴 수도 있고 또 다른 문제들이 조금 있을 수는 있지만 그래도 끝까지 해내는 편이다.

자신에게 엄격하고 자신과의 약속을 잘 지키려고 노력하는 유형이다. 그래서 스트레스를 많이 경험하기도 한다. 이 유형에게는 조금은 유연한 사고가 필요하며 스트레스를 받지 않기 위한 자기관리 노력이 필요하다. 이 유형에는 자신과의 모든 약속을 지키지는 않지만 그래도 꼭 해야겠다고 생각되는 일은 잘 해내는 유형도 포함될 수 있다. 이 유형의 경우 스트레스를 조금 덜 받을 수도 있다.

두 번째 자신에게 지나치게 관대한 유형은 말 그대로 자신에게 덜 엄격하고 자신과의 약속을 잘 지키지 않는 유형이다. 이 유형의 대표적인 사례가 '작심삼일' 유형이다. 모든 일을 다 작심삼일로 처리하지는 않겠지만 야심차게 시작하는 일들이 작심삼일이 되기 쉬운 유형이다. 사실 자신에게 지나치게 관대한 유형은 정상적인 경우라면 첫 번째 유형보다 스트레스를 덜 받을 가능성이 크다. 오히려 더 행복감을 많이 느끼며 사는 유형일 수도 있다. 그런데 마음은 편할지 모르겠지만 원하는 것을 이루기에는 어려움이 따르는 유형이다.

반면에 작심삼일이면서 마음조차 편치 않은 유형도 여기에 해당될 수 있다. 앞서 자이가르닉 효과에서 살펴본 바와 같이 실행은 하지 않으면서 계속 긴장을 유지하는 경우가 여기에 해당된다. 하긴 해야겠는데 마음먹은 일을 끝까지 제대로 해내지 못하는 것 때문에 스트레스까지 받는 경우이다. 이런 경우라면 특히 더 실행계획을 구체적으로 수립해서 실천하는 것이 필요하다. 그래야 스트레스를 덜 받고 원하는 일을 잘 수행하면서 마음이 편해질 수 있기 때문이다.

자신과의 약속을 비교적 잘 지키는 유형이라면 2W3H 원칙에 따라 구체적으로 실행계획을 수립하지 않아도 자신과 약속한 일은 반드시 해낼 것이다. 그저 다이어리에 해야 할 일을 간단하게 한두 줄 정도만 적어도 이를 해 내는데 큰 문제가 없다. 그런데 만약 자신에게 지나치게 관대한 유형이라면 앞에서 살펴본 바와 같이 2W3H 원칙에 따라 구체적으로 실행 계획을 수립하고 실행해야 한다. 이것이 자신이 원하는 것을 이룰 수 있는 가장 손쉬운 방법이다.

그렇다면 사람들이 자신과의 약속을 잘 이행하지 않고 자신에게 관대한 이유는 무엇일까? 혹시 미래에 대해 지나치게 다 잘될 것이라는 긍정적 기대를 하고 있는 것은 아닐까?

낙관주의의 역설

낙관주의는 미래에 대한 긍정적인 기대로 정의할 수 있다.[34] 이때 기대는 목표를 달성할 것이라는 기대를 의미하는데, 낙관적인 사람은 어려움에 맞닥뜨려도 목표가 이루어질 것이라 믿으며 자신의 목표를 이루기 위해 지속적으로 노력한다. 낙관적인 사람들은 비관적인 사람들에 비해 스트레스 상황에 잘 대처하고 성공에 이를 가능성이 크다.[35]

낙관주의는 세상을 바라보는 하나의 방식으로 세상을 긍정적으로 보는 마음가짐이다. 낙관주의자는 난관에 부딪혔을 때도 좋은 기회를 살피고 그 기회를 놓치지 않고 행동할 줄 안다. 낙관주의자는 긍정적인 결과가 생겼을 때 자기 재능 덕분이라고 여기고 그 결과가 오래 지속되면 삶의 다른 측면에도 영향을 미칠 것이라고 생각한다. 반면 난처한 결과가 생겼을 때는 그것이 외적 요인 때문에 발생했다고 인식하고 그러한 상태가 일시적이며 특정 상황에만 국한된 것이라고 생각한다.[36]

이러한 낙관주의 성향을 가진 사람들은 미래에 대한 긍정적인 기대를 가지고 노력하기 때문에 자신이 원하는 목표를 이룰 가능성이 크다. 그래서 학교에서는 좋은 성적을 얻을 수 있고 직장에서는 뛰어난 성과를 내는 사람으로 주목받을 수 있다.

그러나 낙관주의에도 한 가지 역기능이 존재한다. 비관적인 사람이 실체를 정확하게 보는 것에 비해 낙관적인 사람은 좋지 않은 상황이 발생하더라도 자신의 낙관적 시각을 그대로 유지하려는 환상을 가지고 있다. 그리고 이러한 태도는 자신의 능력을 과대평가하게 만들거나 과거의 실수를 왜곡하여 받아들이게 한다.[37]

또한 통제 불가능한 상황에서도 스스로 통제할 수 있다는 강한 신념을 가지고 위험에 대비하지 않거나 실패했을 때 합리화와 같은 방어기제를 발휘함으로써 이후 같은 부정적 경험을 반복할 가능성이 있다.[38]

독일 부퍼탈대학교의 행동연구가 랑겐스Thomas Langens는 학생들을 대상으로 그들의 긍정적인 목표를 진술하게 하는 실험을 진행했다. 시험기간 중에 동기부여되어 있는 자의식이 강한 학생들은 훨씬 더 능력을 잘 발휘했다. 그러나 랑겐스는 지나치게 낙관적으로 생각하는 사고방식에서 부정적인 효과가 있다는 것을 발견했다. 노력을 통해서 이루어야만 하는 것을 이미 이루어 낸 것처럼 생각하기 때문에 동기부여가 잘되지 않을 수 있다는 것이다.[39]

이와 동일하게 자신을 높이 평가하는 학생들은 자기 비판적인 학생들에 비해 오히려 취업지원서를 더 적게 작성하고 직업이나 회사를 자세하게 조사하지 않았으며 면접에서도 별다른 노력을 하지 않았다. 그래서 자신의 기회를 지나치게 긍정적으로 해석하여 취업에서 오히려 좋지 않은 결과를 경험하는 경우가 많았다. 낙관주의는 원칙적으로 수동적인 태도이다. 어떻게든 모든 것이 저절로 잘될 것이라고 믿는 것이다.[40] 그러한 믿음에 함몰된다면 오히려 실패를 경험할 수도 있다.

위의 내용을 살펴볼 때 낙관주의와 같은 긍정적인 생각은 잘 관리되어야 한다는 결론을 얻을 수 있다. 특정 목표를 향해 자발적인 동기를

당신의 커리어는 안녕하십니까?

가지고 있으며 잘 훈련되고 성취지향적인 사람들은 낙관적인 생각을 가지는 것이 좋다. 예를 들어 승리를 기원하고 열심히 훈련하는 운동선수는 그렇게 함으로써 자신의 기회를 더 유리하게 만들 수 있다. 머릿속에서 이미 그 시합을 이기고 있기 때문이다.

반면 지속적으로 성취를 이루고 목표를 달성하는 데 어려움을 겪는 사람들은 오히려 긍정적인 사고가 더 좋지 않을 수 있다. 이들의 뇌는 지나치게 긍정적인 자기도취에 빠져 있다. 그래서 자신이 노력을 덜함에도 불구하고 이를 정당화하는 환상을 가지게 된다.

사람들이 연초에 세운 목표를 지키지 못하고 중도에 포기하는 이유에 대해 캐나다 토론토대학교 심리학과 허먼Peter Herman 교수팀은 '헛된 희망 증후군false-hope-syndrome'이 원인이라고 주장했다. 이는 사람들이 앞으로 닥칠 변수와 경우의 수를 고려하지 않고 지나치게 낙관적으로 결과를 예측하는 성향에 기인하는 것이다. 그렇기 때문에 이들은 처음에 생각했던 것만큼 빨리 혹은 쉽게 목표를 이루지 못할 것이라는 사실을 깨닫게 되면 포기하고 만다.41)

긍정심리학의 창시자인 셀리그만은 이러한 현상에 대해 다음과 같이 설명했다.

자기 자신을 향해서 반복해서 말하는 순전히 낙관적인 말들이 기분을 좋게 해 주지도 못하고 성취 능력도 향상시키지 못한다는 사실을 알아냈다. 중요한 것은 어떻게 부정적인 경험과 효과들을 대할 것인가이다.42)

반드시 그렇다고 볼 수는 없겠지만 만약 자신에게 지나치게 너그러운 사람들이 낙관주의자들이라면 낙관주의의 역설에 대해 주목할 필요가 있다. 그리고 자신이 계획한 것을 제대로 실행하지 못하는 사람들이라면 자신이 낙관주의의 역설의 늪에 빠진 것은 아닌지 고민해 보아야 할 것이다.

당신의 커리어는 안녕하십니까?

Coaching Pocket 🔍

Coaching Pocket에 제시된 내용은 순서대로 작성해야 하는 것은 아니다. 현재 본인의 상황을 고려하여 필요한 부분을 먼저 작성하거나 일부만 작성할 수도 있다.

다음의 코칭 질문들에 스스로 답해 보고 자신에게 적합한 직업분야를 생각해 본다.

⚙ **자기이해를 위한 주요 코칭 질문**

자신의 뛰어난 직업적성 요인은 무엇인가?
직업적성 검사결과에서 추천하고 있는 직업들은 무엇인가?
자신의 직업선호 유형은 무엇인가?
직업선호도 검사결과에서 추천하고 있는 직업들은 무엇인가?
자신이 직업선택에서 중요하게 생각하는 가치들은 무엇인가?
직업가치관 검사결과에서 추천하고 있는 직업들은 무엇인가?

자신의 삶에서 중요한 사건과 경험은 무엇인가?
그러한 사건과 경험은 본인의 삶에 어떠한 영향을 주었는가?
그러한 사건과 경험을 돌아보면서 자랑스럽거나 뿌듯한 점이 있다면 무엇인가?
그러한 사건과 경험을 돌아보면서 아쉬운 점이 있다면 무엇인가?
자신의 삶에서 해결하고 싶은 문제가 있다면 무엇인가?
자신의 삶에서 이루고 싶은 일이 있다면 무엇인가?
다른 사람들의 삶에 기여하고 싶은 것이 있다면 무엇인가?
자신이 속한 사회에 기여하고 싶은 것은 무엇인가?

직업생활 경험 중에서 특히 만족스러웠던 부분은 무엇인가?
직업생활 경험 중에서 특히 인정받았던 부분은 무엇인가?
직업생활 경험 중에서 아쉬웠던 부분은 무엇인가?
직업생활 경험을 통해 축적된 자신의 강점은 무엇인가?

다음의 코칭 질문들에 스스로 답해 보고 선택한 직업과 관련된 환경을 인식한다.

✿ 환경인식을 위한 주요 코칭 질문

경제동향은 선택한 직업에 어떤 영향을 미치는가?
산업동향은 선택한 직업에 어떤 영향을 미치는가?
노동시장 상황과 향후 일자리 전망은 선택한 직업에 어떤 영향을 미치는가?

선택한 직업에 대한 가족과 지인들의 의견은 어떠 한가? 지지하는가?
선택한 직업을 갖는데 나에게 도움을 줄 수 있는 인적네트워크는 어떠한가?
선택한 직업을 갖는데 법·제도적 문제는 어떠한 영향을 미치는가?

직업체험을 통해 다음의 코칭 질문들에 대해 답을 얻고 직업정보를 탐색한다.

✿ 직업정보 탐색을 위한 주요 코칭 질문

하루일과는 어떠한가?
주요업무는 무엇인가?
처우 및 급여수준은 어느 정도인가?
스트레스 수준은 어느 정도인가?

해당 직업의 전망은 어떠한가?

해당 직업에서 특별히 요구하는 학력과 경력이 있는가?
해당 직업을 갖기 위해 필요한 자격증이나 직업훈련은 무엇인가?
그 밖에 준비해야 할 것은 무엇인가?

당신의 커리어는 안녕하십니까?

🔍 생애주제를 찾기 위한 생애 경력 그래프

지금까지 자신의 삶에서 중요한 경력사건들을 연령을 고려하여 표기한다. 표기할 때 각 사건들의 만족 정도에 따라 good과 bad의 영역으로 나누어 표기한다.

다음은 생애 경력 그래프의 예시이다.

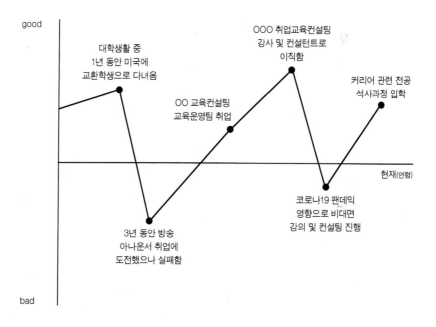

자신의 생애 경력 그래프를 작성하고 생애 주제를 찾아본다.

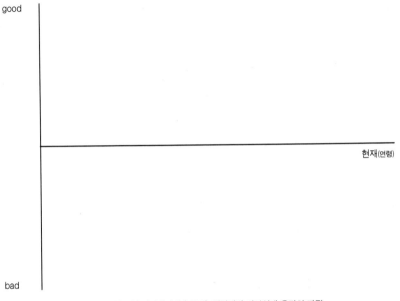

출처: 국가과학기술인력개발원 (KIRD), 경력개발 자가설계 온라인 과정.

당신의 커리어는 안녕하십니까?

🔍 커리어 목표와 경력곡선

다음은 커리어 목표와 경력곡선의 예시이다.

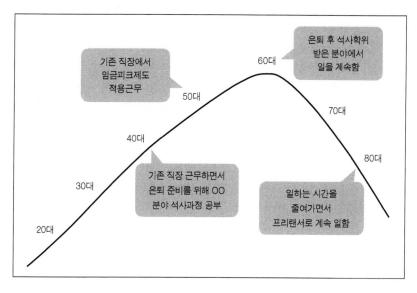

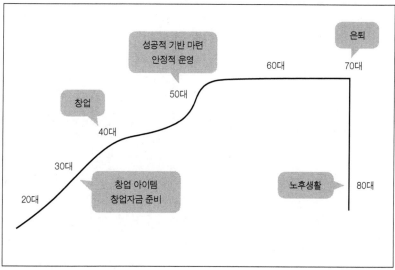

자신의 커리어 목표와 함께 경력곡선을 그려본다.

당신의 커리어는 안녕하십니까?

전 생애 커리어 목표	
연령대	연령별 경력개발 목표
20대	
30대	
40대	
50대	
60대	
70대	
80대	

경력개발 목표				
목표달성을 위해 실행할 일들	실행 가능성 (O, X)	중요도 (5점)	긴급도 (5점)	순위

1순위 일	실행 계획		실행 후 평가
	What (실행할 일)		
	When (시작)		
	How (방법)		
	How much /many(수준)		
	How long (기간)		

출처: 박윤희 (2015), 커리어코칭의 이론과 실제.

4장

목표를 이루는 사람들은
어떻게 다른가?

'일등만 기억하는 세상'이라는 말이 있다. 일등이 아니면 사람들에게 주목받지 못하는 세상에 대한 불만을 담은 말이다. 일등이 되고 싶지만 되지 못하는 사람들, 또 일등을 꼭 하고 싶지 않은 사람들도 가끔씩 하게 되는 말이다. 사람들은 항상은 아니더라도 가끔은 다른 사람들에게 기억되기를 바라는 것 같다. 기억된다는 것은 그만큼 인정받는다는 의미이기 때문이다.

그럼 왜 꼭 일등이 되어야 하는가? 왜 꼭 최고의 성과를 내는 사람이 되어야 하는가? 그냥 그럭저럭 중간만 하고 살면 안 되는가? 된다. 왜 안 되겠는가? 나는 모든 사람이 꼭 일등을 해야 한다고 생각하지 않는다. 그리고 모든 사람이 다 최고의 성과를 내야 한다고도 생각하지 않는다. 사람들은 각자 자신이 가지고 있는 삶의 의미가 다르고 그렇기 때문에 의미 있는 일도 다르다. 또 잘하는 것도 다르다. 그러니 꼭 그렇게 최고로 살 필요는 없다고 생각한다.

그런데 자신의 분야에서 조금은 다른 사람들보다 더 잘 해내는 사람, 조금 더 인정받는 사람, 그리고 조금 더 다른 사람들에게 긍정적인 영향력을 발휘하는 사람, 그리고 자신이 원하는 목표를 이루는 사람이 되고 싶다면 지금부터 하는 이야기에 귀 기울이기 바란다. 나는 이런 사람을 성공한 사람이라고 부를 것이다.

계획된 것처럼 찾아오는 우연

사람들을 만나보면 진로선택 과정에서 예기치 않았던 우연한 사건이 중대한 영향을 미친 경험에 대해 이야기 할 때가 있다. 나는 이런 이야기를 들을 때면 계획된 우연 이론planned happenstance theory를 떠올리게 된다.

개인의 진로선택 과정에서 예기치 않은 사건들이 개인의 노력 여하에 따라 진로선택에 영향을 미칠 수 있으며 특히 우연한 사건이 개인의 진로선택에 긍정적으로 작용한 경우를 계획된 우연이라고 한다.[1]

직업세계의 불안정성과 불확실성이 증가하면서 개인의 진로선택에서 예측할 수 없는 우연한 사건의 역할은 증가하고 있다. 실제 진행된 연구들은 예상하지 못했던 우연한 사건이 개인의 삶에서 마치 계획된 일처럼 진로선택에 영향을 주었다는 것을 확인했다.[2], [3], [4] 이러한 연구결과들에 주목하고 개인의 진로선택 과정에서 계획되지 않은 우연한 사건에 대해 체계적으로 정리한 것이 계획된 우연 이론이다. 계획된 우연 이론에서는 호기심curiosity, 유연성flexibility, 인내심persistence, 낙관성optimism과 위험감수risk taking 요인을 예상하지 못한 우연한 사건을 긍정적인 기회로 만들 수 있는 개인의 내적 특성으로 보았다.[5]

호기심은 개인이 직면하게 되는 특정 사건이나 상황에 대해 호기심을 가지고 학습기회를 새롭게 찾는 것을 의미하고, 유연성은 주변의 환경이나 여건에 따라 자신이 처한 상태나 태도를 변화시킬 수 있는 것을 말한다. 인내심은 추진하는 일이 실패하거나 좌절할 수 있는 상황에도 불구하고 노력을 지속하는 것을 의미하며, 낙관성은 긍정적인 자세로 자신에게 주어진 새로운 기회를 가능성 있고 실현 가능한 것으로 생각하는 것이다. 또 위험감수는 상황이 불확실하거나 결과가 명확하지 않을 때에도 위험을 무릅쓰고 자신이 하고자 하는 일을 실행에 옮기는 것을 말한다.[6]

사실 계획된 우연 이론이라는 개념에는 '계획'과 '우연'이라는 서로 상반된 의미가 함께 포함되어 있다. 이는 개인들이 유연한 자세로 호기심을 가지고 학습하며 긍정적인 태도로 위험을 무릅 쓰고 노력을 계속해 나갈 때 개인이 예측 불가능한 상황에서 경험하게 되는 우연한 사건이나 기회를 마치 자신의 삶에서 오래전부터 미리 계획된 일처럼 진로선택 과정에 긍정적으로 활용할 수 있게 된다는 것을 의미한다.[7] 이 책을 읽고 있는 독자들 중에도 실제 우연한 사건이 자신의 진로선택에 긍정적 영향을 미친 경험이 있을 것이다.

다음은 인간 기원 연구의 리더이자 영국왕립학회 회원으로 1973년부터 런던 자연사 박물관을 이끌어온 인류학자 스트링거Chris Stringer의 계획된 우연의 사례이다.[8]

1966년 나는 열일곱 살 고등학생이었다. 나는 어렸을 때부터 화석에 관심이 많았고 아홉 살 때는 '네안데르탈인 연구'를 위한 작은 프로젝트를 꾸려 글도 썼다. 그러나 나도 나를 가르쳤던 학교의 교사들도 대학에서 화석연구가 가능하리라고는 생각하지 못했다. 나는 별 볼 일 없던 배경에도 불구하고 운 좋게 런던 의과대학에 안정적으로 합격한 상태였고 선생님들과 부모님도 이런 나를 매우 자랑스럽게 여겼다.

당신의 커리어는 안녕하십니까?

그러던 어느 날 학교 친구 중 하나가 유니버시티 칼리지 런던에 물리학과 면접을 보러 갔다가 학교 안내 책자를 들고 왔다. 면접 다음 날 학교에 온 친구는 내게 "야, 이것 좀 봐!" 라며 책자를 던져주었다. 안내 책자는 알파벳순으로 학과를 소개하고 있었는데 우연하게도 바닥에 떨어져 처음 펼쳐진 페이지가 인류학anthropology이었다.

나는 안내 책자에 눈을 고정시킨 채 꼼짝도 할 수 없었다. 인류 진화와 인류 문화의 발달을 다루는 학문이 바로 거기에 있었다. 그때까지 나는 인류학에 관련된 것들을 대학에서 전공할 수 있으리라고는 생각도 못했던 것이다. 결국 나는 이 문제를 부모님께 말씀드렸고 부모님은 반신반의하면서도 원한다면 더 알아보라고 허락해 주셨다. 그리고 다행히 유니버시티 칼리지 런던의 인류학과에 공석이 있어서 마지막으로 면접을 볼 수 있었다.

나는 짧은 시험을 치른 뒤 입학 허가를 받았다. 하지만 이를 어쩔까? 부모님은 인류학과 입학을 못마땅해 하셨고 선생님들 역시 번듯하고 안정적인 의학을 전공하라고 조언했다. 인류학자는 좋은 직장을 구하기 어렵다는 이유였다.

나는 오랫동안 고민했다. 하지만 결국 의학을 버리고 인류학을 전공하기로 결정했다. 물론 나는 그것이 옳은 결정이었다고 자신한다. 인간의 진화를 연구한 지난 40년간의 경력이 자랑스럽다. 안정적인 수입을 보장하는 의사가 되었을지도 모르지만 어린 나이에 도박처럼 감행했던 선택을 결코 후회

하지 않는다. 그 선택이 내 인생을 괜찮은 방향으로 바꾸어
놓았기 때문이다.

그는 현재 고고학자와 연대 측정 전문가로 유전학자들과 함께 호모
사피엔스Homo sapiens의 지구적 진화를 재구성하는 연구를 진행 중이다.

나는 2015년에 HR컨설팅 비즈니스를 하는 1인 기업을 운영하고 있
었다. 그해 봄 우연히 한 신문에서 앞으로 코칭이 좋은 비즈니스가 될
것이라는 칼럼을 읽었다. 그 칼럼을 읽으면서 몇 년 전 코칭에 대해 이
야기했던 동료가 떠올랐다. 그로부터 약 1~2주 후에 이메일을 하나 받
았는데, 여성 CEO들을 대상으로 하루 8시간 무료 코칭교육을 진행한
다는 내용이었다. 나는 이메일로 참가신청을 했고 그렇게 8시간 코칭
교육을 받았다. 그리고 그 8시간의 코칭 교육이 내 인생을 송두리째
바꾸어 놓았다.

나는 코칭이라는 새로운 개념에 매료되었고 강사의 일방적인 전달식
교육이 아니라 퍼실리테이션 기법에 열광했다. 그리고 1주일쯤 후에 코
칭을 공부하겠다는 생각으로 그 강사가 소속되어 있던 코칭 회사를
찾아갔다. 그 후 6개월 동안 세 개의 코칭 과정을 모두 이수했고, 2016
년 코칭과 코칭워크숍을 진행하는 코치로 본격적인 활동을 시작할 수
있었다.

코칭을 시작하게 되면서 내 학력이 조금 문제가 된다는 것을 깨달았
다. 그때까지 내 학력은 석사학위를 취득한 상태였다. 그런데 전문가로
인정을 받고 코칭을 계속하려면 박사학위가 필요했다. 그래서 박사과

당신의 커리어는 안녕하십니까?

정 공부를 시작해야겠다고 생각했는데 도무지 어떤 대학에서 어떤 분야의 전공을 해야 할지 감이 오지 않았다. 사실 그전까지 내가 박사과정 공부를 하게 될 것이라고 생각해 본 적이 단 한 번도 없었기 때문에 공부에 대한 아무런 정보도 가지고 있지 않았다. 이 상황에 대해 나는 계속 고민하고 있었다.

그러던 차에 8시간짜리 DISC 교육에 참가하게 되었고 오전 교육을 마치고 수강생들이 함께 점심식사를 하기 위해 강의장 근처 식당으로 이동했다. 식사 주문을 하고 기다리면서 수강생 대부분이 같은 학교, 같은 석사 전공의 학생들이라는 것을 알게 되었다. 공부하는 사람들이니 혹시나 해서 내가 박사과정 공부를 시작해야 하는데 어느 대학에서 어떤 전공을 해야 할지 모르겠다고 이야기를 꺼냈다. 그러자 1초도 지나지 않아서 한 수강생이 이렇게 답했다.

"저희 학교로 오세요."

"네? 어딘데요?"

"숭실대학교 평생교육전공이요."

처음 들어보는 전공이어서 되물었다.

"평생교육이요? 어떤 것들을 배우나요?"

이렇게 시작된 질문이 조금 더 깊이 있는 것들을 묻게 되었고 그날 나는 그 점심 식사 자리에서 평생교육전공으로 박사과정 공부를 시작해도 될 것 같다는 어느 정도의 확신을 갖게 되었다. 그리고 몇 개월 뒤 숭실대학교 평생교육전공 박사과정에 지원했다. 그것이 내 인생이 전환된 또 하나의 우연한 사건이었다.

커리어 전문가들을 대상으로 하는 워크숍에서 나는 계획된 우연 이론을 설명하면서 내가 코칭을 공부하게 된 경험을 이야기했다. 내 이야기를 들은 수강생 한 명은 다음과 같이 답했다.

"저는 이제까지 살면서 무료교육 안내 이메일을 수십 통도 넘게 받았었지만 모두 지워버리고 한 번도 참가하지 않았습니다. 교수님과 저의 차이가 바로 그겁니다. 교수님은 그 이메일을 받고 워크숍에 참가하셨지만 저는 이메일을 모두 지워버렸다는 거요."

내가 8시간짜리 무료 코칭 워크숍에 참가하게 된 것은 그전에 코칭에 대한 칼럼을 읽고 코칭에 대한 관심을 유지하고 있었기 때문에 가능했다. 또 그냥 듣고 흘려버릴 수도 있었던 박사과정에 대한 이야기도 내 머릿속에 온통 박사과정 공부 생각뿐이었기 때문에 그 이야기를 흘려들을 수가 없었다. 결국 내가 얼마나 관심을 가지고 그것에 집중하느냐에 따라 내 눈 앞에 다가온 우연한 기회를 내 인생에서 오래전부터 미리 계획되었던 일인 것처럼 진로선택에 긍정적으로 활용할 수 있게 되는 것이다. 이것이 계획된 우연 이론의 실제 사례들이다.

나는 이렇게 인생에서 두 번의 큰 우연한 사건을 겪으면서 이런 일들이 마치 내 인생에서 오래전부터 계획되어진 일인지도 모른다는 생각을 하게 되었다. 이러한 우연한 사건들은 나의 진로선택에 중대한 영향을 미쳤고 나는 이전과는 다른 직업을 가지고 다른 삶을 살게 되었다.

우연한 사건이 마치 오래전부터 인생에서 계획된 일인 것처럼 긍정적으로 작용하게 하려면 어떤 일에 대해 관심을 유지하고 집중해야 한다. 설령 조금은 그 과정에 어려움이 따른다 하더라도 그것을 감내하면서 나아가야 하는 것이다. 이러한 자세를 가질 때 우연한 사건은 자신의 진로선택 더 나아가 커리어 목표를 달성하는 데 좋은 기회로 다가올 것이다. 이것이 바로 목표를 이루는 사람들의 특징이다.

재능×노력²=성공

갑자기 해고당한 한 명의 프로그래머는 집으로 돌아가 아이폰을 근사한 실로폰으로 바꿔주는 프로그래밍 코드를 짠다. 10개월이 채 지나기도 전에 그는 애플이 만든 혁신적인 판매점 앱스토어에서 엄청난 판매수익을 거두며 모든 프로그래머가 꿈꾸는 위치로 날아오르고 백만장자가 된다. 한편 함께 해고당한 다른 한 명의 프로그래머는 좌절하고 우울해하며 허송세월을 보낸다. 이 두 사람 사이에는 어떤 차이가 있을까?[9]

연구에 따르면 분야와 관계없이 성공한 사람들은 다음과 같은 두 가지 특성을 가진 것으로 나타났다. 첫째, 그들은 대단히 회복력이 강하고 근면했다. 둘째, 자신이 원하는 것을 잘 이해하고 있었다. 그들은 결단력이 있었고 니아갈 방향도 잘 알고 있었다. 성공한 사람들이 가진 특별한 점은 열정과 결합된 끈기였다. 한마디로 그들에게는 그릿Grit이 있었다.[10]

그릿은 삶에서 오랜 기간 동안 이루어야 하는, 장기적인 목표를 달성하기 위해 필요한 열정과 끈기를 말한다. 영어사전에서 그릿은 투지, 기개로 해석된다.[11] 그러나 그릿 이론의 창시자인 더크워스Angela Duckworth가 제시한 그릿은 투기, 기개 그 이상을 의미한다.

1926년 콕스Catherine M. Cox는 역사적으로 매우 큰 업적을 남긴 위인 301명의 전기 내용을 분석한 연구결과를 발표했다.[12] 콕스는 연구결과를 통해 위인과 일반인을 확실히 구분하는 네 가지 지표를 확인했다. 그리고 이 지표들을 묶어서 '지속적 동기부여persistence of motive'라고 명명했다.

그중 두 가지 지표는 그릿 척도의 열정 항목으로 쉽게 바꿀 수 있다.

→(하루하루 겨우 살아가는 삶과 대조되는) 멀리 목표를 두고 일하고 이후의 삶을 적극적으로 준비하며 확고한 목표를 향해 노력하는 정도
→단순한 변심으로 과제를 포기하지 않음. 새로움 때문에 다른 일을 시작하지 않으며 변화를 모색하지 않는 성향

그리고 나머지 두 가지 지표는 그릿 척도의 끈기 항목으로 쉽게 바꿀 수 있다.

→의지력과 인내심의 정도, 한 번 결정한 사항을 조용히 밀고 나가는 결단력
→장애물 앞에서 과업을 포기하지 않는 성향, 끈기, 집요함, 완강함

콕스는 연구결과를 요약하며 지능이 최상위권은 아니지만 상위권에 속하면서 끈기가 유달리 강한 이들이 지능이 최상위권이면서 끈기가

당신의 커리어는 안녕하십니까?

다소 부족한 이들보다 크게 성공할 것이라고 주장했다.[13] 즉, 타고난 지능, 재능보다 더 중요한 것은 포기하지 않고 끝까지 해 나가는 끈기이며, 이것이 바로 목표를 이루고 성공으로 이끄는 가장 확실한 내적 특성이라는 것이다.

더크워스는 이러한 결과를 토대로 타고난 재능보다 더 중요한 노력의 가능성에 집중했다. 그리고 자신의 분야에서 성공하는 사람, 즉 자신의 목표를 이루는 사람들의 성공에 대해 다음과 같이 공식으로 정리했다.

$$재능 \times 노력^2 = 성공$$

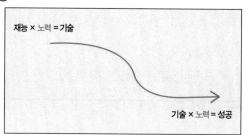

[그림 4-1] 재능, 노력, 성공의 관계
출처: Duckworth, A., 김미정 역 (2016). 그릿 IQ, 재능, 환경을 뛰어넘은 열정적 끈기의 힘.

여기서 재능은 노력을 기울일 때 기술이 향상되는 속도를 의미한다. 성공은 습득한 기술을 사용했을 때의 결과물이다. 물론 행운, 훌륭한 코치나 스승 등의 외적 요인들을 모두 배제한 상태에서 재능과 노력에 대해서만 고려한 것이다.

그릿 이론에서 개인의 성공은 오직 재능과 노력, 두 가지에 의해 좌우된다고 본다. 물론 기술이 향상되는 속도인 재능도 매우 중요하다.

하지만 노력은 위의 등식에서 한 번이 아니라 두 번 인수로 사용되었다. 노력은 기술을 습득하고 동시에 기술을 성공 가능하게 만든다. 그렇기 때문에 포기하지 않고 노력을 지속하는 끈기는 다른 어떤 요인보다 성공을 더 잘 예측하게 해 주는 심리적 특성이다.

재능은 두 배로 갖고 있지만 노력은 절반만 하는 사람은 보통 사람과 같은 기술 수준에 도달할 것이다. 그리고 시간이 흐를수록 자신이 원하는 성공을 이루기 어렵게 된다. 끝없는 연습을 통해 재능을 타고난 사람과 동일한 기술 수준에 이른 노력형이 장기적으로는 더 큰 성공을 거둘 것이다. 그렇기 때문에 오랜 시간 꾸준한 노력이 가장 중요하다. 노력하지 않을 때 재능은 발휘되지 않은 잠재력일 뿐이다.[14] 그렇다. 재능은 무엇을 잘할 수 있을지에 대해 말해 줄 수 있을 뿐 실제 그것을 잘 해내는 것과는 별개이기 때문이다.

그릿이 높은 사람일수록 직업을 오래 유지하고 군복무를 성공적으로 마치며 결혼생활을 오래 유지하고 성공할 가능성이 큰 것으로 나타났다. 또 삶에서 쾌락보다는 의미를 추구할 가능성이 크다. 그릿과 관련하여 유의해야 할 점은 그릿이 모든 상황에 적응해야 하고 단순히 항상 노력을 지속해야 한다는 것을 뜻하지는 않는다는 것이다.[15]

그릿은 자신이 중요하게 여기는 일을 끝까지 해내는 능력이다. 장애물을 마주치면 포기해야 할 이유를 찾는 것이 아니라 극복해야할 도전으로 보는 능력, 더 쉽게 말하자면 그릿은 걸림돌이나 도전해야 할 일과 마주했을 때에도 그것을 중요한 장기적 목표로 생각하고 결국 이루고야 마는 능력이다.[16]

그렇다면 열정과 끈기는 어느 때 발휘되는가? 아무리 열정과 끈기가

당신의 커리어는 안녕하십니까?

있는 사람이라고 해도 자신이 하는 모든 일에 그것이 발휘되는 것은 아니다. 자신이 하고 싶지 않은 일, 남이 시켜서 억지로 하는 일에는 그릿이 잘 발휘되지 않는다. 자신이 하고 싶은 일, 자신이 원하는 일, 자신이 목표로 하는 일, 성취하고 싶은 일 그리고 즐겁고 재미있는 일, 속도는 더딜지라도 조금씩 조금씩 발전하고 있다고 생각되는 일에 그릿은 발휘된다. 그런 일은 내가 좋아도 하지만 결국 잘하게 되는 일이다.

그래서 그릿을 높일 수 있는 방법 중 하나는 성공경험을 갖는 것이다. 작은 성취, 즉 성공경험이 축적되면 나중에는 더 큰 성공경험으로 이어질 수 있다. 어려움을 극복하고 성공을 해 본 사람은 또 다른 어려움이 와도 잘 이겨낼 수 있다. 또 실패를 한다 해도 성공을 해 보았기 때문에 좌절하지 않고 다시 힘을 내서 도전할 에너지를 얻는다.

그릿을 기를 수 있는 또 다른 방법은 지속적인 연습이다. 연습은 어제보다 잘하려고 매일 단련하는 종류의 끈기를 말한다. 특정 영역에 관심을 가지게 되었다면 집중하고 어려움을 극복하며 기술을 연습하고 숙달시켜야 한다. 지금보다 나아질 것이라는 생각을 가지고 자신의 약점을 극복할 수 있도록 집중적으로 반복해서 연습해야 한다.

그릿을 기르기 위해서는 위기에 대처하게 해 주는 끈기, 즉 희망을 갖는 것도 필요하다. 상황이 어려울 때나 의심이 들 때도 계속 앞으로 나아가는 법을 배우려면 처음부터 끝까지 희망을 유지하는 일이 더없이 중요하다. 우리는 다양한 시점에서 크게, 작게 허물어진다. 그대로 주저앉는다면 그릿을 잃지만 일어난다면 그릿은 더욱 커진다. 그리고 스스로에게 희망을 가르칠 수 있다.[17]

그릿의 특성을 가진 사람들의 대부분은 여러 관심사를 탐색하며 수년을 보냈고 처음에는 평생의 운명이 될 줄 몰랐던 일이 결국 깨어 있는 매 순간 또 종종 잠들어 있을 때까지도 자신의 삶의 대부분을 차지하는 일이 되었다고 했다.[18]

그릿은 아주 오랫동안 동일한 목표를 유지하는 것을 말한다. 그리고 직업적 목표는 하나가 이상적이다. 직업적으로 중요한 목표가 여러 개라면 그것은 목표가 아니고 실행계획일 가능성이 크다. 따라서 여러 계획들을 아우를 수 있는 크고 명확한 직업적 목표는 하나여야 한다. 이렇게 직업적 목표를 설정하고 열정과 끈기를 발휘해 나간다면 목표를 이루고 성공한 삶을 살 수 있을 것이다. 이것이 바로 목표를 이루는 사람들의 특징이다.

중요한 것은 1만 시간이 아니다

우리는 길면 길다고 할 수 있는 학창시절 동안 미래의 직업을 준비해왔고 지금도 깨어 있는 시간의 대부분을 일을 하면서 보낸다. 그렇게 우리는 인생에서 다른 무엇보다 일을 우선시한다. 하지만 그 긴 세월에도 불구하고 우리는 대부분 자기 일을 그럭저럭 잘할 뿐이다.

최고의 성과를 올리는 사람과 그럭저럭 남만큼 해내는 사람은 과연 어떻게 다른 것일까? 이 질문에 대한 사람들의 대답은 두 가지이다. 하나는 열심히 일한 대가라는 것이다. 하지만 열심히 일하지 않는 사람이 어디 있겠는가? 우리 주변에는 20년, 30년, 심지어 40년 동안 열심

히 한 우물만 판 사람도 수두룩하다. 그런데도 이들은 진정한 최고가 되지 못했다.[19]

또 다른 대답은 재능을 타고났다는 것이다. 우리는 재능은 타고났다고 믿고, 더 나아가 아주 어릴 때 그 재능을 발견하는 일은 엄청난 행운을 얻은 것이라고 믿는다.[20] 하지만 이는 과학적으로 입증되지 않은 사실이다. 그렇다면 성공하는 사람들의 진정한 비밀은 무엇인가?

지능지수IQ 근본주의자인 젠슨Arthur Jensen은 『지능검사의 편견』에서 다음과 같이 주장했다.

IQ 수준에 따라 사람들을 네 가지 집단으로 분류할 수 있는데 이 분류를 통해 각 집단에 속한 사람들이 어떤 사람들인지 구분할 수 있다. 정상적인 학교 입학 수준 IQ50, 초등학교 과정 이수 수준 IQ75, 고등학교 정규 과정 이수 수준 IQ105, 4년제 대학에 들어가 대학원 수준의 공부를 하거나 전문적인 지식을 습득하는 수준 IQ115에 따라 그 사람이 인생이 판이하게 달라지는 것은 당연한 일이 아닌가. 하지만 IQ115를 넘어서면 지능지수는 성공의 척도나 성취의 판단요소로써 그다지 중요하지 않다. 그렇다고 IQ115와 IQ150 사이에 혹은 150과 180 사이에 아무런 차이도 없다는 뜻은 아니다. 일반적인 의미에서의 성공을 판단할 때, 상위 레벨에서 IQ지수 차이는 성격이나 인격 같은 요소보다 훨씬 덜 중요하다는 의미이다.[21]

영국의 심리학자 허드슨Liam Hudson도 이와 유사한 주장을 했다.

IQ70인 사람보다 IQ170인 사람이 생각을 더 잘한다는 것
은 폭넓게 검증되었다. 이는 비교 대상의 폭이 좁을 때, 가령
IQ100과 IQ130의 경우에도 성립한다. 하지만 비교대상 모두
IQ가 비슷한 수준으로 높을 경우에는 성립하지 않는다. IQ
가 130인 숙련된 과학자가 노벨상을 탈 가능성은 IQ가 180
인 사람과 비슷하다.[22]

위의 두 학자들의 주장을 수용해 보자. 우리나라 국민의 평균 IQ는
106이다. 그렇다면 보통의 우리나라 국민들이 지능지수가 낮아서 자신
의 분야에서 성공하기 어렵다고는 이야기하기 어려울 것이다. 타고난 재
능도, 지능도 아니라면 그렇다면 성공을 가르는 열쇠는 과연 무엇인가?

Rank	Country	IQ
1	✿ Hong Kong	108
1	▬ Singapore	108
2	❀ South Korea	106
3	● Japan	105
3	▬ China	105
4	▬ Taiwan	104
5	▮▮ Italy	102
6	▬ Iceland	101
6	▬ Mongolia	101
6	✚ Switzerland	101
7	▬ Austria	100

[그림 4-2] 국가별 IQ 수준

출처: https://iq-research.info/en/page/average-iq-by-country

당신의 커리어는 안녕하십니까?

신경과학자인 레비틴Daniel J. Levitin은 세계 정상급 전문가가 되기 위해서는 1만 시간 정도의 연습이 필요하다고 주장했다.

작곡가, 농구 선수, 소설가, 빙상 스케이터, 피아니스트, 체스 플레이어 등을 연구한 자료에서 1만 시간이라는 개념이 계속해서 등장한다. 1만 시간은 매일 3시간, 일주일에 20시간을 연습한다고 할 때 10년 정도 걸리는 시간이다. 물론 이런 수치는 왜 어떤 사람은 연습을 하는데도 그 효과가 없는 것처럼 보이는지, 그리고 왜 어떤 사람은 남들보다 연습에서 더 많은 것을 얻는지 말해 주지는 않는다. 하지만 이 정도 연습을 하지 않고 세계 정상급 전문가 수준의 능력을 갖춘 사례는 없다. 진정한 대가의 솜씨를 얻기 위해 알아야 할 모든 것을 뇌가 익히는 데는 이 정도의 시간이 소요되는 것 같다. 1만 시간 이론은 뇌의 학습에 대해 우리가 알고 있는 지식과 일치한다. 학습은 신경 조직에 정보를 동화하고 강화하는 과정을 필요로 한다. 신경에 정보를 입력하고 강화하는 데 걸리는 시간은 사람마다 다르지만 연습의 증가가 더 많은 신경 흔적으로 이어져서 강력한 기억 표상을 만들어낸다는 것은 분명한 사실이다. 1만 시간 이론은 여러 연구에 계속해서 등장하는 설득력 있는 주장이다.[23]

그렇다면 누구나 1만 시간의 연습을 하게 된다면 자신의 분야에서 최고의 전문가가 될 수 있는 걸까? 그렇지 않다. 중요한 것은 단순히 1

만 시간이라는 시간 자체가 아니다. 그 1만 시간을 어떻게 사용했느냐가 중요한 것이다.

보통 사람들은 어떤 일을 충분히 열심히 하면 반드시 실력이 나아질 것이라고 생각한다. 그러나 같은 일을 정확히 같은 방법으로 반복하는 것은 실력을 향상시키는 방법이 아니다. 정체와 점진적인 쇠퇴로 가는 길일 뿐이다. 그렇기 때문에 노력만 있으면 실력이 향상된다는 생각은 잘못된 것이다. 특정 기술을 향상시키는 데 맞추어 특별히 고안된 연습 방법을 사용하지 않으면 열심히 노력해도 크게 나아지지 않는다. 연습을 하는데 발전이 없다면 타고난 재능이 부족해서가 아니라 올바른 방법으로 연습하고 있지 않기 때문이다.[24]

그렇다. 레비틴도 1만 시간이라는 수치가 왜 어떤 사람은 연습을 하는데도 그 효과가 없는 것처럼 보이는지, 그리고 왜 어떤 사람은 남들보다 연습에서 더 많은 것을 얻는지 말해 주지는 않는다고 했다. 바로 그것에 답이 있는 것이다. 그러니 단순히 1만 시간을 연습하는 것이 중요한 것이 아니라 그 1만 시간을 어떻게 사용했느냐가 핵심인 것이다.

1990년대 초 에릭슨Anders Ericsson은 연구를 통해 최고의 전문가가 되기 위한 1만 시간 사용법의 해답을 제시했다. 에릭슨은 베를린 예술 종합 대학교에 재학 중인 바이올린 전공 학생들을 최우수, 우수, 양호 세 그룹으로 나누고 탁월한 실력을 가진 바이올린 전공 학생들과 그저 잘하는 학생들의 차이가 무엇인지에 대해 연구했다.

연구에서 분명하게 눈에 띄었던 점은 두 가지이다. 첫째, 탁월한 바이올린 연주자가 되려면 수천 시간의 연습이 필요하다는 것이다. 시간을 단축시켜주는 지름길 같은 것도 없었고 비교적 적은 연습량만으로

당신의 커리어는 안녕하십니까?

전문가 수준에 도달한 천재도 없었다. 둘째, 탁월한 재능을 지닌 연구자들 사이에서도 기술 연마에 상당히 많은 시간을 들인 사람이 연습 시간이 적은 사람보다 평균적으로 성적이 좋았다는 것이다. 일반적으로 최우수로 분류되는 실력자는 목적의식 있는 연습purposeful practice에 가장 많은 시간을 투자한 사람이라는 패턴을 확인할 수 있었다.[25]

그렇다면 목적의식 있는 연습은 무엇을 의미하는가? 목적의식 있는 연습은 우리가 단순한 연습naive practice이라고 부르는 것과 구별되는 몇 가지 특징을 가지고 있다.[26] 단순한 연습은 그저 반복만으로 실력이 향상될 것이라고 기대하면서 무언가를 그저 반복하는 것을 말한다. 목적의식 있는 연습은 단순한 연습에 비해서 훨씬 목적의식이 강하고 용의주도하고 집중적으로 수행하는 것이다.

목적의식 있는 연습은 명확하고 구체적인 목표를 가지고 임하는 것이다. 아기가 걸음마를 하듯 작은 단계들을 차곡차곡 더해서 장기 목표에 도달하는 방법이다. 이를 위해 목표를 잘게 쪼개고 그에 맞는 구체적인 계획을 세워야 한다. 핵심은 수행능력 향상을 고려한 전반적인 목표를 정하고 그것을 다시 현실적인 기대치를 가지고 매진할 수 있는 구체적인 목표로 바꾸는 것이다. 그리고 목적의식 있는 연습에는 집중이 필요하다. 과제에 온전히 집중하지 않고는 큰 성과를 얻기 힘들다는 것이다.

또한 목적의식 있는 연습에는 피드백이 필요하다. 자신이 올바른 방식으로 연습하고 있는지 그렇지 않다면 어떤 식으로 잘못하고 있는지를 알아야 한다. 일반적으로 어떤 일에서든 자신이 정확히 어디가 어떻게 부족한지 알게 해 주는 피드백이 필요하다. 스스로든, 외부 관찰

자로부터든 피드백이 없으면 어떤 부분에 개선의 여지가 있는지 목표를 달성하는 데 어디까지 도달했는지 파악할 수 없다.

목적의식 있는 연습에서 중요한 것은 자신의 컴포트 존comfort zone에서 벗어나야 한다는 것이다. 본래 컴포트 존은 사람들이 편안하고 쾌적함을 느끼는 일정한 범위를 의미한다. 자신이 편안함을 느끼는 상태인 컴포트 존에서 벗어나도록 스스로를 밀어붙이지 않으면 실력은 향상되지 않는다. 컴포트 존을 벗어난다는 것은 이전에는 하지 못했던 다른 것, 새로운 것을 시도한다는 의미이다. 그 결과, 때로는 새로운 무언가를 해내는 것이 비교적 쉽다는 사실을 깨닫고 계속 노력할 수도 있다. 그러나 때로는 장애물을 만나 멈출 수밖에 없을 때도 있다. 도저히 극복하기 힘들다고 느껴질 때도 있을 것이다. 이런 장애물을 피해가는 방법을 찾는 것도 목적의식 있는 연습에서 중요한 부분이다.[27]

에릭슨은 최고 전문가가 되기 위해서는 목적의식 있는 연습과 두 가지 면에서 다른 의식적인 연습deliberate practice이 필요하다고 주장했다.[28] 의식적인 연습은 최고 실력자들의 기술과 이들이 어떻게 탁월한 실력을 갖추게 되었는지에 대한 이해에서 나오는 지식에 토대를 두고 그것에 따라서 진행되는 연습이다. 즉, 목표지점 도달 방법을 알고 있는 목적의식 있는 연습이다.

그렇다면 목적의식 있는 연습과 의식적인 연습의 차이점은 무엇인가?[29]

먼저, 의식적인 연습이 가능하려면 이미 상당히 발달되어 있는 분야여야 한다. 즉, 최고 실력자들이 새로 시작한 사람들보다 확연히 구분되는 실력을 갖춘 분야에서 의식적인 연습이 가능하다. 당연히 악기

　　　　　　　　　　　　당신의 커리어는 안녕하십니까?

연주, 발레를 비롯한 여러 무용 분야, 체스, 각종 개인 운동 및 단체 운동, 특히 기계체조, 피겨 스케이팅, 다이빙처럼 개인 점수를 가지고 겨루는 운동 등이 대표적이다.

그렇다면 의식적인 연습에 맞지 않는 영역은 무엇일까? 직접적인 경쟁이 거의 또는 전혀 없는 영역이라면 어떤 것이든 해당된다. 예를 들어 정원 가꾸기 같은 취미 활동이 있다. 관리자, 교사, 전기 기술자, 엔지니어, 상담사 등 오늘날 직장에서 하는 여러 업무도 동일하다. 이들 영역에서는 의식적인 연습의 핵심인 축적된 지식 같은 것을 찾기 어려운데 이유는 간단하다. 우수한 수행능력이나 성과에 대한 객관적인 기준이 존재하지 않기 때문이다.

다음으로 의식적인 연습에는 학생의 실력 향상에 도움이 되도록 설계된 연습 과제를 제시할 수 있는 교사나 코치가 필요하다. 물론 그런 교사나 코치가 존재하려면 먼저 다른 사람에게도 통할 연습방법으로 특정 수준의 실력에 도달한 개인들이 있어야 한다.

의식적인 연습이 이처럼 쉽지 않은 과정이지만 그런데도 에릭슨은 가능한 의식적인 연습에 가까이 가라고 조언했다. 의식적인 연습이 가능한 영역에 있다면 의식적인 연습을 선택하라는 것이다. 또 그렇지 않은 경우라도 의식적인 연습 원칙을 가능한 많이 적용하고 활용할 것을 권했다. 그리고 그 방법으로 현실에서는 목적의식 있는 연습을 하되 전문가를 찾아내고 어떻게 그런 능력을 갖추게 된 것인지 파악하여 자신도 그렇게 되게 해 줄 훈련 방법을 찾아내는 것이 필요하다고 주장했다.

그렇다면 이러한 의식적인 연습은 어떻게 진행되어야 하는가?[30]

최고의 전문가에 이르게 하는 의식적인 연습은 다른 사람들이 이미 그 방법을 알고 있고 연습을 위한 효과적인 훈련기법에 따라 기술을 연마하는 것이다. 전문가의 능력 수준과 그 능력을 개발하는 방법을 잘 알고 있는 교사나 코치가 프로그램을 설계하고 실행 과정을 감독한다.

의식적인 연습은 개인의 컴포트 존을 벗어난 지점에서 진행되며 배우는 사람은 자신의 현재 능력을 살짝 넘어서는 노력을 지속적으로 시도해야 한다. 말하자면 개인의 최대치에 가까운 노력이 요구되는 것인데 최대치에 가까운 노력을 하는 것은 일반적으로 즐겁지 않은 일이다.

또한 의식적인 연습은 목적의식 있는 연습과 동일하게 명확하고 구체적인 목표를 가지고 진행된다. 목표로 하는 최종 수행 능력 전체가 아니라 특정 부분을 향상시키는 것을 염두에 두고 진행될 때도 많다. 일단 일반적인 목표가 설정되면 교사나 코치가 단계적인 작은 변화들을 달성할 훈련 계획을 세운다. 이렇게 작고 구체적인 부분을 목표로 하여 훈련하는 경우, 배우는 사람이 훈련의 성과를 쉽게 가시적으로 확인할 수 있다는 장점이 있다.

그렇기 때문에 의식적인 연습은 신중하고 계획적이다. 개인이 온전히 집중하고 의식적으로 행동하는 것이 필요하다. 단순히 교사나 코치의 지시를 따르는 것만으로는 충분하지 않으며 배우는 사람은 연습의 구체적인 목표에 집중해서 연습에 적응하고 연습을 통제할 수 있어야 한다.

의식적인 연습에는 피드백과 피드백에 따른 행동 수정이 필요하다. 일반적으로 긍정적이고 의미 있는 피드백은 동기부여를 지속시키는 중요한 요인 가운데 하나이다. 그것은 어떤 일에서 수행능력이 향상되는

당신의 커리어는 안녕하십니까?

자신의 모습을 보는 만족감 같은 내적인 피드백일 수도 있고 교사나 코치가 제공하는 외적인 피드백일 수도 있다. 의식적인 연습이 되기 위해서는 이러한 피드백에 따라 자신의 행동을 수정해 나가야 한다.

의식적인 연습은 효과적인 심적 표상mental representation을 만들어내고 그것에 의존한다. 심적 표상은 물체, 문제, 일의 상태, 배열 등에 관한 지식이 마음에 저장되는 방식으로 사물이 조작되는 방식과 비슷하게 조작될 수 있다.31) 수행능력 향상은 심적 표상의 발전과 밀접히 관련되어 함께 이루어진다.

개인의 수행능력이 향상되면 표상이 한층 상세해지고 효과적이 되며 다시 이로 인해 수행능력이 향상된다. 심적 표상은 개인이 연습과 실전에서 스스로를 모니터할 수 있게 해 준다. 심적 표상 덕분에 올바른 수행 방법을 알 수 있고 거기서 벗어나는 순간 이를 파악하고 바로잡을 수 있다.

의식적인 연습에는 기존에 습득한 기술의 특정 부분을 집중적으로 개선함으로써 이를 한층 더 발전시키거나 수정하는 과정이 포함된다. 시간이 흐르면서 이런 단계적인 발전이 결국에는 전문가 수준의 수행 능력으로 이어지는 것이다. 기존의 기술을 토대로 새로운 기술을 학습하는 이런 방식 때문에 교사나 코치가 초보자에게 정확한 기본 기술을 가르쳐주는 것이 중요하다.32)

그렇다면 이렇게 의식적인 연습을 하게 되면 모든 사람들이 자기 분야에서 최고의 전문가가 될 수 있을까? 에릭슨은 2016년《비즈니스 인사이더Business Insider》잡지 인터뷰를 통해 거의 불가능하다고 답했다. 이유는 의식적인 연습 이외에도 유전적 영향이나 조기 교육 등의 다른 요인들이 함께 작용하기 때문이라고 설명했다. 그렇다면 의식적인 연습은 우리의 삶에서 어떤 의미가 있는 걸까?[33]

에릭슨은 모든 사람들이 특정 분야에서 최고의 전문가가 되기 위해 자신을 희생하는 것은 바람직하지 않다고 했다. 또 모든 사람들이 최고의 전문가가 될 필요도 없다고 했다. 자신도 지난 30년간의 세월 동안 의식적인 연습을 통해 더 나은 연구자가 되기 위해 노력했지만 그 노력 자체에 의미가 있는 것이라고 답했다.[34]

의식적인 연습은 그 자체가 힘들고, 때로는 많은 고통이 따르는 과정이다. 그러니 의식적인 연습 이론을 창시한 에릭슨 또한 최고의 전문가라는 결과에 집착하기보다는 최고의 전문가가 되기 위해 노력해 나가는 그 과정에 의미를 부여한 것이다. 결국 자신의 목표를 이루는 사람은 목표에 집중하면서 그 목표를 이루기 위해 노력해 가는 과정을 즐기며 그 과정 자체에 의미를 부여하는 사람이다.

에릭슨의 주장에 따르면 우리가 일상생활에서 수행하는 대부분의 일들, 특히 직업현장에서 수행하는 여러 업무들은 의식적인 연습보다는 목적의식 있는 연습이 더 적합하다. 또한 그러한 일들은 수행할 때 그 일을 잘할 수 있도록 도와줄 교사나 코치가 없는 경우가 대부분이다. 따라서 특정 분야가 아니라면 원하는 목표를 이루기 위해서 의식적인 연습보다는 목적의식 있는 연습이 우리에게 더 필요하다고 볼 수 있다.

여기서 주의할 점이 한 가지 있다. 계속 전진하고 수행능력을 향상시키는 것은 가능하지만 쉽지 않은 일이다. 목적의식 있는 연습에서 요구되는 집중력과 노력을 유지하기 힘들고 재미없는 경우도 많기 때문

당신의 커리어는 안녕하십니까?

이다. 따라서 노력을 유지하기 위한 지속적인 내재적 동기부여가 문제가 될 수 있다. 그렇다면 목표를 이루는 사람들은 어떻게 스스로를 지속적으로 동기부여 하는 걸까?

〈오징어 게임〉은 계속된다

혹자는 이야기한다. 넷플릭스이기 때문에 가능했다고. 그동안 우리나라 드라마나 영화제작 현장에서는 알게 모르게 투자자들이 주연배우 캐스팅이나 스토리 전개에 자신의 의견을 내세우는 경우가 허다했다고 한다. 그래서 감독들은 자신의 의지대로 드라마나 영화를 제작하기가 매우 힘들었다는 것이다. 그런데 넷플릭스는 투자만 할 뿐 제작과정에 어떠한 간섭도 하지 않았다. 그래서 감독들은 자신이 처음 생각한 의도대로 드라마나 영화를 완성할 수 있었다.

그들에게 드라마나 영화 제작에 대한 선택권이 주어진 것이다. 이러한 선택에 근거해 감독들은 신바람 나게 자신의 뜻한 바 대로 드라마나 영화를 제작할 수 있었다. 이것이 바로 자신이 원하는 일을 하는 과정에서 지속적으로 스스로를 격려하는 내재적 동기부여의 가장 중요한 원천이다. 누구의 간섭도 없이 자신이 원하는 것을 원하는 대로 선택하고 실행할 수 있는 것, 그래서 더욱더 신바람 나고 힘이 나는 것 말이다.

1995년 어느 날이다. 뛰어난 경제학자에게 다음과 같은 질문을 한다.

두 개의 새로운 백과사전에 대해 설명 드리겠습니다. 하나는 막 출간된 것이고 다른 하나는 몇 년 후에 나올 것입니다. 2010년에 둘 중 어느 사전이 더 성공할지 맞춰 보시기 바랍니다. 첫 번째 사전은 마이크로소프트사가 만들고 있는 백과사전입니다. 전문 집필진과 편집진이 투입되어 수천 개가 넘는 표제어에 대한 글을 쓰고 상당한 보수를 받는 경영진이 예산과 시간에 맞춰 완성될 수 있도록 프로젝트를 총괄합니다. 마이크로소프트사는 이 백과사전을 CD로 판매하고 후에 인터넷상으로도 판매할 예정입니다. 두 번째 사전은 특정 회사가 아니라 수만 명의 자원자가 재미 삼아 내용을 작성하고 편집합니다. 이 일에 참여하는 데 특별한 자격이 필요하지는 않습니다. 아무나 글을 쓸 수 있습니다. 더욱이 내용을 작성하거나 편집에 참여한다고 해도 돈을 받지 못합니다. 참여자들은 심지어 일주일에 20~30시간 정도의 노동을 무상으로 제공합니다. 이 백과사전은 인터넷상에서만 존재하며 따로 사용료를 받지 않습니다. 이 백과사전을 사용하려는 사람에게 아무런 돈도 받지 않는다는 뜻이지요. 2010년에 이 백과사전 중 하나는 세계적으로 최대 규모의 가장 인기 있는 사전이 될 것이며 나머지 하나는 망하게 됩니다. 어느 것이 가장 인기 있는 사전이 될까요?[35]

당신의 커리어는 안녕하십니까?

뛰어난 경제학자가 아니라 우리에게 물어본다고 해도 당연히 마이크로소프트사의 백과사전이 성공할 것이라고 답할 것이다. 그러나 결과는 어떠한가? 2009년 마이크로소프트사는 자신들이 진행했던 백과사전 사업에서 완전히 철수했다. 반면에 위키피디아Wikipedia는 세계 최대 규모의 가장 인기 있는 백과사전으로 급성장했다.[36] 위키피디아는 만들어진 지 겨우 8년 만에 약 260개 언어로 1,300만 개 이상의 표제어를 수록했다.[37]

리눅스Linux는 1991년 토르발스Linus B. Torvalds가 처음 출시한 운영 체제 커널인 리눅스 커널에 기반을 둔 오픈 소스 운영 체제이다. 소스 코드는 누구든지 다양한 개별 라이선스에 따라 상업적으로나 비상업적으로 이용, 수정, 배포가 가능하다. 현재 대부분의 기업 컴퓨터 서버는 리눅스로 운영되고 있다. 리눅스는 오픈 소스 소프트웨어 협업의 대표적인 사례이다.[38]

리눅스 개발자인 토르발스는 자신이 개발한 프로그램을 무료로 공개하지 않았다면 아마도 큰 돈을 벌었을 것이다. 그런데 왜 자신이 개발한 프로그램을 무료로 공개한 걸까? 토르발스와 같은 오픈 소스 개발자들에 대해 연구한 사례들이 있다.

오픈 소스 개발 프로젝트에 참여한 프로그래머들을 대상으로 그들의 참여 동기에 대해 연구한 결과에 따르면 즐거움에 기초하는 내재적 동기[39]나 주어진 소프트웨어의 문제점을 정복하는 재미와 프로그래머 사회에 선물을 주고 싶다는 욕구가 큰 동기[40]로 작용했다. 한마디로 이들에게는 내재적 동기가 중요했다는 것이다.

앞서 살펴본 사전의 사례에서도 물질적 보상이 전혀 주어지지 않는 상황에서 개인들의 자율적인 참여로 만들어진 위키피디아 사전이 거대 자금과 시스템을 갖춘 마이크로소프트사의 사전을 무력화시킬 수 있었던 원동력 또한 이러한 내재적 동기가 중요한 요인이었을 것이다.

그렇다면 성공하는 사람들에게도 자신이 원하는 목표를 이룰 때까지 내재적 동기를 계속 유지시키는 것이 필요할 것이다. 어떻게 이것이 가능한 걸까?

개인의 내재적 동기에 대해 잘 설명해 주는 것이 자기결정이론self-determination theory이다. 본래 자기결정이론은 사람들의 타고난 성장경향과 심리적 욕구를 설명하는 것으로 사람들이 외부의 영향과 간섭없이 스스로 선택하고자 하는 내재적 동기를 가지고 있다는 것에 초점을 둔 이론이다.[41], [42], [43]

자기결정이란 개인이 어떻게 반응할 것인가를 스스로 결정하는 과정을 말한다. 자기결정이론에 따르면, 내재적 동기는 새롭고 도전적인 것을 추구하고, 자신의 능력을 확장시키며, 탐구하고 학습하고자 하는 선천적인 경향성이다. 그리고 개인이 스스로 선택하고 결정을 하게 되는 경우 내재적 동기는 증가한다.[44]

자기결정성이 높은 사람은 자신이 원하는 것이 무엇인지 잘 알고 결정을 내리며, 스스로를 가치 있게 여기고 목표를 이루기 위해 실행계획을 수립하고 실행한다. 결국 자기결정성이 높은 사람은 자신의 삶을 능동적으로 이끌어가게 된다.[45]

자기결정이론에 따르면 유능성, 자율성, 관계성, 이 세 가지 타고난 욕구가 성장지속성을 결정한다. 결국 세 가지 심리적 욕구가 지속적으로 충족되어야 성장을 지속해 나갈 수 있도록 안정적인 내재적 동기가

당신의 커리어는 안녕하십니까?

유지될 수 있다. 또 모든 인간들은 이러한 세 가지 욕구들을 공통적으로 가지고 있다.

유능성 욕구competence need는 개인이 자신의 삶 속에서 직면하게 되는 다양한 도전들에 대해 효과적으로 대처하는 행위에 관련된 욕구이다. 개인의 유능성은 자신이 문제를 해결할 수 있고, 설정한 목표를 이룰 수 있으며, 삶에서 요구되는 것들을 파악할 수 있고, 새롭게 수행하게 되는 도전들을 성공적으로 완수할 수 있다는 느낌이다.

개인이 어떤 행동을 하게 될 때, 그것이 시스템이나 조직의 문제이든 혹은 일대일 관계에서 발생하는 문제이든 간에 자신이 원하는 결과가 나타날 것이라는 확신을 얻지 못하면 동기부여 되지 못한다. 여기서 자신이 원하는 결과는 내면의 만족감일 수도 있고 외부의 보상일 수도 있다. 어쨌든 자신이 하는 행동이 내면의 만족감이든, 외부의 보상이든 자신이 원하는 결과가 아닐 경우 개인은 자신의 행동에 동기를 얻지 못한다는 것이다.

이와 같은 행동-결과 연관관계가 동기부여 효과를 가져오려면 자신이 적합한 행동을 할 수 있다는 자신감을 가져야 한다. 자신감은 개인이 스스로 판단하기에 적당하다고 생각되는 도전이 있어야 느낄 수 있는 것으로 여기에서 가장 중요한 것은 바로 적당한 수준의 도전이다. 개인의 동기를 부여하는 보상은 목표한 행동을 해냈을 때 느끼는 만족감과 성취감이다.

자신의 능력에 대해 스스로 확신을 갖게 된다면 개인은 그 자체로 만족감을 느끼게 되고 이는 자신이 해 나갈 일에 든든한 토대를 제공하게 된다. 이럴 경우 자신의 일에 많은 시간과 노력을 투자할수록 더 큰 만족을 얻을 수 있으며 내면의 만족도 더 커진다는 것을 깨닫게 된다. 즉, 이는 개인이 어떻게 하면 자신이 원하는 목표를 이룰 수 있는지 알려주는 행동-결과 연관관계를 이해하는 것을 의미한다.

유능성 욕구는 도전정신과 호기심이 동기를 유발하는 이유를 잘 설명해 준다. 이는 개인이 호기심을 충족하는 행위를 하거나 도전적인 과제를 성취하게 되면 유능감이 높아지기 때문이다. 개인의 유능성 지각에 가장 큰 영향을 미치는 요인은 능력이 향상되고 있다는 것을 알 수 있게 해 주는 긍정적인 피드백이다.[46] 유능성 욕구는 개인이 재능과 능력을 발휘함으로써 충족될 수 있다. 유능성 욕구가 충족되면 자신의 능력에 대해 확신을 갖게 되고, 자신이 성취한 것에 대해 자부심을 경험하게 된다.[47]

자율성 욕구autonomy need는 개인이 스스로 자신의 마음을 움직이고 행동하게 하는 욕구를 의미한다. 이는 인간의 가장 기본적인 욕구이다. 자율성 욕구는 자신이 원하는 데로 어떠한 외부의 간섭도 없이 스스로 행동을 결정하려는 욕구이다.

자율적인 사람은 자신의 의지대로 행동을 선택하고 그렇게 선택한 것이기 때문에 흥미를 가지고 열정을 다해 그 행동에 임하게 된다. 이로써 개인이 얻을 수 있는 것은 바로 스스로 만족하는 힘인 내재적인 보상이다. 개인이 어떤 행동을 시작하고 관리하는 과정들이 자아에 통합될 때 개인의 행동은 진실되고 자율적이 될 수 있는 것이다.

넓은 의미로 본다면, 선택권을 준다는 것은 개인의 자율성을 뒷받침하는 가장 중요한 요소라고 할 수 있다. 스스로 선택할 수 있는 개인은 자신이 하는 일에 전념하게 된다. 이때 자율성은 높아지고 소외감

당신의 커리어는 안녕하십니까?

은 낮아진다. 또 자신에게 선택권을 준 사람이 자신을 온전한 인간으로 인정해 주고 있다는 것을 느끼게 된다. 그렇기 때문에 어떤 일을 어떻게 하라고 지시받는 사람보다 더 많은 일을 잘 해낼 수 있는 것이다.[48] 개인이 자유롭게 선택할 수 있고 이것이 만족스러우며 그래서 자신의 관심과 재능을 발휘할 수 있는 일들을 하게 될 때 자율성 욕구가 충족될 수 있는 것이다.

개인은 타인과 감정적 유대를 맺고 서로 의지하며 도움을 주고받으려는 성향을 가지고 태어난다. 이러한 성향이 관계성 욕구relatedness need에 해당된다. 관계성 욕구는 타인과 긴밀한 감정적 유대를 형성하고 사랑과 존중의 관계를 유지하려는 욕구이다. 관계를 맺으려는 욕구로부터 의존성이 비롯된다. 의존성은 타인과의 긴밀한 유대관계, 더 나아가 사랑과 연결될 수 있다. 개인은 이렇듯 자율적이기를 원하면서도 동시에 의존적이기를 희망한다. 이러한 심리상태는 자연스러운 것이다.

관계성 욕구는 타인과의 긴밀하고 긍정적인 관계 맺음을 통해서 충족될 수 있다. 관계성 욕구는 개인이 타인에게 친밀감을 느낄 때, 또는 연인, 가족, 친구들과 뜻깊고 즐거운 시간을 보낼 때 충족될 수 있다. 개인간의 친밀감과 지지를 제공하는 사회적 상호작용은 관계성 욕구를 충족시키는 데 기여한다.

데시Edward L. Deci와 라이언Richard M. Ryan은 개인의 자기결정성 인식에 영향을 주는 요인으로 선택, 위협과 마감시한, 감독과 평가, 외적 보상과 통제적인 표현 등을 제시했다.[49]

이들에 따르면 선택을 제외한 다른 요인들은 개인의 자기결정성을 감소시키는 것으로 나타났다. 선택의 경우는 개인이 선택할 수 있는 정당한 한계 내에서 선택이 이루어졌을 때 자기결정성이 증가한다. 반면 외적 보상의 경우는 개인이 그것을 통제나 조정의 수단으로 인식했을 경우에는 자기결정성이 감소하지만 단순히 과정에 대한 정보 제공 차원이라면 개인의 자기결정성은 감소하지 않는다. 이외에 위협과 마감 시간, 감독과 평가, 통제적인 표현은 개인의 자기결정성을 감소시키는 요인들이다.

여기서 선택은 자신이 원하는 것을 스스로 선택한다는 것을 의미하고 이는 내재적 동기를 유지하게 하는 가장 강력한 동인이다. 이러한 논리에 근거한다면 성공하는 사람, 즉 자신이 원하는 목표를 이루는 사람은 스스로 자신이 원하는 것을 선택하고 실행함으로써 내재적 동기를 유지할 수 있는 사람이다.

다시 〈오징어 게임〉 이야기로 돌아가보자. 한 개인이 오래전부터 머릿속으로만 그려본 시나리오가 있었다. 그런데 그 시나리오로 드라마를 만들겠다고 했더니 투자를 해 주는 사람이 없었다. 그런데 누군가 돈을 넉넉하게는 투자하지 못하지만 그래도 당신이 하고 싶은 대로 드라마를 만들어 보라고 한다면 어떨까. 배우 캐스팅에도, 시나리오에도 전혀 간섭하지 않고 말이다. 자신이 하고 싶었던 일이고 또 할 수 있는 일이라고 생각된다면 오로지 선택권은 그에게 있는 것이다. 선택은 자기결정성을 증가시키고 자신의 일을 끝까지 잘 완수해낼 수 있도록 내재적 동기를 유지하게 한다. 어쩌면 〈오징어 게임〉은 이러한 자기결정성을 기반으로 한 선택의 결과물인지도 모른다.

물론 〈오징어 게임〉을 만든 황동혁 감독은 자신의 분야에서 매우 유능하며 현장의 배우나 스태프들과도 좋은 관계를 유지했을 것이다. 바로 이러한 자기결정성의 요인들이 원하는 것을 이루게 해 준 원동력이 되었을 것이다. 황동혁 감독은 〈오징어 게임〉을 제작하면서 치아가 6개나 빠졌다고 했다. 선택권이 주어졌다고 하더라도 자신이 원하는 것을 이루는 과정은 언제나 순탄하지만은 않은 것 같다. 이것이 목표를 이루는 사람들이 견뎌야 하는 왕관의 무게인지도 모른다.

마치 하늘을 자유롭게 날아가는 느낌

우리의 의식에 매우 부정적인 영향을 주는 것이 바로 심리적 무질서이다. 정보가 우리의 의식을 방해할 때마다 우리는 심리적 엔트로피engrophy라고 불리는 내적 무질서 상태, 즉 자아 기능의 효율성이 손상되는 상태를 경험하게 된다. 이런 상태가 지속되면 우리의 자아는 주의를 집중해서 목표를 수행하는 능력을 상실하게 된다. 심리적 엔트로피의 반대 상태는 최적 경험optimal experience이다. 최적 경험이란, 의식이 질서 있게 구성되고 자아를 방어해야 하는 외적 위협이 없기 때문에 우리의 주의가 목표만을 위해서 자유롭게 사용되는 순간을 의미한다. 이러한 상태가 바로 몰입이다.[50]

몰입Flow이라는 이름을 붙인 것은 많은 사람들이 최적 경험을 묘사할 때, '마치 하늘을 자유롭게 날아가는 느낌' 또는 '물 흐르는 것처럼 편안한 느낌'이라고 했기 때문이다. 몰입은 엔트로피의 반대라는 의미의 네겐트로피negentropy라고 불리기도 한다. 몰입을 경험하는 사람은 자신이 선택한 목표의 성공적인 수행을 위해서 심리적인 에너지가 대부분 사용되기 때문에 더 강하고 자신에 찬 자아를 형성하게 된다.[51] 이는 몰입을 경험하는 사람은 자신감을 가지고 자신이 선택한 목표를 이룰 가능성이 크다는 것을 의미하는 것이다.

칙센트미하이에 따르면, 박빙의 테니스 경기를 할 때, 새로운 관점을 제시해 주는 독서를 할 때, 새로운 아이디어에 대한 대화를 나눌 때도 몰입을 경험한다. 또 경쟁이 치열한 비즈니스 협상을 성사시킬 때나 어려운 일을 잘 마무리할 때도 몰입을 경험한다. 이런 경험은 그 순간에 느끼는 감정이나 쾌락과는 거리가 멀지만 나중에 그 일을 회상해 보면 참 재미있는 일이었고, 또 다시 그런 경험을 하고 싶다는 생각을 갖게 한다.

개인이 자신의 삶의 질을 향상시키고 싶다면 가능한 자주 몰입 경험을 할 수 있도록 의식을 조절해야 한다. 몰입을 경험하고 나면 개인은 이전과 다르게 더 복합적인 자아로 성장하게 된다. 인간은 복합적인 자아가 될 때 성장이 가능하다. 여기서 복합성은 두 가지 심리적 과정을 포함한다. 하나는 분화differentiation이고 다른 하나는 통합integration이다. 분화는 자신을 타인으로부터 분리하려는 성향으로, 자신이 유일하며 고유한 존재라는 생각을 가지고 움직여 나가는 것을 말한다. 통합은 그 반대의 경우로 타인이나 다른 아이디어들과 화합하려는 성향이다. 복합적 자아란 이렇게 두 가지 성향을 조화롭게 결합시킨 자아를 의미한다.[52]

몰입은 이와 같은 복합적 자아가 될 수 있도록 도와주는데, 이는 깊

당신의 커리어는 안녕하십니까?

게 몰입하는 상태가 개인의 의식의 질서를 잘 잡아 주기 때문이다. 이때 경험들은 서로 조화를 이루게 되고 개인의 사고, 의도, 감정과 다른 감각들이 모두 하나의 목표에 집중된다. 한 번의 깊은 몰입 경험 이후에 개인은 내면의 자아 통합뿐만 아니라 이 세상과도 더욱 합치되는 느낌을 갖게 된다.

그렇기 때문에 최적 경험은 그 경험 자체가 목적이 되는 것이다. 자기목적적autotelic이라는 단어는 자신을 의미하는 오토auto와 목적을 의미하는 텔로스telos, 이렇게 두 개의 그리스어에서 유래한 것이다. 이 단어는 미래의 이익에 대한 기대 없이 단순히 그 자체를 수행하는 것이 보상이 되는 행동을 의미한다. 경험 자체가 자기목적을 가지고 있을 때 개인은 활동 자체를 위해 주의를 기울이지만, 자기목적을 가지고 있지 않을 때, 개인의 관심은 그 결과에 집중하게 된다.[53]

따라서 처음에는 다른 목적으로 시도되었다고 할지라도 몰입 경험은 그 자체가 목적이 되는 것이고 그러한 몰입 활동은 그 자체만으로도 내재적인 보상을 받게 되는 것이다. 이것이 최적 경험, 즉 몰입의 힘이다.

이러한 몰입에는 여러 가지 유형과 수준이 존재한다. 장시간의 강렬한 몰입에서부터 단기간의 불완전한 몰입에 이르기까지 다양하다. 칙센트미하이는 일시적으로 자주 경험하는 단순한 몰입 경험을 '가벼운 몰입microflow'이라고 했다. 몰입은 이러한 가벼운 몰입 경험으로부터 강렬한 몰입 경험으로 발전될 수 있다.

갈웨이Timothy Gallwey는 테니스 게임에 몰입하게 되는 네 단계를 통해서 몰입의 진전 과정을 설명했다. 첫 번째 단계는 주의를 기울이는 단계로, 새롭게 시작한 활동에 관심을 갖고 참여한다. 두 번째 단계는 흥미를 느끼는 단계로, 그러한 활동에서 즐거움을 느끼며 지속적인 주의를 기울인다. 이 단계에서 가벼운 몰입을 경험하게 되고 즐거움과 주의 집중이 증가한다. 세 번째 단계는 주의가 완전히 집중되는 단계이다. 이 단계에서는 지속하는 활동에 몰두하게 되며 주변 상황에 대한 인식이 약화되고 시간과 공간에 대한 지각이 변형된다. 마지막 단계는 자아와 활동의 융합이 일어나는 단계로 진정한 몰입의 상태를 의미한다.[54]

이러한 몰입은 우리가 직업현장에서 맡은 과업을 수행하는 과정에서도 경험할 수 있다.

> 어떤 사람이 자신의 천직에 종사하고 있는지 알려면
> 그가 무엇을 하는지 볼 필요는 없고
> 그저 그의 눈만 보면 된다.
> 소스를 만드는 요리사나
> 수술 집도를 시작하는 외과의사
> 화물 인환증을 작성하는 사무원도
> 한결같이 자신을 잊고
> 몰두한 표정으로 일에만 전념한다.
> 대상을 향한 눈의 표정이
> 얼마나 아름다운가!
>
> -오든Wystan H. Auden-[55]

당신의 커리어는 안녕하십니까?

그런데 이러한 개인의 몰입 경험은 반드시 절대적으로 좋은 것만은 아니다. 몰입은 개인의 삶을 보다 의미 있고 열정적으로 임하게 하며 삶의 질을 높일 수 있는 가능성이 있다는 점에서 좋은 것이다. 여기서 삶을 보다 의미 있게 한다는 것은 우리가 살펴보고 있는 삶에서 의미 있는 일을 하는 것과 일맥 상통하는 개념이라고 볼 수 있다.

이처럼 몰입을 통해 의미 있는 삶을 살며 삶의 질을 향상시키기 위해서는 두 가지 상호 보완적인 전략이 필요하다. 첫 번째는 사냥, 가내 수공업, 수술 등과 같이 보다 잘 몰입할 수 있는 일이 될 수 있도록 일을 재설계하는 것이다. 두 번째는 개인들이 자기목적적 성격을 개발할 수 있어야 하는데 이는 자신의 행동 기회를 파악하고 기술을 개발하며 자신에게 적합한 목표를 설정하는 것을 통해 이룰 수 있다.56)

자신에게 적합한 목표설정과 관련해서 골디락스Goldilocks 수준의 목표에 대해 생각해 볼 필요가 있다. 앞서 목표설정에 대해 달성하기 너무 쉽거나 너무 어려운 목표는 적합한 목표가 아니라고 설명했다. 골디락스 수준의 목표는 너무 쉽지도 너무 어렵지도 않은 적당한 수준의 목표를 말하는 것이다. 그렇다 하더라도 조금은 도전적으로 목표를 설정해야 한다.

칙센트미하이는 적합한 목표설정과 관련해 몰입이 가능한 과제수준과 기술수준의 관계에 대해 제시했다.57) 여기서 과제수준은 도전하는 목표 수준이고 기술수준은 자신이 가진 능력 수준을 의미한다.

도전할 과제가 능력에 비해 너무 높은 수준이라면 걱정과 불안을 경험한다. 반면 도전할 과제가 자신의 수준에 비해 너무 낮다면 이완되고 권태감을 느끼게 된다. 도전할 과제의 수준과 자신의 기술수준이

동시에 낮은 것으로 인식되면 그 일에 아예 관심을 두지 않을 것이다. 따라서 도전하는 과제수준이 높고 자신이 가진 능력수준 또한 높을 때 그 도전에서 몰입을 경험할 수 있고 이를 통해 자신이 원하는 목표를 달성할 수 있다.

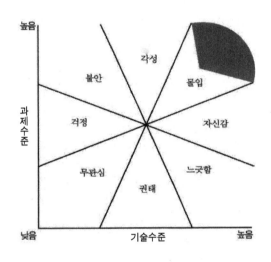

[그림 4-3] 도전과제와 기술수준과의 관계
출처: Csikszentmihalyi, M., 이희재 역 (2013). 몰입의 즐거움
(원 출처: Massimini & Carli, 1988; Csikszentmihalyi, 1990).

일반적으로 몰입 경험이 많을수록 개인의 행복도는 높아지지만 항상 그런 것은 아니다. 몰입하는 경험 그 자체보다도 어떤 과제를 통해 몰입을 경험하느냐가 더 중요하기 때문이다.[58] 즉, 도전하는 목표가 무엇이냐가 더 중요하다는 것이다.

사람들이 자신이 해야 할 일과 할 수 있는 일의 간극이 너무 큰 경우, 시도조차 하지 못하고 좌절하는 경우가 있다. 이 둘의 조합이 잘

당신의 커리어는 안녕하십니까?

맞을 때 놀라운 성과를 얻을 수 있다. 이것이 바로 몰입에서 이야기하는 자신에게 적합한 목표 설정이다. 결국 자신이 선택한 목표를 이루는 사람들은 자신의 능력을 최대한 발휘할 수 있도록 도전적인 목표를 설정하고 이를 이루는 과정에서 몰입을 경험하는 사람들이다.

목표는 포기하면 안 되는 걸까?

왜 안 되겠는가? 목표도 포기할 수 있다. 목표를 이루는 사람들도 때로는 목표를 포기한다. 그런데 포기하기 전에 먼저 자신에게 질문해 보아야 한다. '내가 이 목표달성을 위해 노력을 계속해야 하는가? 아니면 이 목표달성을 포기해야 하는가?'

사실 이 질문에 답하는 것이 쉽지는 않을 것이다. 왜냐하면 목표를 설정하고 지금까지 해 온 노력들이 떠오르기 때문이다. 그렇다면 질문에 답하기 전에 딥dip에 대해 먼저 이해할 필요가 있다. 딥은 시작과 목표달성 사이에 존재하는 하락과 정체의 시기를 의미한다. 딥은 우리가 원하는 목표를 이루기 전에 반드시 겪게 되는 침체의 긴 과정이다. 사실 우리가 이루고자 하는 중요한 목표에는 거의 대부분 딥이 존재한다.

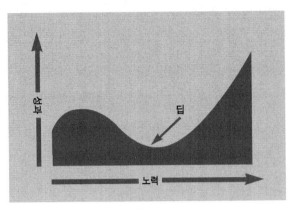

[그림 4-4] 딥dip
출처: Godin, S., 안진환 역 (2010). 더 딥.

우리가 어떤 일을 처음 시작할 때 짧은 기간에 급격히 성장하는 경험을 하게 된다. 그 기간이 지나고 나면 사태가 점점 어려워진다. 이제는 더 이상 성장하지 않을뿐더러 심지어 퇴보하기도 한다. 그래서 꼼짝 못하는 기분을 갖게 되면 역경과 장애물을 헤쳐 나갈 수 없게 된다.[59]

고딘Seth Godin은 우리가 가치 있는 어떤 일을 해 나가는 과정에서 딥을 경험하게 된다고 주장했다.[60] 딥은 진전이 없는 침체의 시기를 의미한다. 그런데 딥의 상황을 인내하고 극복한 사람들은 자신이 원하는 것을 이룰 수 있다. 그러나 많은 사람들은 딥을 경험하게 될 때 딥을 벗어나기 전에 미리 포기한다. 이것이 목표를 이루는 사람과 그렇지 못하는 사람의 차이이다.

목표를 포기하는 것이 때로는 올바른 결정일 수도 있다. 그러나 포기하는 것은 오랫동안 노력해 오면서 이룬 것들을 잃게 한다. 그렇다 하더라도 포기하는 것은 이루지 못할 일에 낭비할 시간과 노력을 절약

당신의 커리어는 안녕하십니까?

하게 해 준다. 그렇다면 어떻게 해야 하는가? 포기할 것인지 아니면 계속 도전할 것인지를 어떻게 판단하고 결정해야 하는가? 이를 위해 다음의 두 가지 질문에 답해 볼 필요가 있다.

첫 번째 질문은 '이미 투자한 것 때문에 그저 계속하기를 원하고 있는 것은 아닌가?'이다. 이 질문은 매몰비용 오류sunk cost fallacy에 관한 것이다.[61] 매몰비용은 이미 지출해서 다시 회수하기 어려운 비용을 말한다. 매몰비용 오류는 이미 금전, 노력, 시간 등을 투자했는데 그것을 회수하기 어려워 포기하지 못하고 지속하는 것을 의미한다. 이 경우라면 포기하는 것이 바람직한 선택일 것이다.

즉, 이미 투자한 것이 아까워서 포기하기 어렵다는 것이 그것을 지속해야 하는 유일한 이유라면 그것을 포기하는 것이 맞다. 그러나 지금까지 해 온 일들이 모두 맞는 일들이고 더 좋은 다른 방법이 없다고 답한다면 포기해서는 안된다. 그 일을 지속하는 것이 맞다.

두 번째 질문은 '자신이 여전히 그 과정과 목표를 향한 열정을 가지고 있는가?'이다.[62] 만약 자신이 설정한 목표가 더 이상 자신을 동기부여 하지 못한다면 그리고 그 목표가 자신이 현재 노력하고 있는 것의 결과가 아니라면 그 목표를 달성하기 위한 노력을 계속하기보다는 포기하는 것이 더 합리적일 것이다.

누구나 목표를 설정하고 그 일을 계속해 나가는 과정에서 딥을 경험할 수 있다. 이때 위에서 제시한 두 개의 질문에 목표달성을 위한 노력을 계속해 나가야 한다고 답했다면, 다른 방법은 없다. 그대로 노력을 지속해 나가면 된다.

그런데 만약 딥이라고 생각했던 상황이 딥이 아니라면 어떻게 해야 하는 걸까? 그래서 목표를 이루는 과정에 놓여있는 딥과 컬드색cul-de-sec을 구분할 수 있어야 한다. '막다른 길'이라는 의미의 프랑스어인 컬드색은 아무리 열심히 노력해도 별로 달라질 게 없는 상황을 의미한다. 크게 좋아질 것도, 크게 나빠질 것도 없는 늘 그저 그런 상태를 말한다. 컬드색에 놓이게 된다면 빨리 벗어나야 한다. 왜냐하면 컬드색은 우리가 다른 일을 하지 못하도록 가로막기 때문이다. 컬드색에 놓이게 되면 그 일은 결코 성공할 수 없다. 이것이 목표를 포기해야 하는 순간이다.[63]

그러므로 성장하지 못하고 정체되거나 악화되는 경험을 하게 될 경우, 노력을 지속해야 하는 딥인지 아니면 아무리 노력해도 나아질 수 없는 막다른 길인 컬드색인지를 먼저 구분해야 한다. 만일 그것이 딥이라고 생각된다면 포기하지 말고 끝까지 해내야 한다. 그러나 그것이 컬드색이라고 생각된다면 목표를 포기하고 다른 일을 시도해야 한다.

사실 딥과 컬드색을 구분하는 것 자체는 그렇게 어려운 일이 아니다. 자신이 계속해서 노력한다면 나아질 수 있는 상황인지, 아니면 도저히 답이 없는 상황인지 구분하는 것이기 때문이다. 정말 어려운 것은 컬드색이라는 생각이 들 때 실패에 대한 두려움 때문에 포기하는 용기를 내지 못하는 것이다. 그러니 목표도 포기할 줄 알아야 한다. 그래야 더 큰 목표를 이룰 수 있다.

그렇다면 성공하는 사람, 자신이 원하는 목표를 이루는 사람은 우선, 딥과 컬드색을 구분할 수 있는 사람이다. 그리고 자신이 직면한 상황이 딥이라면 포기하지 않고 끝까지 해낼 것이고, 반면에 컬드색이라면 과감하게 포기하고 새로운 목표에 도전할 것이다.

당신의 커리어는 안녕하십니까?

Coaching Pocket 🔍

목표를 이루는 사람의 특징과 관련해 다음의 내용에 대해 생각해 보자.

자신의 삶에서 우연한 사건이 진로선택이나 경력개발에 중요하게 작용한 경험이 있는지 생각해 보자.

지난 삶을 되돌아볼 때 자신에게 중요한 기회였다고 생각되는 사건이 있는지 생각해 보자.

어려운 일을 끝까지 포기하기 않고 해냈던 경험에 대해 생각해 보자. 무엇이 그 일을 해내는 데 중요한 역할을 했다고 생각하는가?

몰입 경험이 있는지 생각해 보자. 어떤 일을 할 때 몰입을 경험했는가? 그때 느낌은 어떠했는가?

이제까지 살면서 가장 신바람 나게 했던 일은 무엇인지 생각해 보자. 그렇게 일할 수 있었던 이유는 무엇이라고 생각하는가?

목표를 포기한 경험이 있는지 생각해 보자. 목표를 포기한 것이 잘한 일이라고 생각된다면 그 이유는 무엇인가? 만약 목표를 포기한 일에 아쉬움이 남는다면 그 이유는 무엇인가?

Q 계획된 우연 기술

　다음은 성인들을 대상으로 한 연구에 사용된 계획된 우연 기술을 측정하는 검사도구이다. 각 문항을 읽고 자신에게 해당되는 칸에 표시해 보자. 질문을 너무 오래 생각하지 말고 자신의 현재 상태를 표시한다.

문항	전혀 그렇지 않다	대체로 그렇지 않다	보통이다	대체로 그렇다	매우 그렇다
1. 나는 내 주변에 우연히 일어나는 일들에 호기심을 갖는다.	1	2	3	4	5
2. 이전에 해 보지 못한 경험을 할 뜻밖의 기회가 생기는 것은 나의 호기심을 자극한다.	1	2	3	4	5
3. 나는 우연히 발생한 사건에 따라 진로의 방향을 트는 것을 고려할 수 있다.	1	2	3	4	5
4. 예상치 못한 어려움에 부딪히더라도 끈기 있게 노력하겠다.	1	2	3	4	5
5. 나는 미래의 진로에 대해 긍정적으로 바라본다.	1	2	3	4	5
6. 결과가 불확실하더라도 내가 선택한 진로를 추구하겠다.	1	2	3	4	5
7. 나는 계획하지 않았던 일에 대해서도 호기심을 갖고 접근하는 편이다.	1	2	3	4	5
8. 내 진로의 방향성은 언제든지 바뀔 수 있다고 생각한다.	1	2	3	4	5
9. 나는 하나의 진로만 추구하기보다는 여러 가지 대안을 유연하게 생각한다.	1	2	3	4	5
10. 진로를 추구하는 과정에서 예상치 못한 난관이 닥치더라도 나는 참을성을 가지고 노력한다.	1	2	3	4	5
11. 나의 행동의 결과가 불확실하더라도 위험을 감수하고 시도해 볼 것이다.	1	2	3	4	5

당신의 커리어는 안녕하십니까?

12. 나는 진로를 추구하는 과정에서 어느 정도 위험을 감수할 각오가 되어 있다.	1	2	3	4	5
13. 미래의 나의 진로는 밝다.	1	2	3	4	5
14. 진로탐색에서 어려운 난관이 있어도 꾸준히 내가 하는 일을 하는 편이다.	1	2	3	4	5
15. 나는 진로를 결정함에 있어서 유연한 태도를 지닌 편이다.	1	2	3	4	5
16. 진로탐색 과정에서 예상할 수 없는 어려움이 있더라도 참을성 있게 나의 길을 가겠다.	1	2	3	4	5
17. 나의 앞날은 가능성으로 가득하다고 생각한다.	1	2	3	4	5
18. 내 진로에 있어 앞으로 많은 기회가 나에게 올 것이다.	1	2	3	4	5
19. 나는 보다 만족스러운 진로선택을 위해 잘 모르는 것에 도전하는 위험도 무릅쓸 수 있다.	1	2	3	4	5
20. 나는 나의 진로선택에 도움이 될 만한 새로운 활동들에 관심이 많다.	1	2	3	4	5
21. 우연히 얻은 직업 정보에 호기심을 가지고 탐색한다.	1	2	3	4	5
22. 나는 뜻밖의 어려움이 닥치더라도 내가 세운 진로계획을 이룰 수 있도록 끝까지 노력한다.	1	2	3	4	5
23. 내가 처음에 원하는 방향으로 가지 않더라도 내 진로는 좋은 방향으로 나아갈 것이다.	1	2	3	4	5
24. 진로는 충분히 바뀔 수 있다고 생각한다.	1	2	3	4	5
25. 그 직업에서의 성공이 보장되지 않더라도 한 번 도전해 볼 것이다.	1	2	3	4	5

출처: 이영숙 (2016). 진로단절여성 구직자의 계획된 우연기술이 구직효능감에 미치는 영향. 경기대학교 석사학위논문.

각 하위요인별 문항의 점수를 합산하고 문항 수로 나누어 하위요인별 평균 점수를 산출한다. 산출한 평균 점수를 다른 대상들의 평균 점수와 비교해 본다.

하위요인	문항번호	경력단절여성 평균	직장인 평균	대학생 평균	평균
호기심	1, 2, 7, 20, 21	3.90	3.79	3.68	
유연성	3, 8, 9, 15, 24	3.85	3.60	3.69	
인내심	4, 10, 14, 16, 22	3.91	3.66	3.45	
낙관성	5, 13, 17, 18, 23	3.86	3.68	3.63	
위험감수	6, 11, 12, 19, 25	3.65	3.69	3.54	
전체		3.83	3.68	3.60	

경력단절여성 평균(서울시 거주 구직자 중 경력단절여성 308명 대상 조사)
직장인 평균(전국 직장인 304명 대상 조사) **64)**
대학생 평균(전국 남녀 대학생 408명 대상 조사) **65)**

Q 그릿

다음은 그릿을 측정하는 검사도구이다. 각 문항을 읽고 자신에게 해당되는 칸에 표시해 보자. 질문을 너무 오래 생각하지 말고 자신의 현재 상태를 표시한다. 자신이 표시한 칸에 해당하는 점수를 합산한 뒤 10으로 나눠서 나온 점수가 자신의 그릿 점수이다.

문항	전혀 그렇지 않다	그렇지 않다	그런 편이다	그렇다	매우 그렇다
1. 나는 새로운 아이디어와 프로젝트 때문에 기존의 것에 소홀해진 적이 있다.	5	4	3	2	1
2. 나는 실패해도 실망하지 않는다. 나는 쉽게 포기하지 않는다.	1	2	3	4	5
3. 나는 한 가지 목표를 세워놓고 다른 목표를 추구한 적이 종종 있다.	5	4	3	2	1
4. 나는 노력가이다.	1	2	3	4	5
5. 나는 몇 개월 이상 걸리는 일에 계속 집중하기 힘들다.	5	4	3	2	1
6. 나는 뭐든 시작한 일은 반드시 끝낸다.	1	2	3	4	5
7. 나의 관심사는 해마다 바뀐다.	5	4	3	2	1
8. 나는 성실하다. 나는 결코 포기하지 않는다.	1	2	3	4	5
9. 나는 어떤 아이디어나 프로젝트에 잠시 사로잡혔다가 얼마 후에 관심을 잃은 적이 있다.	5	4	3	2	1
10. 나는 좌절을 딛고 중요한 도전에 성공한 적이 있다.	1	2	3	4	5

출처: Duckworth, A., 김미정 역 (2016). 그릿 IQ, 재능, 환경을 뛰어넘은 열정적 끈기의 힘.

1, 3, 5, 7, 9 문항은 역산문항이나 척도점수를 이미 변환하였으니 그대로 계산하면 된다.

그릿을 구성하는 두 요소는 열정과 끈기이다. 홀수 문항의 점수를 합산한 뒤 5로 나눈 값이 열정점수이고 짝수 문항의 점수를 더한 뒤 5로 나눈 값이 끈기 점수이다. 열정에서 높은 점수를 받았다면 끈기 점수도 높을 것이다. 역으로도 같은 관계가 성립된다. 하지만 끈기 점수가 열정 점수보다 아주 조금 높을 것이다. 다음 표를 이용해 자신의 점수를 미국 성인 대표본과 비교해 볼 수 있다.

백분위수	그릿 점수
10%	2.5
20%	3.0
30%	3.3
40%	3.5
50%	3.8
60%	3.9
70%	4.1
80%	4.3
90%	4.5
95%	4.7
99%	4.9

출처: Duckworth, A., 김미정 역 (2016). 그릿 IQ, 재능, 환경을 뛰어넘은 열정적 끈기의 힘.

미국 성인들의 그릿 점수와 비교해 보면 우리나라 사람들의 점수가 낮은 경향이 있는 것을 발견할 수 있다. 독자들이 이미 알고 있는 바와 같이 한국 사람들은 미국 사람들에 비해 자신에게 보다 엄격하고 자신에 대해 높게 평가하지 않는 경향이 강하다. 이러한 점이 그릿 검사 점수에도 반영되는 것 같다. 자신의 그릿 점수를 미국 성인들의 대표본과 비교할 때 이 점을 참고하기 바란다.

당신의 커리어는 안녕하십니까?

다음은 우리나라 성인들을 대상으로 한 연구에 사용된 그릿 검사도구이다. 각 문항을 읽고 자신에게 해당되는 칸에 표시해 보자. 질문을 너무 오래 생각하지 말고 자신의 현재 상태를 표시한다.

문항	전혀 그렇지 않다	그렇지 않다	그런 편이다	그렇다	매우 그렇다
1. 나는 종종 목표를 세우지만, 나중에 그것과는 다른 일을 하곤 한다.	5	4	3	2	1
2. 나는 부지런하다.	1	2	3	4	5
3. 나의 관심사는 매번 바뀐다.	5	4	3	2	1
4. 좌절은 나의 의욕을 꺾지 못한다.	1	2	3	4	5
5. 나는 몇 개월마다 새로운 목표나 관심사에 흥미를 갖게 된다.	5	4	3	2	1
6. 나는 수년의 노력을 요구하는 목표를 달성해 본 적이 있다.	1	2	3	4	5
7. 때때로 새로운 생각이나 일 때문에 기존에 하고 있는 생각이나 일이 방해받는다.	5	4	3	2	1
8. 나는 내가 시작한 것은 뭐든지 끝낸다.	1	2	3	4	5
9. 나는 열심히 하는 사람이다.	1	2	3	4	5
10. 나는 한동안 새로운 생각이나 계획에 사로잡히지만 곧 관심을 잃게 된다.	5	4	3	2	1
11. 나는 중요한 도전을 위해 좌절을 극복해 왔다.	1	2	3	4	5
12. 나는 달성하는 데 몇 개월이 걸리는 일에는 꾸준히 집중하기 어렵다.	5	4	3	2	1

출처: 원명희 (2017). 공공기관 조직 구성원의 그릿(Grit)이 조직 몰입에 미치는 영향과 자기주도학습역량의 매개역할. 중앙대학교 석사학위논문.

각 하위요인별 문항의 점수를 합산하고 문항 수로 나누어 하위요인별 평균 점수를 산출한다. 산출한 평균 점수를 다른 대상들의 평균 점수와 비교해 본다.

하위요인	문항번호	공공기관직원 평균	대기업 신입 사원평균	대학생 평균	평균
관심의 일관성	1, 3, 5, 7, 10, 12	2.99	3.13	3.02	
노력의 꾸준함	2, 4, 6, 8, 9, 11	3.45	4.02	3.26	
전체		3.22	3.62	3.14	

공공기관직원 평균(남녀 공공기관 직원 362명 대상 조사)
대기업 신입사원 평균(남녀 대기업 신입사원 334명 대상 조사) [66]
대학생 평균(남녀 대학생 454명 대상 조사) [67]

🔍 자기결정성

다음은 대학생을 대상으로 한 연구에 사용된 자기결정성을 측정하는 검사도구이다. 각 문항을 읽고 자신에게 해당되는 칸에 표시해 보자. 질문을 너무 오래 생각하지 말고 자신의 현재 상태를 표시한다.

문항	전혀 아니다	아니다	보통 이다	그렇다	매우 그렇다
1. 나는 다른 사람들에 의해 고통받고 억압을 받는다고 느낀다.	5	4	3	2	1

당신의 커리어는 안녕하십니까?

2. 내 일을 진행하는 방법을 스스로 결정할 기회가 많지 않다.	5	4	3	2	1
3. 일상생활에서 나는 자주 남이 시키는 대로 해야만 한다..	5	4	3	2	1
4. 나는 대체로 내 생각과 의견을 자유롭게 표현할 수 있다고 느낀다.	1	2	3	4	5
5. 나는 내 인생을 어떻게 살아갈지 스스로 결정할 수 있다고 느낀다.	1	2	3	4	5
6. 어떤 일을 할 때 내 생각대로 일을 처리하기보다는 다른 사람의 생각이나 처리 방식을 따를 때가 많다.	5	4	3	2	1
7. 나는 내 자신이 매우 효율적이라고 느낀다.	1	2	3	4	5
8. 나는 대부분 내가 하는 일들에서 성취감을 느낀다.	1	2	3	4	5
9. 나를 아는 사람은 내가 일을 잘한다고 말한다.	1	2	3	4	5
10. 나는 내게 주어진 일을 잘 해결할 능력이 있다고 느낀다.	1	2	3	4	5
11. 나는 내가 아는 것을 다른 사람에게 가르칠 수 있다고 느낀다.	1	2	3	4	5
12. 나는 다른 사람보다 잘하는 것이 많다고 느낀다.	1	2	3	4	5
13. 나는 주변 사람들로부터 사랑과 관심을 받는 것을 느낀다.	1	2	3	4	5
14. 나와 정기적으로 만나는 사람들은 나를 별로 좋아하지 않는 것 같다.	5	4	3	2	1
15. 나는 내가 만나는 사람들과 잘 지낸다.	1	2	3	4	5
16. 나는 내 주변 사람들을 정말 좋아한다.	1	2	3	4	5
17. 내 주변 사람들과 나는 평소에 서로 도움을 주고받는다.	1	2	3	4	5
18. 내 주변 사람들은 평소에 나와 감정을 공유할 때가 많다.	1	2	3	4	5

출처: 박세원 (2017). 대학생의 자기결정성, 성격강점 및 학업성취 간의 구조적 관계. 한양대학교 석사학위논문.

1, 2, 3, 6, 14번 문항은 역산문항이나 척도점수를 변환하였으니 그 대로 계산하면 된다.

각 하위요인별 문항의 점수를 합산하고 문항 수로 나누어 하위요인별 평균 점수를 산출한다. 산출한 평균 점수를 다른 대상들의 평균 점수와 비교해 본다.

하위요인	문항번호	웨딩플래너 평균	직장인 평균	대학생 평균	평균
자율성	1, 2, 3, 4, 5, 6	3.72	3.74	3.84	
유능성	7, 8, 9, 10, 11, 12	3.68	3.78	3.71	
관계성	13, 14, 15, 16, 17, 18	3.91	3.99	3.96	
전체			3.87		

웨딩플래너 평균(웨딩플래너 202명 대상 조사) **68)**
직장인 평균(직장인 282명 대상 조사) **69)**
대학생 평균(남녀 대학생 285명 대상 조사)

당신의 커리어는 안녕하십니까?

5장

또 다른 커리어 디자인 생애설계

앞서 직업적 측면에 집중한 협의의 커리어 디자인에 대해 살펴보았다. 그런데 우리의 삶은 단순히 직업적 영역으로만 이루어져 있지 않다. 우리는 직업 이외에도 삶의 다양한 영역에서 균형을 이루는 것이 필요하다. 그리고 커리어 목표를 설정하고 실행계획을 수립해 실천하는 것처럼 삶의 다양한 영역에서 목표를 설정하고 이를 이루기 위해 노력해야 한다.

우리가 커리어 목표를 설정하기 위해 자신에 대한 이해가 필요했던 것처럼 생애설계를 위해서도 삶의 다양한 영역에서 현재의 삶에 대해 살펴보아야 한다. 현재 삶에서 채워지지 않는 부족하고 아쉬운 부분이 있다면 이것이 바로 생애설계에서 다루어야 할 목표가 될 수 있다. 이는 우리가 의미 있는 삶, 더 나아가 행복한 삶을 살기 위해 필요한 것이다. 생애설계를 위한 방법론으로 두 가지 도구tool에 대해 살펴볼 것이다. 하나는 생애 경력 무지개 모형이고 다른 하나는 삶의 균형 원이다.

당신은 행복합니까?

뇌영상 연구와 정신신경 내분비학 분야가 과학적으로 진보했다고는 하지만 아직 개인의 행복을 정확하게 측정할 수 있는 도구는 없다. 온도를 측정하듯 행복의 정도를 측정하는 행복온도계가 없다는 것이다. 현재 가장 효과적인 방법은 그저 '당신은 행복합니까?'라고 묻는 매우 단순한 방법뿐이다.[1]

행복이란 말은 우리가 언제 들어도 기분 좋은 말이다. 하지만 누군가가 자신에게 '당신은 행복합니까?'라고 묻는다면 대답하는 것은 쉽지 않다. 인간의 삶에서 행복은 바람직한 것이고 추구해야 하는 것이라고 생각하지만 그것이 정확히 어떤 의미인지 정의 내리기는 쉽지 않다.

태어난 지 얼마 되지 않은 어린아이들은 자신이 불편한 상황에 놓이면 울음을 통해 자신의 상태를 표현한다. 또 만족스러운 상황이 되면 웃음을 보인다. 웃고 우는 것은 자신의 육체적 혹은 심리적 상태를 표현하는 것이다. 그런데 이러한 것들은 배우지 않고도 가능하다. 그것은 본능이기 때문이다. 이처럼 누가 가르쳐 주거나 배우지 않더라도 사람들은 행복이 어떤 느낌인지 알고 있다. 막연하기는 하지만 행복을 좋은 느낌으로, 불행을 나쁜 느낌으로 이해한다.

행복을 느끼는 것은 육체적, 심리적, 사회적 상황을 모두 고려한 결과이다. 과거에는 행복의 의미가 개인의 주관적인 것에 국한되지 않고 사회 속에서 암묵적으로 인정되는 객관적인 기준을 포함하는 것이었다. 하지만 다양성과 창의성이 존중되고 인간의 존엄성이 강조되고 있는 사회풍토 속에서 행복에 대한 암묵적으로 인정된 객관적인 기준에 근거한 정의 내림은 쉽지 않다. 따라서 행복의 의미는 과거와 달리 주관적인 것이 될 수밖에 없다. 단 여기에는 지나친 쾌락이나 비도덕적인 것 등을 통해 느끼는 행복은 배제되어야 한다. 따라서 행복에 대해 지극히 주관적인 정의 내림이 필요하다는 것을 인정하고 나면 행복에 대한 자신만의 정의 내림이 필요하다.

그렇다면 행복은 무엇인가? 건강, 출세, 명성, 가족, 많은 돈? 우리가 행복을 어떻게 정의하든 그것은 우연히 하늘에서 떨어지는 것은 아니다. 행복은 스스로 노력하는 사람만이 얻을 수 있는 것이다.

행복한 삶을 위해서는 삶의 어느 한 영역에 치우치지 않은, 삶의 각 영역에서 균형을 이루는 것이 필요하다. 균형을 이루는 것은 정신적, 신체적, 가족관계, 직업적, 경제적, 자기개발, 사회적 영역에서 어느 한 쪽으로 크게 치우침 없이 자신이 원하는 삶을 사는 것을 의미한다. 우리는 주변에서 경제적이나 직업적으로 크게 성공을 거둔 사람들을 보게 된다. 이들 중 균형을 이루는 성공을 거둔 사람들도 있지만 일부는 건강이 좋지 않아 자신이 쌓아 놓은 많은 것들을 한순간에 잃어버리는 경우도 있고 또 일부는 직업적 영역에 자신의 에너지를 너무 많이 쏟아 부은 결과 가족관계에 어려움을 겪는 경우도 있다. 따라서 행복한 삶을 위해서는 삶의 여러 영역에서 균형을 이루어야 한다. 삶의 여러 영역에서 균형을 이룬다는 것은 자신이 삶에서 맡고 있는 다양한 역할들에서 균형을 이룬다는 것을 의미하는 것이기도 하다.

또한 행복한 삶을 위해서는 개인의 이익과 안녕만을 추구하는 삶이 아니라 함께 나누는 삶을 살아야 한다.

한 시간 동안 행복하고 싶다면 낮잠을 자라.
하루 동안 행복하고 싶다면 낚시를 가라.
일 년 동안 행복하고 싶다면 유산을 물려받아라.
평생을 행복하고 싶다면 다른 사람을 도우라.

중국 속담이다. 인간은 더불어 살아가야 하는 운명을 타고난 존재이다. 아울러 자신이 속한 주변 환경에 많은 영향을 받는 존재이기도 하다. 자신이 속한 사회에서 함께 살아가는 사람들과 나누는 삶은 그 무엇보다도 값진 것이 될 수 있다.

또 행복한 삶은 자신이 속한 사회와 그 구성원들에게 긍정적인 영향을 줄 수 있는 삶을 사는 것이기도 하다. 다음은 미국의 유명한 시인인 에머슨Ralph W. Emerson의 진정한 성공에 대한 글이다.

건강한 아이를 낳든, 한 뙈기의 정원을 가꾸든, 사회환경을 개선하든, 자신이 태어나기 전보다 세상을 조금이라도 살기 좋은 곳으로 만들어 놓고 떠나는 것, 자신이 한때 이곳에 살았으므로 해서 단 한 사람의 인생이라도 행복해지는 것, 이것이 진정한 성공이다.

이처럼 자신이 속한 사회 구성원들과 함께 나누는 삶은 행복한 삶이고 성공하는 삶이며 의미 있는 삶이 될 것이다.

생애 경력 무지개life-career rainbow

슈퍼는 개인이 일생 동안 경험하게 되는 역할들을 강조했다. 개인은 일생 동안 자녀, 학생, 여가인, 시민, 직업인, 가정주부, 배우자, 부모, 연금생활자 등 여러 역할을 수행하게 된다.

개인이 일생을 통해 경험하게 되는 생애역할은 지속적으로 변화하며, 그 역할에 투입되는 시간과 에너지는 개인에 따라 다르게 나타난다. 만약 개인이 삶에서 자신이 맡은 생애역할을 균형 있게 잘 수행할 수 있다면 삶의 균형을 이루게 된다. 반면 생애역할의 조합이나 연계가 잘되지 않을 경우에는 역할 조정을 통해 삶의 균형을 이룰 수 있도록 해야 한다. 개인의 생애역할들의 연속적인 역할조합을 커리어 패턴 career pattern이라고 한다.[2] 개인들은 삶에서 각자 서로 다른 연속적인 역할들을 수행하게 되고 이는 서로 다른 커리어 패턴으로 나타날 수 있다.

슈퍼는 생애 경력 무지개 모형을 통해 개인의 생애 커리어 발달을 설명했다. 생애 경력 무지개 모형은 생애 역할에서 수행하게 되는 모든 활동을 포함한다. 생애 경력 무지개 모형에서 가장 바깥에 위치한 호에는 연령을 표시한다. 무지개 모형의 각 호는 일생 동안 경험하게 되는 역할을 의미한다. 각 호를 색으로 칠할 경우 색을 두텁게 칠할수록 역할의 중요성은 더욱 커진다.

슈퍼는 생애 경력 무지개 모형을 두 가지 용도로 사용할 수 있다고 주장했다.

첫째, 생애 경력 개념을 가르칠 때 사용할 수 있다. 성인이나 학생들을 대상으로 커리어를 구성하는 다양한 역할의 상호작용을 이해할 수 있도록 돕는 데 활용 가능하다. 또 자아실현이 생애 역할의 다양한 조합을 통해 어떻게 실현될 수 있는지 설명하는 데 사용할 수 있다.

둘째, 청소년 후기와 성인들을 상담할 때 사용할 수 있다. 그들이 자신의 다양한 역할의 시기를 구분하고 미래에 커리어 목표를 설정하도록 커리어를 디자인하는 데 활용 가능하다.[3]

생애 경력 무지개 모형은 각 역할을 수행하는 데 필요한 시간과 에너지의 양으로 표현된다. 이러한 역할은 다른 역할과 상호 작용을 통해 서로 영향을 주고받는다. 예를 들어 직장인의 역할은 자녀가 아프면 영향을 받게 되고 그 결과로 부모는 직장에서 일하는 시간을 줄여야 하거나 직장을 그만두어야 하는 상황이 발생하게 된다. 따라서 이러한 역할들이 함께 생애 공간을 채우게 된다.

생애 공간이란 각 개인이 매일의 생활이나 전 생애 과정 속에서 보내게 되는 시간을 의미한다. 슈퍼에 따르면 성공적인 커리어 발달이 이루어지기 위해서는 생애 역할을 잘 선택하고 생애 역할의 중요도와 그 역할을 수행하는 데 필요한 시간을 잘 관리해야 한다.[4]

가장 처음 시작하게 되는 역할은 자녀이고 다음은 학생이며 여가를 즐기는 사람의 역할이다. 그리고 직장인의 역할은 다른 역할과 영향을 주고받을 수 있는 매우 중요한 역할이다. 성인으로 생활하는 동안에 직장인의 역할뿐 아니라 배우자, 가정주부, 시민 등의 역할을 수행하게 된다.

슈퍼는 사람들이 역할 간에 조화를 이루면서 가능한 한 많은 역할을 수행하게 될 때 삶의 만족도와 성취감이 높다고 주장했다. 역할 선택과 역할의 중요도 그리고 역할을 수행하는 데 사용하는 시간은 평생 동안 삶을 살면서 변하게 된다. 어떤 역할은 덜 수행하게 되고 덜 중요할 수 있지만 다른 역할은 더 중요할 수도 있다.[5]

다음은 생애 경력 무지개 모형의 작성 예시이다. 원의 테두리에 표시된 연령구분에 따라 역할의 시작점과 끝점을 표시할 수 있다. 또 중간에 역할이 중단되거나 큰 변화가 있을 경우 선을 그어 표시할 수 있다.

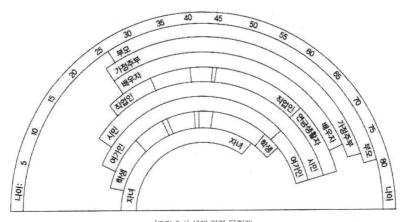

[그림 5-1] 생애 경력 무지개

출처: 박윤희 (2015). 커리어코칭의 이론과 실제(원 출처: Super, D. E. (1980). A life-span, life-space approach to career development. Journal of Vocational Behavior, 16, 282-298).

생애 경력 무지개 모형을 작성한다고 하면 흔히들 청소년들에게 필요한 것이지 성인들에게는 별 도움이 되지 않는다는 생각을 하는 사람들이 있다. 이는 잘못된 생각이다. 내 경험에 따르면 생애 경력 무지개 모형은 오히려 청소년들보다는 성인들에게 더 유용한 도구이다.

40대, 50대의 경우를 살펴보자. 자신이 자녀 역할을 언제까지 할 수 있을지 그리려고 한다. 펜을 들고 자녀 역할을 할 수 있는 나이대를 찾아 표시하려고 하면 선뜻 손이 나가지 않는다. 부모님이 살아 계시는 사람들이라면 그려지지가 않는다. 그러면서 눈가가 촉촉해지고 코끝이 찡해진다. 어려서 부모님과 함께했던 추억부터 부모님 속을 썩여드렸던 경험들까지 모두 주마등처럼 스쳐 지나간다. 그리고 부모님이 오래오래 사셨으면 좋겠다는 생각도 하게 되고 그러고 나서야 아주 늦은 나이까지 자녀 역할을 하는 것으로 선을 그리게 된다. 실제 성인을 대

당신의 커리어는 안녕하십니까?

상으로 한 워크숍에서 가끔 눈물을 보이는 수강생들을 볼 수 있다.

또 부모 역할에 대한 선을 그려보자. 부모 역할을 언제까지 할 수 있을지를 생각하게 되면 마음이 짠 해지면서 입가에 한숨이 나오기도 한다. 내 아이에게 오랫동안 그늘이 되어주고 싶다는 생각이 든다. 내 아이가 잘 자라서 사회에서 제 역할을 다 할 때까지 내가 건강하게 살아있어야 할 텐데 싶고, 경제적으로도 아이에게 짐이 되어서는 안 되겠다는 생각도 들면서 마음이 더 무거워진다.

아이와의 행복했던 시간, 아이가 몸이 아팠던 순간도 떠오른다. 잘 자라준 아이에게 고마운 마음도 들고 아이가 훌륭한 사회인으로 성장했으면 하는 바람도 가지게 된다. 이렇게 된다면 자녀로서 부모로서 어떤 삶을 살아야 할지에 대한 목표도 갖게 된다. 따라서 생애 경력 무지개 모형을 작성하는 활동은 성인들에게 훨씬 더 효과적이다.

우리가 이 책을 통해 살펴보고 있는 내용과 가장 밀접한 관련을 가지고 있는 직업인의 역할에 대해 그려본다면 자연스럽게 커리어 디자인과 연결될 수 있다. 자신이 언제까지 직업생활을 할 것인지, 그렇다면 어떤 직업을 선택해서 직업생활을 계속할 것인지에 대한 고민을 하게 되고 결국 이것은 직업선택과 경력개발이 필요한 커리어 목표설정으로 이어질 수 있다. 또 이는 자연스럽게 평생학습으로 이어지고 결국 학생의 역할과 연결된다.

다른 역할들도 동일하다. 배우자 역할에 대해 생각해 보자. 최근 만혼, 비혼, 황혼이혼 등의 증가로 인해 배우자 역할은 선택의 문제가 되었다. 시민의 경우 우리나라와 같은 상황이라면 죽음에 이르기까지 수행해야 하는 역할이다. 또 여가인의 경우는 워라밸이 중요해지면서 주목받는 역할이다. 가정주부의 경우 보통은 여성들이 담당하는 역할이지만 최근 경제활동을 하는 여성들이 증가하고 부부가 함께 가사노동을 분담하는 사례들이 늘어나면서 이러한 경향이 가정주부 역할에 반영될 수 있다.

이처럼 평생 동안 수행하게 되는 다양한 역할들에 대해 고민해 보고 이에 대한 생각을 정리하면서 자연스럽게 삶의 각 역할에서 역할 목표 설정이 가능하다. 이는 곧 생애설계로 이어질 수 있다.

삶의 균형 원circle of balanced life

우리가 행복한 삶을 살기 위해서는 어떤 한 영역에 치우치지 않은 조화로운 삶, 즉 균형 잡힌 삶이 중요하다는 것을 살펴보았다. 삶의 균형 원은 개인의 삶 전체를 일곱 개의 주요 영역으로 분류하여 제시한 것으로, 일곱 개의 주요 삶의 영역은 정신적 영역, 신체적 영역, 가족관계 영역, 직업적 영역, 경제적 영역, 자기개발 영역과 사회적 영역을 말한다.[6]

삶의 여러 영역에서 균형을 이루는 삶은 하나의 목표에만 집중하는 지나치게 목표지향적인 삶이 아니라 소확행, 즉 오늘의 삶에서 작지만 확실한 행복에 대해서도 고려하는 삶이다. 그런 의미에서 삶의 균형 원을 활용해 생애설계를 하기 전에 현재의 삶의 균형상태에 대해 점검할 필요가 있다.

당신의 커리어는 안녕하십니까?

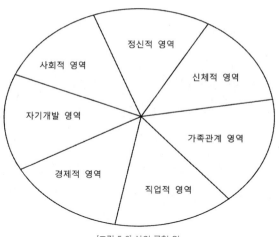

[그림 5-2] 삶의 균형 원
출처: 박윤희 (2015). 커리어코칭의 이론과 실제.

정신적 영역

　정신적 영역은 심리적 안정과 마음의 평안에 관련된 영역이다. 물론 여기에는 신앙생활, 취미생활과 마음의 평안을 주는 활동 등이 포함된다. 외적인 활동을 통해 얻을 수 있는 심리적 안정과 마음의 평안도 중요하지만 정신적 영역에서 가장 중요한 것은 긍정적인 사고방식이다.

　긍정적인 사고는 긍정적인 감정을 만들고 부정적인 사고는 부적정인 감정을 만든다. 개인에게 긍정적 혹은 부정적 감정 변화를 일으키는 것은 실제 사건이 아니라 개인의 자각이다. 슬픔을 느끼는 것은 부정적 사건에 대한 개인의 현실적 해석 때문이다. 즉, 개인의 사고가 감정을 결정하는 것이다. 이는 개인이 갖는 생각에 따라 감정이 달라질 수 있다는 것을 의미한다.

그렇다면 답은 이미 나와있다. 설사 부정적인 사건이라고 하더라도 긍정적인 사고를 할 수 있다면 자연스럽게 긍정적인 감정을 갖게 되는 것이다. 개인에게 부정적인 감정을 일으키는 부정적인 사고들로는 흑백 논리, 지나친 일반화, 긍정적인 것을 거부하는 사고, 성급한 결론 등이 있다. 이러한 부정적인 사고들을 피할 수 있다면 정신적 영역에서 건강을 추구할 수 있을 것이다. 세상은 마음먹기 나름인 것이다.[7]

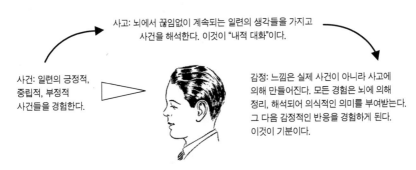

사고: 뇌에서 끊임없이 계속되는 일련의 생각들을 가지고 사건을 해석한다. 이것이 "내적 대화"이다.

사건: 일련의 긍정적, 중립적, 부정적 사건들을 경험한다.

감정: 느낌은 실제 사건이 아니라 사고에 의해 만들어진다. 모든 경험은 뇌에 의해 정리, 해석되어 의식적인 의미를 부여받는다. 그 다음 감정적인 반응을 경험하게 된다. 이것이 기분이다.

[그림 5-3] 사건, 사고와 감정의 관계
출처: 박윤희 (2015). 커리어코칭의 이론과 실제
(원 출처: Rima, S. D., 황을호 역 (2006). 셀프리더십).

70년간 고된 일을 해 온 중국의 한 농부와 그의 아내는 이제 일을 그만두고 그의 아들이 자신들을 봉양해 주기를 바랐다. 그런데 노부부가 일을 그만두기 얼마 전, 아들이 말에서 떨어져 심각한 부상을 입어 다리 한쪽을 절단해야 했다. 노부부는 절망에 빠졌다. 노부부는 세상 무엇보다도 사랑스러운 아들이 그토록 상심해 있는 모습을 바라보는 것이 고통스

당신의 커리어는 안녕하십니까?

러웠다. 게다가 이제 다시 가족의 생계를 책임져야 하는 상황에서 노부부는 또 어떻게 다시 일을 시작할 수 있을지 눈앞이 캄캄했다. 그들에게는 이런 상황이 불공평하고 비극적으로 느껴졌다. 그리고 실제로도 그랬다. 그런데 얼마 후 전쟁이 일어나 나라의 모든 남자들이 전쟁터로 끌려갔다. 한쪽 다리가 없는 노부부의 아들을 제외하고 마을의 모든 남자들이 가족과 헤어졌고 그들 중 많은 사람들이 다시 돌아오지 못했다. 노부부는 아들을 곁에 두게 되어 기뻤고 아들에게 참한 신부를 골라줄 수도 있게 되었다. 마을에 건강한 남자들이 있었다면 어려웠을 일이었다. 아들이 곁에 있다는 사실로 인해 노부부는 죽을 때까지 일을 할 수 있는 힘을 얻었다.

이 이야기는 루뱅카톨릭대학의 미코라작Moiral Mikolajczak 교수가 그의 저서『감정능력』에 인용한 것으로, 개인의 감정은 절대적인 사건이 아닌 자각, 즉 사고에 의해 영향을 받는다는 것을 잘 보여주는 사례이다.[8]

긍정적 사고는 건강에도 영향을 미치는 것으로 나타났다. 대너Deborah D. Danner, 스노든David D. Snowdon과 프리젠Wallace V. Friesen 교수는 '수녀연구'를 통해 이러한 사실을 입증했다. 2001년 대너 교수 연구팀은 미국의 한 대형 수녀원에 보관된 문서들을 연구했다. 그리고 1930년대 수녀원 입소 당시 수녀원장의 요청으로 수련수녀 180명이 썼던 지원동기서와 짤막한 글들을 분석했다. 분석을 통해 긍정적 감정을 많이 드러낸 수녀 그룹과 그렇지 않은 수녀 그룹으로 나눌 수 있었다. 다음의 발췌문은 그 기준을 잘 보여주는 것이다.[9]

수녀 1. 긍정적인 단어가 거의 없다.

나는 1909년 9월 26일에 태어났고 일곱 남매의 장녀이다. 노트르담 신학교에서 화학과 라틴어를 가르치며 수련기를 보냈다. 신께서 허락하신다면 우리 수녀원을 위해 봉사하고 신앙을 전파하는 데 내 영혼을 바쳐 사명을 다하고 싶다.

수녀 2. 긍정적인 단어가 많다.

신께서 나의 삶으로 들어오시어 내게 헤아릴 수 없는 은혜를 주셨다. 노트르담 신학교에서 수련수녀로 공부하며 지냈던 한 해 동안 정말 행복했다. 이제 다시 성의를 입고 신의 사랑에 나의 삶을 바치게 되어 매우 기쁘다.

분석결과를 통해 긍정적 사고를 하는 수련수녀 그룹에서 95세가 된 수녀의 수가 2배 더 많은 것을 확인할 수 있었다. 수녀원 지원 동기서를 쓸 당시 긍정적인 감정을 많이 드러냈던 수녀들의 기대수명은 다른 수녀들에 비해 평균 7년이 더 길었다. 수녀들의 경우, 삶의 환경이 동일하기 때문에 긍정적 사고를 하는 사람들이 대개 더 안락하고 편안하거나 균형 잡힌 삶을 살기 때문에 수명이 더 길 수 있다는 이유를 들어 이 연구결과를 반박하기는 어려울 것이다.

이렇게 긍정적인 사고를 하기 위해서는 내적 대화self-talk를 시도할 필요가 있다. 내적 대화는 외부로 향하던 말의 방향을 내면으로 돌려 자신의 마음을 진정으로 들여다보고 소통하는 것을 말한다. 걱정, 두려

당신의 커리어는 안녕하십니까?

움, 불만, 의심, 분노와 같은 부정적인 감정은 자신의 몸에 부정적인 에너지를 쌓이게 한다. 이럴 경우 긍정적인 말을 자신에게 끊임없이 건네며 뇌가 긍정적인 사고를 할 수 있도록 바꿔 주어야 한다. 내적 대화는 '웃자'라는 짧은 구절부터 '나는 침착하고 전문성도 있고 확신도 가지고 있어'라는 긴 동기부여가 될 수 있는 문장도 있다.[10] 이러한 내적 대화는 긍정적인 사고를 유발할 뿐 아니라 자신의 능력까지도 향상시킬 수 있다.

긍정적인 사고방식과 함께 정신적 영역에서 간과할 수 없는 부분이 회복시키고 새롭게 하는 레크리에이션recreation 활동이다. 레크리에이션이라는 말은 그 어원에 '새롭게 하다'라는 의미를 담고 있다.[11] 신체적 건강을 회복시키기 위한 휴식과 달리 레크리에이션은 마음과 영혼을 건강한 상태로 회복시키기 위한 개인의 의도적인 노력을 포함한다. 즉, 마음을 편안하게 하고 새롭게 할 수 있는 놀이나 활동들이 여기에 해당된다. 여행은 대표적인 레크리에이션 활동이다. 다양한 레크리에이션 활동을 통해 정서적, 영적 회복을 경험할 수 있다. 더 나아가 레크리에이션 활동들은 삶에서 균형과 중심을 찾을 수 있도록 돕는다.[12]

신체적 영역

신체적 영역은 신체적 건강관리, 즉 건강과 휴식에 관한 것이다. 신체적 건강은 일상의 활동들을 무리 없이 소화할 수 있도록 좋은 건강

상태를 유지하는 것을 의미한다. 이는 평상시 개인이 경험하는 다양한 선택과 관련이 있다. 식습관, 운동, 수면 등에서 현명한 선택을 해 나간다면 만족할 만한 건강관리가 가능하다.

식습관은 규칙적인 식사에서부터 식품구입에 이르기까지 그 범위가 매우 넓다. 개인은 규칙적인 식사습관을 통해 충분한 에너지를 얻을 수 있다. 충분한 에너지는 두뇌활동을 활발하게 하기 때문에 사고력과 판단력 등에 긍정적으로 작용한다. 또 식품을 구입할 때는 붉은색이나 녹색을 띤 야채나 과일 등의 천연식품을 구입하는 것이 좋고, 가급적 푸드 마일리지food mileage가 크지 않은 로컬 푸드local food를 중심으로 구입하는 것이 좋다.

푸드 마일리지는 먹거리가 생산자의 손을 떠나 소비자의 식탁에 오르기까지의 이동거리를 뜻한다. 푸드 마일리지는 곡물, 축산물, 수산물 등 수입물품을 대상으로 생산자에서 소비자에 이르기까지 식품수입량ton에 수송거리㎞를 곱해 계산한다. 푸드 마일리지가 크면 클수록 먼 지역에서 수입한 식품을 더 많이 섭취한다는 것을 의미한다.[13]

운동은 신체를 건강하게 할 뿐만 아니라 기분까지 상쾌하게 만드는 효과가 있다. 운동의 경우는 1주일에 3회 정도, 1회에 30~40분 정도 하는 것이 바람직하다. 몸에 무리가 가지 않는 선에서 운동 종목을 선택하고 가급적 규칙적으로 하는 것이 좋다.

충분한 수면은 신체적 회복을 도와줄 뿐만 아니라 다음 날을 편안하게 시작할 수 있게 해 준다. 몸이 개운해지고 푹 쉬었다는 느낌이 들 정도로 수면을 취하는 것이 좋은데, 보통 1일 6시간에서 8시간 정도의 수면이 바람직하다. 9시간 이상 지속되는 장시간의 수면은 피하는 것

당신의 커리어는 안녕하십니까?

이 좋다.

그 밖에 신체적 건강을 위해서는 흡연과 음주를 피해야 하며 주기적으로 건강검진을 받는 것이 중요하다. 평상시 충분한 물을 마시고 비타민이나 우리 몸에 필요한 영양소를 별도로 섭취하는 것도 신체적 영역의 건강관리에 도움을 준다.

우리가 계획하는 목표를 이루려면 지나치게 자신을 몰아세우기보다는 지속적으로 집중력을 유지하면서 휴식시간을 갖고 신체적 에너지를 충전할 필요가 있다. 그러한 실천을 통해 목표를 이룬 사람들의 이야기를 살펴보자.

1911년 두 팀의 탐험가들이 남극에 최초로 도착했다. 한 팀은 노르웨이 탐험가인 아문센Roald Amundsen이 이끌었고, 다른 팀은 영국의 탐험가인 스콧Robert F. Scott이 리더 역할을 맡았다. 그런데 남극을 최초로 정복한 사람들은 아문센이 이끄는 팀이었다. 그 이유가 무엇이었을까?[14]

아문센은 우선 단순하면서도 일관되게 팀의 이동거리를 정했다. 그의 팀은 매일 평균 15해리1해리 1,852km를 이동했다. 이는 현실적으로 너무 힘들지도 않고 너무 쉽지도 않은 거리였다. 극단적인 상황을 제외하고는 날씨 변화에 관계없이 그의 팀은 15해리 내지 20해리를 이동했다. 나머지 시간은 침낭에서 충분한 휴식을 취했다. 즉, 지나치게 팀을 몰아세우지 않고 충분한 휴식시간을 가지면서 신체적 에너지를 충전한 것이다.

반면, 스콧이 이끄는 팀은 날씨라는 외부 환경 변화에 지나치게 의존했다. 날씨가 좋을 때는 많은 거리를 이동했고 날씨가 좋지 않을 때는 계속해서 텐트에 머물렀다. 이러한 전략으로 이동하다 보니 날씨가 좋을 때는 팀원들을 지치도록 몰아세울 수밖에 없었다. 왜냐하면 날씨가 좋지 않은 날이 많은 남극에서 이동거리를 늘리기 위해서는 날씨가 좋은 날에 최대한 많이 이동해야 했기 때문이다.

그 결과 스콧이 이끄는 팀은 신체적 에너지를 훨씬 더 많이 소진했고 고된 귀환길에 지쳐 쓰러져 돌아오지 못하고 사망하는 사태가 발생했다. 반면, 아문센과 그의 팀은 최초로 남극을 정복했고 남극 탐험에 관한 이야기를 전하기 위해 몇 개월 후 귀환했다. 두 탐험가가 모두 포기하지 않고 끝까지 남극을 정복했다는 점에서는 동일했지만 아문센은 팀원들을 그저 몰아세우기만 한 것이 아니라 지속적으로 집중력을 유지할 수 있도록 적절한 휴식을 취하게 했다는 점에서 큰 차이가 있었다.[15] 이처럼 적절한 휴식을 동반한 신체적 영역에서의 만족은 자신이 원하는 목표를 달성하기 위해서 꼭 필요한 부분이다.

가족관계 영역

가족관계 영역은 가족 구성원 간의 원만한 관계 유지에 관한 것이다. 이는 결국 가족 구성원이 건강한 가족을 이룰 수 있을 때 가능한 것이다. 가족을 이루는 구성원 모두는 인간이기 때문에 갈등은 피할 수 없는 중요한 문제가 된다. 이러한 가족 구성원 간 갈등의 원인에 대해 스프레이Jetse Sprey는 가족 구성원 간 갈등 역시 인간과 사회의 본질에 달려있다고 보고, 가족도 희소성과 상호의존성의 조건에서 살고 있

당신의 커리어는 안녕하십니까?

기 때문에 서로의 이익을 위해 갈등은 피할 수 없다고 주장했다.[16]

또 콜린스Randall Collins는 가족은 성sex과 연령이 다른 구성원들로 이루어져 있으므로 가족 내에서의 갈등은 필연적으로 일어날 수밖에 없는 현상이라고 주장했다.[17] 그렇다면 가족이 이렇게 피할 수 없고 필연적인 갈등을 극복하고 건강한 가족을 이루기 위해서는 어떠한 노력이 필요할까? 이 질문에 대한 답이 될 수 있는 건강한 가족의 보편적인 특징에 대해 살펴보자.[18]

첫째, 가족 구성원 간의 인정이다. 모든 개인은 인정받고자 하는 기본적인 욕구를 가지고 있다. 건강한 가족은 서로에게 좋은 면을 발견하고 이를 인정해 주는 표현을 한다. 모든 사람은 강점과 긍정적인 특성을 가지고 있고 가족은 이를 확인할 수 있는 일차적인 장소이다.

둘째, 가족 구성원 간의 시간의 공유이다. 건강한 가족은 서로 함께 하는 시간을 만들고 이를 진정으로 즐길 줄 아는 가족이다. 가족이 시간을 함께 하기 위해서는 노력이 필요하다. 가족 구성원들이 미리 계획하고 서로 조정하는 노력을 통해 시간을 공유할 수 있다. 건강한 가족은 이를 무리 없이 해낸다.

셋째, 가족 구성원 간의 헌신이다. 건강한 가족은 서로 간의 행복과 복지를 증진시키는 데 헌신적이다. 헌신은 가족에게 시간과 에너지를 제공하고 가족의 관심거리에 많은 시간을 함께 보낼 수 있도록 생활방식을 개선하는 노력을 통해 얻을 수 있다.

넷째, 가족 구성원 간의 원활한 의사소통이다. 건강한 가족은 좋은 커뮤니케이션 습관을 가지고 있다. 이 특성은 앞서 언급한 특성들과 긴밀하게 연관되어 있다. 건강한 가족은 경청을 통한 대화를 하기 때문에 상호 존중하는 커뮤니케이션이 가능하다. 또한 갈등 조정을 통해 구성원 모두가 만족할 만한 최선의 해결책을 모색한다. 건강한 가족의 구성원들은 건설적인 방법으로 감정을 표현할 수 있다. 이러한 커뮤니케이션은 건강한 가족의 삶을 통합시키는 작용을 한다.

다섯째, 가족 구성원들이 공통적인 종교적 지향성을 갖는다. 건강한 가족은 높은 수준의 종교적 지향성을 갖는데 이는 단순히 교회, 성당, 사찰을 방문하거나 종교행사에 참여하는 것 이상을 의미한다. 가족 구성원들이 특정의 위대한 힘을 공동으로 수용하는 것이 삶의 목적과 구성원들의 강점에 대한 인식을 고취시킨다는 것이 많은 연구를 통해 확인되었다. 가족관계 측면에서 이러한 인식은 가족 구성원 모두가 서로 인내하고 용서하게 함으로써 긍정적이고 지지적이 되도록 돕는다.

여섯째, 가족 구성원의 위기관리 능력이다. 건강한 가족은 위기를 건설적으로 해결할 수 있는 능력을 가지고 있다. 이들은 서로를 지지함으로써 문제를 해결해 나갈 수 있다. 또한 이들은 문제해결 능력을 가지고 있으며 최악의 상황에서도 긍정적인 면을 발견할 수 있는 능력도 가지고 있다.

이외에도 가족 구성원 간의 가치 충돌에 대해 고려해야 한다. 우리가 갖는 가치에는 우선순위가 있다. 만약 인생에서 가장 중요한 것이 가족이라고 답했다면 가족이 나에게 어떤 의미인지 생각해 보아야 한다. 가족은 사랑을 주는 존재일 수도 있고 소속감을 주는 공동체일 수도 있다. 여기서 구분하고 넘어가야 할 중요한 사실은 가족은 수단 가치means value, 즉 목적을 위한 수단이라는 것이다. 이때 목적 가치end value는 사랑이나 소속감이 될 수 있다.[19]

보통 가치에는 우선순위가 정해진다. 어떤 사람의 가치는 사랑, 성장, 기여, 모험 순이 될 수 있다. 한 사람의 가치는 아이를 낳거나 사랑하는 사람을 잃거나 관계를 끝내는 등 가치가 바뀔 만한 상황을 경험하지 않는 한 해마다 바뀌지는 않는다. 대개 가족 간의 불화는 가치의 충돌로 발생한다. 만약 자신이 모험과 자유를 중요한 가치로 생각하는데 배우자는 안전과 안정을 중시한다면 두 사람이 대립하는 것은 당연한 일이다. 이는 둘의 가치가 병립하지 않기 때문이다.[20] 이럴 경우 가족 간에 충분한 대화를 통해 서로의 가치에 대해 이해하는 것이 필요하다. 위와 같은 것들을 고려한다면 가족관계 영역에서 건강한 균형을 이룰 수 있을 것이다.

직업적 영역

직업적 영역은 직업에서 얻는 만족도와 관련이 있는 영역인데, 여기에는 단순히 직업적 만족뿐만 아니라 커리어 디자인까지 포함되는 것이다. 직업적 영역은 삶의 여러 영역 중에서도 매우 중요한 영역이다. 그 이유는 삶에서 가장 많은 시간을 보내는 영역이기 때문이다.

만약 만족스러운 직업생활을 하기 어렵다면 다른 영역에서도 높은 수준의 만족을 유지하기 어려울 수 있다. 그렇기 때문에 직업적 영역에서 만족도가 높은 사람들은 그렇지 않은 사람들보다 전반적으로 삶에서 만족할 가능성이 크다. 만약 직업적 영역의 만족도가 낮다면 시간이 흐를수록 삶의 다른 영역에 부정적인 영향을 미칠 수 있다.

직업적 영역에서 가장 중요한 것은 자신이 선택한 직업에 몰입할 수 있어야 한다는 것이다. 몰입하지 못하는 사람들은 주말을 위해 한 주를 버티고 주중에 일하는 시간을 두려워한다. 그러나 직업적 영역이 만족스러운 경우, 직장에 있는 시간도 업무를 떠나 있는 시간만큼이나 즐거울 수 있다.

앞서 살펴본 바와 같이 자신의 직업에서 만족하는 사람들은 의미 있는 일에 종사하고 있을 가능성이 크다. 이는 자신이 전문성을 발휘하는 일을 하고 있다는 것이고 다른 사람들에게 긍정적인 영향력을 발휘할 수 있는 일을 하고 있다는 것이기도 하다. 직업적 영역이 만족스럽다는 것은 단순히 현재 직업에서 만족한다는 것 이외에도 커리어 목표를 가지고 경력개발을 해 나가고 있다는 것을 의미한다. 이는 자연스럽게 자기개발 영역과 연결될 수 있다.

앞서 직업적 영역과 밀접한 관련이 있는 커리어 디자인에 대해 구체적으로 살펴보았으므로 직업적 영역에 대해서는 별도로 다루지 않을 것이다.

경제적 영역

경제적 영역은 경제적인 만족은 물론, 은퇴 이후의 경제적 준비에 대한 부분까지 고려한 것이다. 사실 우리 삶에서 돈을 중요하다. 그렇다면 돈과 행복의 관계는 어떠할까?

행복연구에서 돈은 행복에 크게 영향을 미치지 않는다는 것이 상식으로 통한다. 미국의 경제학자 이스털린Richard A. Easterlin의 역설에 근거한 이야기이다. 이스털린은 국민소득이 대략 2만 달러 수준이 되면 기본적인 욕구가 충족되기 때문에 소득 증가가 더 이상 행복에 영향을 미치지 않는다고 주장했다. 1973년의 이야기이다.[21]

그렇다면 돈이 얼마나 있어야 행복할까? 2010년 카너먼Daniel Kahneman의 연구에 따르면 소득이 많아져도 행복지수가 더 올라가지 않는 기준점은 연 소득 7만 5,000달러였다. 연 소득이 8,000만 원을 넘는 수준이다. 그러니 연 소득이 대략 8,000만 원을 넘을 때까지는 소득이 많아질수록 행복지수가 높아진다는 것이다. 이는 한국인들을 대상으로 한 연구에서도 크게 다르지 않은 것으로 나타났다. 이러한 연구결과에 따르면 한국인들이 행복하지 않은 이유의 상당 부분은 돈 때문이라고 해도 과언이 아닐 것이다.[22]

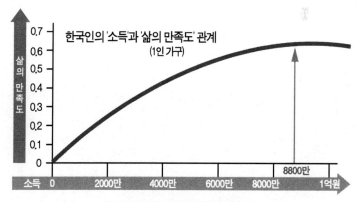

[그림 5-4] 한국인의 소득과 삶의 만족도의 관계

출처: 한민 (2021. 05. 07). 그동안 잘못 알고 있었던 돈과 행복의 관계. The Psychology Times
(자료: 강은택 외 (2016). 1인가구의 주관적 삶의 만족감에 관한 연구: 미혼 1인가구와 기혼 1인 가구를 중심으로.
사회과학연구, 27(1), 3-23).

2010년도 서울 시민들을 대상으로 진행된 행복도 조사 연구에서 응답자의 40.6퍼센트가 행복하기 위한 조건 1위가 돈이라고 답했다. '그렇다면 돈이 얼마나 있으면 행복하겠는가?'라는 질문에는 전체 응답자의 30.9퍼센트가 '1~10억 미만', 39.25퍼센트가 '10~50억 미만'이라고 답했다.[23] 10년 전의 조사결과라는 것을 감안하면 아마도 지금은 그 금액이 더 높아졌을지도 모르겠다.

사실상 서울 시민 모두가 10~50억 미만의 돈을 가지게 될 가능성은 매우 희박하다. 그렇지만 행복해지기 위해 돈이 필요하다면 돈을 벌기 위해 노력해야 한다.

다만 돈을 버는 것이 최우선이 되어 일상의 소중한 것을 놓치는 일이 없어야 한다. 돈을 버는 것이 힘들고 고되지만 돈을 버는 것이 목표라면 돈을 버는 그 시간이 의미 있다고 생각해야 한다. 그리고 목표로 한 돈을 벌지 못했다고 인생에 실패했다거나 불행한 것은 아니라는 사실을 알아야 한다. 당장 원하는 만큼의 돈이 수중에 없다고 해서 그만한 돈이 생길 때까지 인생의 모든 날들을 불행하다고 생각하는 사람이 있다면 그 사람은 영원히 행복할 수 없을 것이다.[24]

그리고 돈을 버는 것보다 더 중요한 것은 돈을 제대로 쓰는 것이다. 즉, 바람직한 재정관리가 필요하다. 이는 부채로 인한 스트레스를 줄여주고 건전한 재정상태를 유지하게 해 준다. 경제적 영역이 만족스러운 사람들은 돈을 지혜롭게 사용하고 좋은 추억을 만드는 데 사용한다. 자신을 위해 돈을 사용하는 것도 중요하지만 타인을 위해 돈을 사용하는 것도 경제적 영역에서 만족을 얻게 한다

돈은 우리 삶에서 많은 것들을 가능하게 한다. 돈은 출퇴근 거리를

당신의 커리어는 안녕하십니까?

짧게 할 수 있고, 가족과 더 많은 시간을 보낼 수 있게 하며, 우정을 나누는 시간을 더 많이 갖게 할 수도 있다. 하지만 이것은 돈을 잘 사용했을 때 이야기이다.

그렇기 때문에 경제적 영역에서 중요한 것은 돈의 많고 적음뿐 아니라 그것의 효율적인 사용과 관리이다. 현실적으로 볼 때, 경제적 영역에서 만족하는 사람은 돈은 효율적으로 잘 관리하는 사람이다. 돈을 효율적으로 잘 관리하기 위해서 먼저 세금, 보험료와 연금저축 등을 자동이체 시켜 놓을 필요가 있다. 또 급여가 은행계좌에 입금되면, 돈을 사용하기 이전에 저축액을 먼저 계좌에서 빠져나가도록 자동이체 시켜야 한다. 그 이후에 필요한 소비를 한다면 훨씬 더 계획적인 저축과 소비가 가능하다. 이렇게 된다면, 개인이 부채의 부담을 덜 느끼면서 필요로 하고 원하는 것들을 소비할 수 있다. 이는 결국 경제적 영역의 만족으로 이어질 수 있다.

경제적 영역에서 지속적인 만족을 얻기 위해서는 자신에게 적합한 은퇴자산 포트폴리오를 구성해야 한다. 연금에는 공적연금에 해당되는 국민연금과 퇴직연금, 사적연금에 해당되는 개인연금이 있다. 이외에 부동산, 주식, 채권, 예금 등의 다양한 자산들의 구성을 통해 안정적인 은퇴자금을 준비해야 한다. 이론적으로 바람직하다고 제시되는 포트폴리오의 조합보다는 자신의 상황을 잘 반영한 포트폴리오의 구성이 필요하다.

자기개발 영역

자기개발 영역은 자신의 관심분야에 대한 계속 학습과 지속적인 자기개발에 대한 영역이다. 오늘날과 같은 지식사회에서 개인이 적응하고 살아남는 것은 물론이고 더욱더 발전하기 위해서 자기개발은 필수적이다.

제임스William James는 인간의 잠재력과 그 실현 사이에 격차가 있다는 사실을 강조했다.

> 일반적으로 개개인은 자기 한계에 훨씬 못 미치는 삶을 산다. 인간은 다양한 능력을 지니고 있으면서도 이를 활용하지 못한다. 최대치 이하의 열의를 보이고 최고치 이하로 행동한다. 물론 한계는 있다. 나무가 하늘까지 자라지는 않는다. 그렇다 하더라도 세상 사람들은 능력을 넘치게 가지고 있지만 매우 특출난 사람만이 그 능력을 전부 활용한다.[25]

사실 우리 뇌는 사용하면 할수록 그 능력이 확대된다. 이를 어느 정도 설명해 줄 수 있는 개념이 '뇌가소성'이라 불리는 신경가소성neuroplasticity이다. 우리가 무언가 새로운 것을 배울 때마다 뇌에 새로운 시냅스 연결이 생기는 것을 말한다. 즉, 새로운 수준의 사고를 반영하도록 하드웨어를 업그레이드하는 것이다. 신경가소성은 뉴런이 성장하고 다른 뇌 영역의 뉴런들과 연결되는 능력이다. 새롭게 뉴런이 연결될 수도 있고 기존의 연결이 강화되거나 약화되기도 한다.[26]

당신의 커리어는 안녕하십니까?

신경가소성에 대해 설명할 때 가장 많이 인용되는 글 중 하나가 런던의 택시기사들에 관한 연구이다.[27] 유니버시티 칼리지 런던의 뇌신경학자 매과이어Eleanor Maguire는 복잡하고 어려운 길들을 모두 기억하고 자격 시험에 합격하는 런던 택시기사들의 기억력에 주목했다. 그들은 어떻게 그 많은 정보들을 기억하는 걸까? 런던에서 택시기사 면허를 취득하려는 지원자들은 수천 곳의 지명과 미로 같은 길을 2만개 이상 암기해야 한다. 그렇기 때문에 면허 시험 합격률은 50퍼센트 남짓이다.

이러한 사실에 주목한 매과이어는 면허를 취득한 택시기사들의 해마가 보통 사람들보다 클 것이라고 가정했다. 연구결과는 이러한 가정을 지지하는 것으로 나타났다. 실제 런던의 택시기사들은 연령, 교육 수준과 지능 등이 비슷한 다른 직업 종사자들보다 후위 해마posterior hippocampus의 회백질이 더 많았다. 이는 이들의 기억 중추가 더 크다는 것을 의미한다. 더 나아가 택시기사로 일한 기간이 길수록 해마의 크기 또한 더 큰 것으로 밝혀졌다.[28]

결국 지속적인 노력을 통해 끊임없이 자신의 뇌를 사용한다면 능력이 향상된다는 것이다. 그리고 그러한 노력은 자신이 가진 능력을 최대한 발휘할 수 있게 한다.

자기개발은 학습 없이는 불가능한데, 특히 학교를 떠나 생활하게 되는 성인들에게는 지속적 자기개발을 위한 계속 학습이 요구된다. 이러한 자기개발의 필요성은 폐기학습unlearning과 결정적 지능crystallized intelligence을 통해 확인할 수 있다.

폐기학습, 즉 과거에 배운 것을 잊는다는 것은 과거에 잘못된 습관을 버린다는 것과 그 의미가 유사하다. 또 고쳐서 새롭게 배운다는 것과도 같은 의미가 될 수 있다. 이는 단순하게 새로운 지식이 과거의 지식을 대체한다는 개념이 아니라 스스로 현재 자신이 가진 지식에 대해 의문을 제기하고 더 발전된 지식을 받아들이기 위해 낡은 지식을 과감하게 버리는 것이다.

개인은 변화하는 사회에서 생존과 적응을 위해 학습, 재학습과 폐기학습의 순환적 사이클에 따른 학습을 계속해야 한다. 개인이 지속적인 폐기학습을 하지 않을 경우 도태될 것은 자명한 일이다. 따라서 학습하고, 다시 학습하고 그리고 새로운 것을 학습하기 위해 기존의 것을 버리는 폐기학습을 통해 지속적인 자기개발이 가능하다.

카텔Raymond B. Cattell과 혼John L. Horn에 따르면 인간의 지능은 유동적 지능fluid intelligence과 결정적 지능crystallized intelligence으로 구성된다. 유동적 지능은 유전적, 생리적 영향을 받는 지능으로 청소년기까지 계속 발달하지만 생리적 발달이 쇠퇴하는 성인기 이후에는 점차 퇴보한다. 반면에 유동적 지능은 단순 암기력, 지각력, 일반적 추론력을 포함한다. 반면에 결정적 지능은 환경적, 문화적, 경험적 영향을 받는 지능이다. 결정적 지능은 성인기 이후에도 계속 발달할 수 있지만 가정과 학교환경, 교육정도, 직업 등의 영향을 받는다. 결정적 지능은 언어이해력, 일반적 지식, 문제해결력, 논리적 추론력을 포함한다.[29]

당신의 커리어는 안녕하십니까?

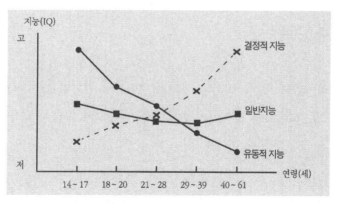

[그림 5-5] 발달에 따른 유동적 지능과 결정적 지능
출처: 이신동·최병연·고영남 (2014). 최신교육심리학. 수정.

유동적 지능과 결정적 지능의 연령에 따른 변화를 살펴보면, 유동적 지능은 연령에 따라 퇴보하는 반면 결정적 지능은 반대로 상승하는 것을 볼 수 있다. 결국 한 개인이 실제로 발휘하는 지적 능력은 이 두 지능의 합으로 나타나며, 인생의 초기에는 유동적 지능이 중심을 이루지만 인생의 후반기에는 결정적 지능이 중심이 된다. 그러므로 학습을 많이 할수록, 경험을 많이 할수록, 지식을 많이 쌓을수록 성인기와 노년기에 높은 지적 능력을 갖게 되는 것이다.

이는 개인들에게 학습을 통한 지속적 자기개발의 필요성을 잘 보여준다. 특히 지식기반 사회에서 학습은 개인의 생존과 직결되는 문제가 되었다. 따라서 개인들은 자신이 원하는 삶을 살 수 있도록 자기개발을 지속해야 한다. 먼저, 자신의 커리어 목표를 이루기 위해 필요한 학습이 무엇인지 결정하고 이를 학습하기 위한 계획을 수립해서 실천할 필요가 있다. 이는 자연스럽게 직업적 영역의 커리어 디자인과 연결될 수 있다.[30]

사회적 영역

 사회적 영역은 가족 이외의 사회 구성원들과 원만한 관계를 유지하는 것으로, 여기에는 자신이 속한 직장을 비롯하여 다양한 커뮤니티의 사람들과 원만한 관계를 유지하는 것이 포함된다. 사회적 영역은 친분을 나눌 수 있는 주위 사람들과의 관계 네트워크에 상당한 영향을 받는다. 이런 관계 중 일부는 자신의 삶에 도움을 주기도 하고, 또 다른 관계는 삶에서 동기부여의 요인이 되기도 한다.

 사회적 영역에서 만족을 얻기 위해서는 직장이나 커뮤니티 내에서 대면, 전화와 이메일 등을 통해 자신의 인적 네트워크에 있는 사람들과 지속적으로 관계를 유지하기 위해 노력해야 한다. 이는 주위 사람들, 동료들과 친교활동을 하는 데 시간과 노력을 투자할 필요가 있다는 것을 의미한다.

 그런데 바쁜 현대인들이 따로 시간을 마련해 인적 네트워크를 관리하기는 쉽지 않다. 사실 가장 좋은 인적 네트워크는 직업생활을 충실히 할 때 자연스럽게 형성된다. 자신의 업무 관련 세미나나 컨퍼런스 등에 참가해 명함을 교환하면서 만나게 되는 사람들이 필요할 때 도움을 받을 수 있는 중요한 인맥이 되기도 한다. 또 직장생활을 하면서 함께 생활했던 동료들도 좋은 인맥이 될 수 있다.

 얼마 전 동료 교수로부터 내가 근무하는 학교 교직원 한 명이 퇴사했다는 이야기를 들었다. 정말 아까운 사람이라는 생각이 들었다. 그래서 그에게 전화를 했다. 어떻게 그만두게 되었는지, 지금은 어떻게 지내는지, 앞으로의 계획 등에 대해 물었다. 그리고 나를 방문한다면 언

당신의 커리어는 안녕하십니까?

제든지 환영하겠다는 이야기를 하면서 전화를 끊었다.

그와 함께 근무하면서 그가 사람을 대하는 태도, 자신의 업무에 임하는 자세, 업무 처리 능력 그 무엇 하나 버릴 것이 없는 사람이라고 생각했다. 그리고 나이는 나보다 어리지만 존경할 만한 인품을 가진 사람이라고도 생각했다. 그래서 그가 어느 정도의 휴식 기간이 지나고 다시 일을 하게 된다면 돕고 싶었다. 그는 나에게 좋은 인맥이 될 것이다. 나도 그에게 좋은 인맥이 되었으면 하는 바람이다. 이처럼 따로 시간을 들이지 않고도 인맥을 만들 수 있는 가장 좋은 방법은 자신의 직업생활에 충실하게 임하는 것이다.

정말 아이러니하다고 생각되는 점이 4차 산업혁명 시대에는 초연결 평판 사회가 열린다는 것이다. 쉽게 전문가를 찾을 수 있도록 인간과 기술이 연결되고 입소문에 의해 개인의 평판이 공유된다. 따라서 개인 간의 신뢰와 명성이라는 사회적 공유 자산이 물적 소유 자산보다 훨씬 더 중요해질 수 있다.[31]

바로 긱경제gig economy 시대의 특징인 것이다. 긱경제는 산업현장에서 필요에 따라 사람을 구해 임시로 계약을 맺고 일을 맡기는 형태의 경제 방식을 말한다. 노동자 입장에서는 어딘가에 고용되어 있지 않고 필요할 때 일시적으로 일을 하는 임시직 경제를 가리킨다.[32] 계약을 맺고 단기간의 협업을 통해 성과를 내야 하는 긱경제의 특성상 함께하는 사람들의 평판은 매우 중요하다. 기술이 발전하는 시대에 개인의 평판이 더욱더 중요해진다니. 그러나 그것이 사실이다.

이러한 인적 네트워크의 중요성을 잘 알고 있기 때문에 나는 커리어 전문가들을 대상으로 워크숍을 진행하는 경우 참가한 커리어 전문가들에게 강의 내용에 집중하는 것도 중요하지만 서로 명함을 교환하고 네트워크를 만들라고 이야기한다. 그리고 그들에게 자신이 무엇을 잘하는 사람이고, 어떤 일을 하고 있는지, 다른 참가자들에게 설명하라고 이야기한다. 바로 미래 사회를 준비하라는 의미이다.

사실 사회생활을 하는 성인들이 많이 하는 고민 중에 하나가 바로 인간관계에 관한 것이다. 옥스퍼드대학교 진화인류학과 교수인 던바 Robin Dunbar는 '던바의 수Dunbar's number'라는 인간관계에 대한 아주 흥미로운 연구결과를 발표했다. '던바의 수'는 인간의 뇌가 관리할 수 있는 사람은 최대 150명이며, 가장 친한 친구는 5명, 신뢰할 수 있는 친구는 15명, 가까운 친구는 35명이라는 이론이다.[33] 생각했던 것보다는 그 수가 많지 않다.

이 이론과 비슷한 것으로 아마존 창업자 베이조스가 제시한 '피자 두 판의 법칙'이 있다. 제대로 소통하고 유기적으로 일하기 위해서는 라지 사이즈 피자 2판으로 한 끼 식사를 해결할 수 있는 규모로 팀을 구성하라는 뜻이다. 그렇다면 한 팀의 적정 수는 6~7명 정도가 될 것이다. 물론 조직에서 성과를 내기 위해 팀을 구성할 때의 경우이다.

이 두 이야기를 종합해 보면 한 사람이 집중적으로 소통하고 관계를 맺을 수 있는 사람의 수는 5~7명 정도일 것이다. 어떤 사람에게는 7명이 적당하겠지만 또 다른 사람에게는 5명일 수도, 10명일 수도 있다. 이들과 계속해서 좋은 관계를 이어 나갈 수 있다면 굳이 모임에 나가 명함을 돌리지 않아도 좋은 인적 네트워크를 형성하게 될 것이다.[34]

사회적 영역에서 만족을 얻기 위해서는 이처럼 인적 네크워크의 관리 이외에도 사람들에게 호감을 줄 수 있는 외모와 이미지 관리에도

당신의 커리어는 안녕하십니까?

신경을 써야 한다. 만약 기회가 된다면 자신이 속한 커뮤니티의 봉사 활동에 참여함으로써 자신이 속한 사회에 기여하는 삶을 살 필요가 있다. 이렇게 다양한 사회적 영역의 활동들을 통해 삶에서 만족을 추구할 수 있을 것이다.

다음은 생애설계를 할 수 있는 도구tool들이다.

🔍 생애 경력 무지개 모형

가장 바깥 쪽의 호에 자신의 기대수명을 고려하여 연령을 표시한다. 안 쪽의 호 하나가 역할 하나이다. 앞에서 살펴본 생애 경력 무지개 모형 사례를 참고하여 자신의 생애 경력 무지개 모형을 완성한다.

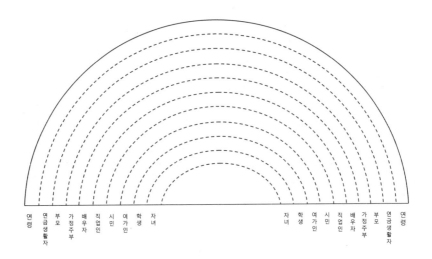

생애 경력 무지개 모형을 완성한 후 삶의 각 역할에서 이루고 싶은 목표를 설정할 수 있다. 각 역할별로 목표를 설정했다면 이를 이루기 위해 앞에서 살펴본 2W3H 원칙에 따라 실행계획을 수립한다.

삶의 역할	이루고 싶은 목표
자녀	
학생	
여가인	
시민	
직업인	
배우자	
가정주부	
부모	
연금생활자	

🔍 삶의 균형 원

많은 오늘들이 쌓여 만들어진 것이 미래의 내일들이다. 그리고 그 미래의 내일은 미래 시점의 오늘이다. 그렇기 대문에 미래의 삶뿐만 아니라 오늘의 삶도 중요하다. 의미 있는 일을 하고 있다고 생각되는 사람들도 365일 24시간 내내 행복할 수 없고 행복은 문득 문득 느껴지는 것이라고 설명했다. 의미 있는 일을 통해 느낄 수 있는 행복과 더불어 삶에서 작고 확실한 것에서 느낄 수 있는 행복도 놓치지 말아야 한다.

행복은 일로만 느낄 수 있는 것은 아니다. 물론 의미 있는 일을 통해 느끼는 행복은 그 어떤 것과도 바꿀 수 없을 만큼 강렬한 것이다. 그러나 그렇다 하더라도 일상에서 느낄 수 있는 소소한 행복도 놓쳐서는 안 된다. 삶은 일로만 채워지는 것은 아니기 때문이다.

삶의 균형 원을 활용해 생애설계를 한다는 것은 삶의 각 영역별 목표를 설정하고 그에 따른 실행계획을 수립해서 실천한다는 것을 의미한다.

그전에 먼저 현재 자신의 삶의 각 영역에서 만족하는 정도를 점수로 표시하고 현재 삶의 균형 상태를 점검해야 한다.

다음은 삶의 균형 원의 작성 예시이다.

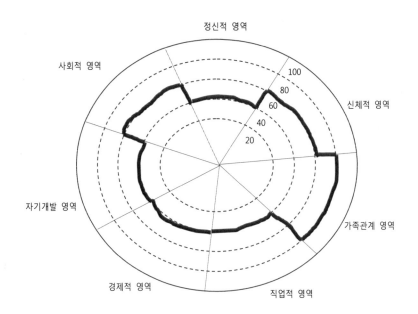

당신의 커리어는 안녕하십니까?

삶의 균형 원을 작성하고 현재 자신의 삶의 균형상태를 점검한다.

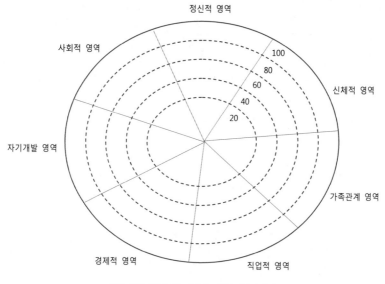

출처: 박윤희 (2015). 커리어코칭의 이론과 실제.

미래에 자신이 삶의 각 영역에서 이루고 싶은 목표를 설정한다. 앞에서 살펴본 2W3H 원칙에 따라 구체적인 실행계획을 수립한다.

삶의 영역	이루고 싶은 목표
정신적 영역	
신체적 영역	
가족관계 영역	
직업적 영역	
경제적 영역	
자기개발 영역	
사회적 영역	

6장

우리가 기억해야 할 것들

정말 인내는 쓰고 열매는 단 걸까?

1960년대 진행된 '스탠퍼드 마시멜로 실험'은 스탠퍼드대학 부설 유치원에 다니는 백인 중산층 가정의 네 살 된 아이들 653명을 연구대상으로 한 실험이다.[1]

아이들은 각각의 방에서 마시멜로를 하나씩 받았고 이런 설명을 들었다.

"15분간 먹지 않으면, 상으로 마시멜로를 1개 더 줄게. 만약 먹고 싶으면 먹어도 괜찮아. 먹을 때는 벨을 울려 알려주면 돼."

이제 겨우 네 살 된 아이들이 마시멜로를 앞에 놓고 15분을 기다리는 건 결코 쉬운 일이 아니었다. 그 달콤하고 말랑말랑하며 촉촉한 과자의 유혹을 어찌 이겨낼 수 있겠는가.

실험 진행자는 충분히 설명한 후 아이와 마시멜로를 남겨두고 밖으로 나갔다.

홀로 남겨진 아이들은 어떻게 반응했을까?

몇몇은 참지 못해 먹었고, 몇몇은 끝까지 기다려 마시멜로 한 개를 더 받았다.

15분을 기다려 마시멜로 두 개를 먹은 아이들은 전체의 30퍼센트였다.

14년 후, 연구자들은 실험에 참가했던 아이들을 추적해 그들의 삶을 비교했다. 그리고 놀라운 결과를 얻었다. 만족을 지연했던 아이들과 그러지 못했던 아이들의 대학수학능력평가시험SAT 점수 차이는 무려 210점이었다. 또 지연 시간이 가장 짧았던 아이들은 순간적인 충동을

당신의 커리어는 안녕하십니까?

제대로 조절하는 법을 익히지 못했을 뿐만 아니라 정학 처분을 받는 빈도도 높았고 약한 아이를 괴롭힐 확률 역시 가장 큰 것으로 나타났다. 마시멜로 하나를 참지 못하고 먹은 것뿐인데 그들의 삶은 너무나 달랐다. 이 연구는 미래를 위해 자신의 만족을 지연시킬 수 있다면 미래의 성공가능성은 더 커진다는 것을 입증한 연구로 평가되었다.[2]

이 실험이 만족지연delay of gratification 이론으로 대표되는 마시멜로 실험이다.[3] 만족지연은 지금 현재의 만족을 추구하기보다는 미래의 목표를 이루기 위해 현재의 만족을 지연시키는 것을 의미한다. 자신이 세운 목표를 이루기 위해 순간의 쾌락추구와 나태함을 포기하고 노력하는 자세를 취함으로써 자신이 원하는 목표를 이룰 수 있다는 것이다.[4]

그런데 최근 미국 뉴욕대학교와 캘리포니아 어바인대학교의 공동연구팀은 새로운 마시멜로 실험을 진행했다. 그리고 기존과는 전혀 다른 연구결과를 얻었다. 기존 연구는 스탠퍼드대학교 교직원의 자녀들을 실험대상으로 했으며 시간이 흘러 그들이 어떻게 성장했는지 확인한 사례도 50여 명에 불과했다. 연구 대상자도 부족했고 가정 환경도 다양하지 못했다는 비판을 받았다.

이를 반영하여 최근 연구는 인종 및 가정환경 등의 요건을 다양하게 구성했고 어머니가 고등교육을 받지 않은 가정의 어린이 554명을 포함하여 총 918명의 아이들을 실험대상으로 선정했다. 또한 기존 연구와 다르게 마시멜로 이외에 쿠키와 초콜릿 등을 제공했고 시간도 15분이 아닌 7분을 주었다.[5]

그 결과 아이들이 과자 앞에서 참을성에 차이를 보인 가장 큰 요인은 어머니의 학력이었다. 즉, 어머니가 대졸 이상의 학력을 가진 경우

68퍼센트의 아이들이 7분을 참았지만, 어머니가 대학을 졸업하지 않은 경우 아이들이 7분을 참은 비율은 45퍼센트밖에 되지 않았다. 이들에 대해 장기 추적해 본 결과, 아이들의 인내심 정도와 청소년기의 학교생활 및 학업 성적과는 관계가 없는 것으로 나타났다. 마시멜로를 먹지 않고 참은 학생들은 참을성 때문이 아니라 원래 좋은 가정환경에서 좋은 교육을 받았기 때문에 우등생이 되거나 좋은 직장을 얻었을 가능성이 크다는 것이다.[6]

사실 좋지 않은 식사 환경에 처해 있는 아이들의 입장에서는 불확실한 미래의 약속보다는 눈앞의 마시멜로를 바로 먹는 것이 더 나은 결정일 수도 있다. 연구에서도 가정 환경이 어려운 아이들이 참을성 없이 과자를 먹는 비율이 높았다. 이렇듯 아이가 처한 상황과 특성을 고려하지 않은 채 단지 마시멜로를 빨리 먹었다는 사실만으로 그 아이의 미래를 속단한다는 것은 불합리할 수 있다.[7]

물론 오랫동안 신뢰를 얻어온 연구결과를 단 한 편의 연구논문으로 뒤집기는 쉽지 않을 것이다. 그렇다 하더라도 연구결과에 대해 생각해 볼 여지는 충분하다. 어쩌면 만족지연 이론은 더 이상 옳지 않은 이론이 될 수도 있기 때문이다.

만약 그렇다면 '인내는 쓰고 열매는 달다.'라는 격언은 어떻게 받아들여야 하는 걸까? 자신이 원하는 것을 얻기 위해서는 열심히 노력해야 하고 이러한 가운데 어느 정도는 인내가 필요하다는 생각을 가진 사람들이 여전히 많은데도 말이다. 그렇다 하더라도 우리는 우리가 원하는 목표를 이루기 위해 여전히 인내가 필요한 것은 아닐까?

당신의 커리어는 안녕하십니까?

삶은 개구리 증후군Boiled frog syndrome

끓는 물에 들어간 개구리는 바로 튀어나오지만 서서히 데워지는 물에 들어간 개구리는 물이 뜨거워지는 것을 느끼지 못하고 결국에는 죽게 된다.

우리가 서서히 다가오는 변화에 민감하게 반응하지 못할 경우 도태될 수 있다는 것을 설명하기 위해 자주 인용되는 개구리 이야기이다. 그런데 이제 이런 이야기는 더 이상 통하지 않을 것 같다.

사실 이 삶은 개구리 증후군은 개구리를 대상으로 한 여러 실험연구에서 유래했다.[8] 1800년대 독일의 생리학자인 골츠Friedrich Goltz는 영혼soul의 위치를 확인하기 위한 연구에서 뇌를 제거한 개구리는 물이 끓을 때까지 오래 남아 있지만 온전한 개구리는 물 온도가 섭씨 25도에 도달하면 뛰쳐나온다는 것을 확인했다. 그 후 생리학자인 하인즈만Andrea Heinzmann과 프래쳐Carl Fratzscher는 골츠의 연구결과와는 다소 상이한 결과를 발표했다. 온전한 개구리조차 물을 아주 천천히 데우면 끓는 물에서 뛰쳐나오지 않고 죽게 된다는 것이다. 이는 서서히 진행되는 위험에 개구리가 반응하지 못한다는 것을 의미한다.

1800년대 후반 세지위크William T. Sedgwick는 자신의 연구논문을 통해 물 온도를 초당 0.002도씩 올리게 되면 2시간 30분 후에 개구리가 뛰쳐나오지 못하고 그대로 죽게 된다는 사실을 발표했다. 세지위크는 과거 생리학자들 간 실험결과가 상이한 이유에 대해 물의 가열속도의 차이 때문이라고 주장했다. 실제로 골츠는 분당 3.8도, 하인즈만은 분당

0.2도씩 물 온도를 높였다. 이를 바탕으로 세지워크는 아주 서서히 물을 데우면 개구리의 반사행동이 나타나지 않지만, 적당한 속도로 물을 데우면 개구리의 반사행동이 나타난다고 주장했다.

2002년 오클라호마 대학의 동물학자인 허치슨Vitor H. Hutchison 박사는 최신 방법론을 적용해 개구리가 반사행동을 보이는 물의 가열속도 임계치를 분당 1.1도로 제시했다. 즉, 분당 1.1도보다 빠른 속도로 물을 데우면 개구리가 데워지는 물에서 뛰쳐나오지만, 그보다 느린 속도에서는 그렇지 못할 가능성이 크다는 것이다.

하지만 최근 학계의 주된 입장은 이러한 연구결과를 수용하지 않는다. 대표적으로 하버드대학 생물학과의 멜튼Douglas Melton 교수는 "끓는 물에 개구리를 집어넣으면 뛰쳐나올 수 없다. 바로 죽는다. 만일 찬물에 개구리를 집어넣으면 물이 데워지기 전까지 머물지 않고 뛰쳐나온다."고 주장했다. 미국의 국립자연사박물관의 양서류 큐레이터인 주그George R. Zug 박사도 이에 동의하며, "개구리는 가능한 방법만 있다면 결국 데워지는 물에서 뛰쳐나온다."고 설명했다.[9]

그러니 끓는 물에 집어넣은 개구리는 바로 뛰쳐나오지만 서서히 변화하는 온도에서 위험을 인지하지 못한 개구리는 결국 죽게 된다는 이야기는 거짓인 셈이다. 이러한 최근 연구결과는 우리가 변화하는 세상에서 가져야 할 태도에 대해 더 잘 설명하고 있는지도 모른다. 감당하기 어려울 정도의 급격한 변화에 직면하게 되면 우리는 결국 아무것도 하지 못하고 그대로 도태될 것이다. 그러나 변화의 속도가 빠르게 느껴지는 경우라면 그 변화 속에서 살아남기 위해 자신을 빠르게 변화시켜야 한다.

당신의 커리어는 안녕하십니까?

이렇듯 변화의 속도가 빠르게 느껴진다면 현재의 상황에 안주하거나 정체되어서는 안 된다. 데워지는 물 속에서 안주하는 것이 아니라 울타리를 뛰쳐나와 더 넓고 큰 변화의 흐름과 마주해야 할 것이다. 이것이 우리가 삶은 개구리 증후군을 통해 얻어야 할 진정한 교훈이다.

왜 배움을 계속해야 하는 걸까?

어느 날 갑자기 발전소의 가동이 중단되어 모든 기계가 멈춰 선다. 발전소에는 무거운 정적만이 흐른다. 직원들이 복구에 매달리지만 몇 시간이 지나도 문제의 원인을 밝혀내지 못한다. 절박해진 책임자가 그 지역 최고 전문가를 수소문해 부른다.

전문가가 도착해 발전소를 둘러본다. 그는 수많은 기둥 사이의 배전함들을 지나치더니 그중 하나를 열고 안에 있는 다양한 나사와 전선을 본다. 그런 다음 나사 하나를 돌리자 마치 마법처럼 모든 기계가 다시 작동하기 시작하고 발전소가 다시 살아난다.

책임자는 전문가에게 감사를 표하고 얼마를 지불하면 되느냐고 묻는다. 그러자 전문가가 "1만 달러요."라고 답한다. 책임자는 경악한다.

"무슨 소리요! 여기 온 지 겨우 몇 분 밖에 안 되었고 나사 하나 돌렸을 뿐이잖소. 그건 아무나 할 수 있소. 항목별 청구서를 써 주시오."

전문가는 주머니에서 메모지를 꺼내 잠시 끄적이더니 책임자에게 청구서를 건넸다. 책임자는 청구서를 읽고는 즉시 돈을 지불했다. 청구서에는 이렇게 쓰여 있었다.

'나사 조이기: 1달러, 조여야 할 나사 파악: 9,999달러.'[10]

우리가 전문성을 키워야 하는 이유를 잘 보여주는 사례이다. 사실 지식의 폭발적 증가가 예상되는 미래에는 배움 없이 살아간다는 것은 힘든 일이 될 것이다. 이는 지식의 반감기를 통해서도 확인할 수 있다. 반감기는 어떤 물질의 양이 절반으로 감소하는 데 걸리는 시간을 의미한다. 이러한 개념을 지식에 적용한 것이 지식의 반감기이다. 복잡계 물리학자, 응용수학자이며 네트워크 과학자인 아브스만Samuel Arbesman 에 따르면 지식의 반감기는 기존에 옳다고 여겨지던 일련의 지식의 절반이 옳지 않은 것으로 증명되는 기간을 의미한다.

2008년 진행된 아브스만의 연구에서 물리학은 13여 년, 경제학과 수학은 9여 년, 심리학은 7여 년이 지나면 기존 지식의 절반이 낡은 것이 된다. 미래에는 짧은 지식의 반감기가 더욱 짧아지고 지식의 양과 생산, 유통 및 저장의 속도가 기하급수적으로 증가하여 지식의 생산방식이 근본적으로 변화될 것이다. 이는 개인들이 평생에 걸쳐 주기적으로 고등교육을 받아야 한다는 것을 의미한다.[11]

개인들이 평생 동안 교육을 받아야 한다는 차원에서 본다면 코로나 19 팬데믹으로 촉발된 온라인 교육의 확산은 교육의 기회 확대에 긍정적인 계기가 될 수 있다. 이러한 온라인 교육의 확산으로 온라인 이전 시기에 비해 더 많은 사람들이 다양한 수준의 교육 혜택을 누릴 수 있게 될 것이다. 특히 지식 노동자에게는 이전 보다 더 높은 수준의 교육이 요구될 수 있다.

2016년 12월 미국 대통령비서실에서 발행한 『2012 국제성인역량조사』를 기반으로 작성된 보고서는 학력수준별로 자동화 대체율이 높은 직업 비율을 제시하고 있다. 보고서에 따르면 고등학교 졸업 미만의 수준을 요구하는 직업 중 44퍼센트는 자동화될 가능성이 큰 반면, 대학원 학위를 요구하는 직업 중에 자동화가 진행될 가능성이 큰 직업은 0퍼센트였다. 또한 학사학위를 요구하는 직업 중에는 1퍼센트만이 자동화 가능성이 큰 것으로 나타났다.[12]

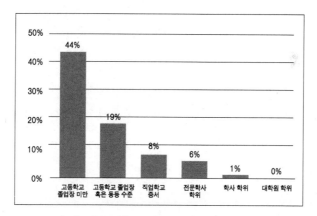

[그림 6-1] 학력수준별 자동화 대체율이 높은 직업 비율

출처: Schenker, J., 유수진 역 (2021). 로봇 시대 일자리의 미래(원 출처: 2012 국제성인역량조사(The Programme for the International Assessment of Adult Competences, PIAAC)를 기반으로 Arntz, Gregory, Zierahn이 산출(2016) 미국 정부).

물론 미국의 경우이고, 이 결과를 그대로 우리나라에 적용하기는 어려울 것이다. 그러나 자동화로 인한 일자리 문제의 경우 고학력자에게 훨씬 너그러울 가능성이 크다.

미국에서 코로나19 팬데믹 사태가 한창이던 2020년 5월 기준으로 고교 졸업장이 없는 사람의 실업률은 19.9퍼센트인 반면 고교 졸업장이 있는 사람은 15.3퍼센트, 전문학사학위 소지자는 13.3퍼센트, 학사학위 소지자는 7.4퍼센트, 석사학위 소지자는 5.6퍼센트에 그쳤다.[13]

일부에서는 재택근무가 특권이라는 소리도 나온다 그나마 다니는 직장이 이번 위기를 안전하게 넘어갈 정도로 튼튼하기 때문에 재택근무라도 한다는 말이다. 전염병 위기 속에서 일자리를 지킨 사람들은 대부분 화이트칼라, 고소득 근로자, IT 전문기술자였다.[14]

이는 배움을 통해 삶의 만족을 추구하는 차원을 넘어서 전문가로 안정적인 일자리를 확보하는 차원에서도 배움이 계속되어야 하는 이유를 잘 보여주는 것이다.

그런데 이 문제에 있어서 우리가 좀 더 생각해 보아야 할 것이 있다. 전문성을 키우기 위해 그리고 좀 더 안정적인 일자리를 얻기 위해 사람들은 석사나 박사과정에 입학하려고 한다. 그리고 가끔 박사과정에 입학하려는 사람들이 나에게 묻곤 한다. 그럴 경우 나는 두 가지 질문을 한다.

"박사과정 공부를 하고 싶은 진짜 이유는 무엇인가요?"

"공부를 해서 박사학위를 취득하고 나면 어떻게 공부한 것을 활용할 계획인가요?"

그리고 사람들에게 이렇게 설명한다. 석사학위나 박사학위가 중요한 것이 아니라 학위 과정 중 무엇을 공부하고 어떤 연구를 했는지가 중요한 것이다. 학위과정을 마친 후에 본인이 원하는 분야에서 일하기 위해서는 그 분야에서 활용 가능한 연구를 해야 한다.

이 말은 본인이 정말 하고 싶은 공부이면서 가급적 앞으로 전망이 좋은 분야의 공부를 하라는 의미이다. 그리고 정말 공부를 계속하고

당신의 커리어는 안녕하십니까?

싶다면 자신이 원하는 분야에서 일할 수 있도록 전문성을 키울 수 있는 공부를 해야 한다.

공부를 잘하는 것도 중요하지만
계속하는 것도 중요하다

사실 이 글은 청소년들이 읽었으면 하는 바람을 가지고 쓴 것이다. 그런데 생각해 보니 지금도 공부하기가 싫은데 공부를 계속하는 것이 중요하다고 하면 얼마나 싫어하겠는가! 그렇다 하더라도 꼭 필요한 말이라는 생각이 들어서 그냥 하기로 했다.

청소년은 이 나라의 희망이며 기둥이다. 만약 이 말이 너무 부담스럽게 들린다면 장차 이 나라의 주인이 될 사람들이라고 말하는 것이 좋을 듯하다. 이들에게 공부와 성적은 큰 스트레스 요인이다. 꿈을 키우며 성장할 시기에 성적 스트레스는 청소년 시기의 삶의 질을 위협할 수 있다. 그러나 모든 사람이 다 공부를 잘해야 하는 것은 아니다. 그럴 필요도 또 그럴 이유도 없다.

만약 장래에 하고 싶은 일을 찾았고 또 그 일을 하기로 굳게 마음먹었다면 사실 그 일을 하는데 필요한 만큼만 공부를 잘하면 족할 것이다. 또 그렇게 자신이 하고 싶은 일을 하며 살 수 있다면 행복한 삶을 살 수 있을 것이다.

그런데 만약 자신이 미래에 하고 싶은 일을 결정하지 못했다면 우선은 공부를 잘해 두는 것이 좋을 것 같다. 왜냐하면 정말 내가 하고 싶은 일을 찾았을 때 공부가 부족해서 그것을 포기해야 한다면 그것만큼 안타까운 일은 없기 때문이다. 사실 청소년기에는 꿈이 계속 변한다. 그래서 혹여라도 자신의 꿈이 변한다면 그래서 하고 싶은 일이 달라진다면 그래서 내 공부가 문제가 될 수도 있다.

또 공부가 스트레스 요인인 이유 중 하나는 다른 사람이 시켜서 하는 일이라고 생각하기 때문이다. 우리는 앞에서 내재적 동기유발을 지속하기 위해서 무엇보다 선택이 중요하다는 것을 살펴보았다. 세상에서 가장 싫은 일은 남이 시키는 일이다. 그것은 청소년들만 그런 것이 아니라 나이 많은 어르신들도 동일하다. 그러니 청소년들은 공부가 더 하기 싫을 수밖에 없을 것이다.

그런데 누가 시키기 전에 먼저 내가 알아서 하게 되면 스트레스를 덜 받을 것이다. 누가 시켜서 하는 것이 아니라 내가 알아서 하는 일이기 때문이다.

이 단계를 넘어서고 나면 그 때부터는 공부가 재미있어지기 시작할 것이다. 모르는 것을 알아가는 것에 대한 즐거움은 이 세상 그 어떤 즐거움보다 크다. 거기다 내가 알고 있는 것을 다른 사람에게 가르쳐 주기 시작하면 그때는 그 공부가 정말 내 공부가 되는 것이다.

그러니 청소년기에 원하는 일을 찾기 전이라면 일단 공부를 잘해 두고 볼일이다. 그리고 부모님이, 선생님이 시키시기 전에 내가 먼저 알아서 한다면 남이 시키는 일이 아니니 스트레스도 덜 받을 것이다. 이러한 단계를 지나고 나면 배움에 대한 진정한 즐거움이 무엇인지 깨닫게 된다.

당신의 커리어는 안녕하십니까?

그렇지만 처음에 이야기했던 것처럼 모든 사람이 다 공부를 잘해야 할 필요도 그리고 또 그래야 할 이유도 없다는 말을 다시 하고 싶다. 밝고 씩씩하게 그리고 몸과 마음이 건강하게 자라는 것이 먼저이고 성적과 관계없이 항상 올바른 생각을 가지려고 노력하는 것이 가장 중요하기 때문이다.

사실 공부를 잘하는 것보다 더 중요한 것은 앞에서 살펴본 바와 같이 공부를 계속하는 것이다.

대학교수들 중에도 명문대 출신이 아닌 사람들이 많다. 나부터도 그렇다. 이뿐만이 아니다. 믿기지 않겠지만 노벨상 수상자들도 그렇다.

미국에서 노벨상을 수상한 학자들의 출신대학을 조사한 결과를 살펴보자. 우리는 보통 과학 분야의 노벨상 수상자는 측정 불가능할 정도로 IQ가 높을 것이라고 생각한다. 그들은 고등학교에서 별처럼 빛나는 과학상을 줄줄이 수상하는 것은 물론 대학 입학시험에서 만점을 받고 최고의 대학으로 껑충 뛰어들어가는 그런 사람들이라고 상상한다. 그러나 21세기 초반 노벨의학상을 수상한 미국인 연구자 25명이 학사학위를 받은 대학 목록을 살펴보면 생각이 달라질 것이다.[15]

안티오크칼리지, 브라운대학교, UC버클리, 워싱턴대학교, 컬럼비아대학교, 케이스기술대학교, MIT, 캘리포니아 공과대학교, 하버드대학교, 해밀턴대학교, 컬럼비아대학교, 노스캐롤라이나대학교, 드포우대학교, 펜실베이니아대학교, 미네소타대학교, 노틀담대학교, 존스홉킨스대학교, 예일대학교, 켄터키유니온대학교, 일리노이대학교, 텍사스대학교, 홀리크로스대학교, 암허스트대학교, 게티스버그대학교, 헌터대학교 누구도 위에 열거한 모든 대학들이 미국 최고의 고등학생만 엄선해 뽑는 대학이라고 생각하지는 않을 것이다. 이번에는 25명의 노벨화학상 수상자들에 대해 살펴보자.[16]

뉴욕시립대학교, 뉴욕시립대학교, 스탠퍼드대학교, 오하이오 데이톤대학교, 플로리다 롤린스대학교, MIT, 그린넬대학교, MIT, 맥길대학교, 조지아주 공과대학교, 오하이오 웨슬리안대학교, 라이스대학교, 호프대학교, 브링엄영대학교, 토론토대학교, 네브래스카대학교, 다트머스대학교, 하버드대학교, 베레아대학교, 아우스버그대학교, 메사추세츠대학교, 워싱턴주립대학교, 플로리다대학교, 리버사이드 캘리포니아대학교, 하버드대학교

물론 하버드, 예일이나 컬럼비아, MIT 같은 대학도 있지만 드포우와 홀리크로스, 게티스버그대학도 있다. 이것은 그저 '좋은' 학교의 목록일 뿐이다. 최고의 대학이라고 이야기하기는 어렵다. 노벨상 수상자가 되는 데는 노틀담이나 일리노이대학에 들어갈 수 있을 정도로만 똑똑해도 충분하다는 것을 보여준다.[17]

노벨의학상이나 노벨화학상을 수상한 사람들 중 일부는 공부를 최고로 잘한 사람들은 아니었는지도 모른다. 그러나 공부를 계속한 사람들임에는 틀림이 없다. 이것은 공부를 잘하는 것도 중요하지만 계속하는 것 역시 중요하다는 것을 입증하는 사례이다.

우리가 삶을 살아가는 동안 공부를 계속해야 한다는 것을 잘 보여주는 글이 있다. 다음은 호서대학교 구성원들이 존경하는 호서대학교

당신의 커리어는 안녕하십니까?

설립자 고 강석규 박사가 95번째 생일에 작성한 일기이다.

나는 젊었을 때 정말 열심히 일했습니다.
그 결과 나는 실력을 인정받았고 존경을 받았습니다.
그 덕에 63세 때 당당한 은퇴를 할 수 있었죠.
그런 지금 95번째 생일에
얼마나 후회의 눈물을 흘렸는지 모릅니다.

내 65년의 생애는 자랑스럽고 떳떳했지만
이후 30년의 삶은 부끄럽고 후회되고 비통한 삶이었습니다.
나는 퇴직 후 이제 다 살았다
남은 인생은 그냥 덤이다라는 생각으로
그저 고통 없이 죽기만을 기다렸습니다.
덧없고 희망이 없는 삶…
그런 삶을 무려 30년이나 살았습니다.

30년의 시간은 지금 내 나이 95세로 보면
3분의 1에 해당하는 기나긴 시간입니다.
만일 내가 퇴직을 할 때
앞으로 30년을 더 살 수 있다고 생각했다면
난 정말 그렇게 살지는 않았을 것입니다.

그때 나 스스로가 늙었다고, 뭔가를 시작하기엔 늦었다고 생각했던 것이 큰 잘못이었습니다.

나는 지금 95세이지만 정신이 또렷합니다.

앞으로 10년, 20년을 더 살지 모릅니다.

이제 나는 하고 싶었던 어학공부를 시작하려 합니다.

그 이유는 단 한 가지

10년 후 맞이하게 될 105번째 생일날

95세 때 왜 아무것도 시작하지 않았는지

후회하지 않기 위해서입니다.[18]

우리에게 계속해서 공부해야 하는 이유에 대해 깊은 영감을 주는 글이다. 공부를 잘 하는 것은 중요하다. 그러나 계속하는 것 역시 중요하다.

좋은 직장은 성공의 필수 요건이 아니다

우리는 그 어느 때보다 어렵고 혹독한 시기를 지나고 있다. 그러나 이 또한 지나갈 것이다. 그런데 이 시기가 지나간다고 해서 아주 좋은 시기가 올 것이라고 확담하기는 어려울 것 같다. 나는 몇 년 전 수업시간에 학생들에게 이런 이야기를 한 적이 있다.

여러분들에게 인생의 선배로서 미안한 마음입니다. 사실

나는 대학을 졸업하고 내가 원하는 곳에 취업을 할 수 있는 사회 경제적 환경에서 성장했습니다. 물론 그 덕에 대학을 졸업하고 많은 사람들이 원하는 일을 할 수 있었습니다. 그런데 여러분들에게는 나와 같은 사회 경제적 환경을 만들어 주지 못한 것 같습니다. 이 점에 대해 나는 인생의 선배로서 여러분들에게 미안한 마음을 가지고 있습니다. 더 좋은 환경을 만들어 주었어야 하는데 그렇지 못했습니다.

나의 진심을 담은 이야기였다. 사실이 그러했다.

60대 초반의 내 인생 선배 한 분은 자신의 첫 취업 이야기를 들려주었다. 그 선배는 서울 소재 4년제 대학에서 기계공학을 전공했다. 4학년 2학기 중간고사 시험을 보는데 옆 강의실에 모 자동차 회사에서 면접을 보기 위해 직원들이 나와 있으니 시간이 되고 관심이 있는 학생들은 시험 끝나고 잠깐 면접을 보고 가라는 이야기를 들었다. 그래서 시험을 조금 일찍 끝내고 옆 강의실에서 면접을 보고 바로 그 자리에서 채용이 결정되어서 졸업 전에 출근을 했다. 지금 생각해 보면 이게 가능한 일인가? 그런데 그 때는 그랬다. 그런데 요즘은 어떠한가?

'취업준비 준비생'이란 말을 들어본 적이 있는가? '취업준비 준비생'은 취업 준비 기간이 길어지면서 아르바이트를 하면서 취업준비 비용을 마련한 다음 본격적으로 취업 준비에 돌입하는 청년들을 일컫는 말이다. 취업이 이렇게 쉽지 않은데 한편으로는 어렵게 취업문을 통과한 다음 조기퇴사를 선택하는 신입사원도 적지 않다.[19]

한국경영자총협회가 전국 306개 기업을 대상으로 '2016년 신입사원 채용실태 조사를 실시한 결과 대졸 신입사원의 1년 내 퇴사율을 27.7 퍼센트로 나타났다. 300인 이상 기업의 퇴사율은 11.3퍼센트에서 9.4 퍼센트로 감소한 반면 300인 미만 기업의 퇴사율은 31.6퍼센트에서 32.5퍼센트로 증가했다. 신입사원의 1년 내 퇴사 이유는 '조직 및 직무 적응 실패'가 49.1퍼센트로 가장 많았고 '급여 및 복리후생 불만'은 20.0 퍼센트, '근무지역 및 근무환경에 대한 불만'은 15.9퍼센트 순으로 나타났다.[20]

대졸자들이 취업을 하면서 자신의 전공을 살리지 못하는 것도 문제가 되고 있다. 대졸 취업자의 27.4퍼센트는 자신의 전공과 맞지 않는 일자리에 취업하고 있는 것으로 나타났다. 전공취업을 보다 엄격하게 해석할 경우 전공불일치 취업자가 49.8퍼센트에 이른다. 이는 취업자의 상당수가 전공을 살리지 못하는 일자리에 취업하고 있다는 것을 의미한다.[21] 이러한 상황은 신입사원들이 직무적응에 실패함으로써 퇴사를 결정하게 하는 주요 요인이 되고 있다.

또 최근 코로나19 팬데믹의 장기화로 취업난이 지속되다 보니 원하는 근무조건이 아니더라도 우선 입사를 결정하고 이직을 준비하는 경우가 증가하고 있다. 직장인의 37.5퍼센트는 취업하자마자 이직을 준비하는 '퇴준생퇴사+취업준비생'으로 나타났다. 이들이 이직을 준비하는 이유는 '급여 조건이 마음에 들지 않아서' 40.3퍼센트, '급한 마음에 취업한 곳이어서' 39.9퍼센트, '하고 싶었던 업무가 아니어서'가 35.9퍼센트로 나타났다.[22]

이러한 배경에는 좋은 직장이 더 이상 성공의 필수요건이 아니라는 인식이 어느 정도 반영되어 있는 것으로 볼 수 있다. 2021년 7월 국내

한 취업포털에서 세대별 직장인 1,400명을 대상으로 한 '직장의 가치 및 세대차이 현황' 조사에 따르면 밀레니얼 세대 절반 이상이 좋은 직장은 더 이상 성공의 필수요소가 아니라는 생각을 가진 것으로 나타났다. 고속성장과 경제개발의 주역인 베이비붐 세대1955~1963년생의 75.0퍼센트, X세대1970년대생 54.7퍼센트, 386세대1960년대생 49.0퍼센트는 '성공적인 삶을 위해 반드시 좋은 직장에 들어가야 한다'고 답한 것과 비교된다.[23]

좋은 직장이 성공의 필수요건이 아니라는 생각은 성공이 직장에 의존하기보다는 자신의 힘으로 만들어 가는 것이라는 인식에 기초하는 것이다.

이러한 커리어 경향성에 대해 홀Douglas Hall은 프로틴protean이라는 개념으로 설명했다. 그리스 신화에 나오는 바다의 신 중 한 명인 프로테우스Proteus는 예언력이 있었음에도 불구하고 예언하는 것을 싫어하여 예언을 들으러 찾아오는 사람들을 피해 여러 섬을 돌아다니며 불이나 물 또는 야생의 짐승 등으로 모습을 자주 바꾸었다.[24]

이러한 프로테우스의 특성과 동일하게 자신의 정체성을 확인하기 위해 끊임없이 커리어를 변화시키는 사람을 가리켜 프로틴이라고 한다. 전통적 근로자들이 하나의 조직에 속해 자신의 업무 분야에만 관심을 가지고 급여수준이나 소득에 따라 동기부여 되는 특징을 보였다면 프로틴은 기업가적 사고방식을 포함해 다양한 분야에 관심이 많고 개인적인 성취감에 의해 동기부여 되는 경향을 보인다.

또 전통적 근로자들이 이동성이 낮고 자신이 속한 조직에 충성심을 보이며 조직에 의해 커리어 관리와 개발이 이루어졌다면 프로틴은 이동성이 높고 하나의 조직에 충성하지 않는다. 또 스스로 자신의 커리어를 관리하고 개발하려는 성향을 갖는다.

아더Michael Arthur는 과거와 다른 개인의 커리어 경향성을 무경계경력 boundaryless career으로 설명했다. 무경계경력은 개인의 자유로운 조직 간의 이동을 의미하는 것이다. 전통적 경력과 무경계경력의 비교에서 핵심이 되는 것은 경력관리의 책임 소재와 성공측정의 수단에 관한 것이다. 전통적 경력과 달리 무경계경력에서는 개인 스스로가 경력관리 책임의 주체가 된다. 또 무경계경력에서는 심리적으로 의미 있는 일인가에 대한 주관적 평가가 성공측정의 수단이 된다.[25]

이렇게 프로틴과 무경계경력을 추구하는 개인들은 조직 내에서의 외적인 성공이 아니라 자아실현과 같은 심리적인 성공에 보다 집중하고 있다. 하나의 조직에 충성하지 않고 스스로 자신의 커리어를 만들어가는 이들에게 더 이 상 좋은 직장은 성공의 필요 요건이 아닌 것이다.

기업은 어떤 청년을 원하는가?

기업들이 채용에서 중요하게 고려하는 요인들을 조사한 연구가 있다.[26] 이 연구는 국내 200개 기업매출액 500대 기업 100개, 일반기업 100개의 인사담당자들을 대상으로 4년제대학 대졸자 채용에서 중요하게 고려하는 스펙과 능력에 대해 조사했다. 사실 취업을 준비하는 입장에서는 기업들이 채용에서 중요하게 고려하는 요인들을 파악하는 것은 매우 중요

당신의 커리어는 안녕하십니까?

한 일이다.

연구에 참여한 기업들이 서류전형 단계에서 중요하게 생각하는 요인은 '최종학교 졸업시점', '졸업평점', '전공의 직무적합성', '출신학교', '어학능력', '자격증 보유', '경력인턴십 포함', '해외취업/어학연수' 등 여덟 가지로 나타났다. 또 면접단계에서 중요하게 생각하는 요인은 '문제해결능력', '회사와 직무에 대한 이해', '팀워크', '의사소통능력', '도전정신 및 열정', '직무관련 기초 지식', '도덕성/인성', '인내력' 등 여덟 가지가 선정되었다.

500대 대기업 인사담당자들이 서류전형에서 가장 중요하게 생각하는 요인은 '최종학교 졸업시점', '졸업평점', '전공의 직무적합성', '출신학교' 순으로 나타났다. 특히 최종학교 졸업시점은 가장 중요하며 졸업평점, 전공의 직무적합성, 출신학교의 중요도는 거의 유사한 것으로 조사되었다.

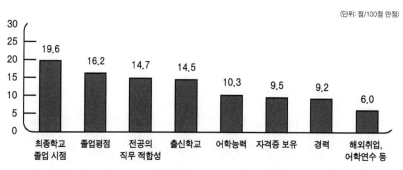

(단위: 점/100점 만점)

[그림 6-2] 서류전형 단계 시 요인별 중요도(500대 기업 기준)
출처: 채창균 (2017. 05). 기업은 어떤 청년을 선호하는가?: 4년제 대졸자 채용 시장.

최근 대학생들이 졸업을 미루는 졸업유예 현상이 사회문제가 되고 있는 상황에서 기업들이 서류전형에서 가장 중요하게 생각하는 요인은 최종학교 졸업시점으로 나타난 것이다. 졸업예정자나 졸업 후 1년 미만의 지원자들은 채용 시장에서 거의 동일한 수준으로 평가되고 있었다. 그러나 졸업 후 1년이 지나면 선호도가 점차 하락하기 시작해 졸업 후 3년 이후부터는 선호도가 급감하는 것으로 나타났다.[27]

그런데 최근 채용시장에서 분위기는 조금 다른 것 같다. 코로나19 팬데믹 사태를 겪는 중에 대기업 취업문은 더욱 좁아졌다. 대부분의 대기업들이 수시채용으로 채용방식을 전환했기 때문이다. 수시채용이 확산되는 가운데 직무에 대한 이해와 직무 관련 경험은 이전보다 더욱 중요한 평가 요소로 자리 잡았다.

일선 기업과 취업포털에 따르면 직무 중심의 수시 채용 전환에 따라 지원자의 직무 관련 경험이 더욱 중요해지고 있다. 대학 수업부터 인턴십 등 각종 대내외 활동을 자신이 지원하는 직무와 연관 지어 차별성을 강조해야 취업에서 승산이 있다는 것이다. 즉, 다른 지원자들과의 차별성을 강조하기 위해서는 직무와 관련 있는 스펙을 제시할 필요가 있으며 지원 직무에 관심을 가지고 맞춤형으로 다양한 경험을 준비해 온 인재라는 점을 부각시켜야 한다.[28]

이러한 추세를 고려한다면 연구결과를 통해 나타난 최종학교 졸업시점과 더불어 인턴십을 포함한 직무 관련 경험은 채용 시장에서 코로나19 팬데믹 이후에도 그 중요성이 계속 강조될 것이다.

500대 대기업 인사담당자들이 면접단계에서 가장 중요하게 평가하는 요인은 '도덕성/인성'으로 나타났다. 다른 능력이 뛰어나더라도 도덕성/인성이 부족하면 회사에 부정적인 영향을 미칠 가능성이 크기 때

당신의 커리어는 안녕하십니까?

문에 도덕성/인성은 중요하다기보다는 필수 조건에 가깝다는 것이 기업 인사담당자들의 의견이다. 이 외에 '팀워크', '문제해결능력', '인내력' 등이 면접단계에서 중요한 요인으로 조사되었다.

(단위: 점/100점 만점)

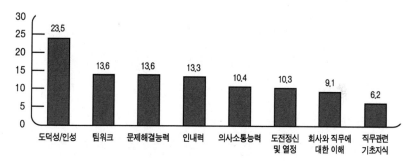

[그림 6-3] 면접단계 시 요인별 중요도(500대 기업 기준)
출처: 채창균 (2017. 05). 기업은 어떤 청년을 선호하는가?: 4년제 대졸자 채용 시장.

이러한 결과는 일은 배우면 되지만, 사람은 변하지 않는다는 인식에 근거한 것으로 볼 수 있다. 도전정신 및 열정의 상대적 중요도가 낮게 나온 것은 너무 '튀는 것'을 선호하지 않는 우리나라의 기업 문화와 관련성이 있다. 글로벌 시장에서 우리 기업이 경쟁력을 계속 유지해 나가기 위해서는 이런 기업문화를 바꾸어 가는 것이 필요하다.[29] 면접을 준비하는 취업준비생들이라면 연구결과에서 제시된 바와 같이 기업들이 면접에서 중요하게 생각하는 요인들에 주목해야 한다.

명함에서 지워야 할 것들과 더해야 할 것들

2020년 국내 한 취업포털에서 30, 40대 직장인 2,070명을 대상으로 '인생 이모작'에 대해 조사를 진행한 결과, 설문에 참여한 직장인 81.3 퍼센트가 '제2의 인생설계를 준비하고 있다'고 응답했다.[30]

인생 이모작을 위해 직장인들이 현재 준비하고 있는 것은_{복수응답} '재 테크와 같이 경제력 향상'에 대한 응답률이 37.9퍼센트로 가장 높았으 며, 다음으로 '이직 및 재취업' 32.7퍼센트, '취미 및 특기 개발' 25.6퍼센 트, '외국어, 직무능력 향상' 등 자기개발이 22.8퍼센트, '개인사업 및 창업준비'가 22.2퍼센트 순으로 나타났다.

또 인생 이모작을 준비하는 데 어려운 점은_{복수응답} '자금부족'이 76.0 퍼센트로 압도적으로 높은 응답률을 보였고 이어 '시간부족' 25.1퍼센 트, '가족부양' 20.2퍼센트, '의지부족' 16.8퍼센트, '거시적 안목부족' 12.1퍼센트 등의 순으로 나타났다.

한편, 직장인들이 예상하는 자신의 제2의 인생 시작 시기는 '50세 ~54세'가 23.6퍼센트로 가장 많았으며, 다음으로 '45세~49세' 16.8퍼센 트, '40세~44세' 16.0퍼센트, '55세~59세' 15.3퍼센트 순으로 10명 중 7 명 이상의 직장인이 40, 50대에 이미 제2의 인생이 시작될 것으로 예 상했다.[31]

이러한 설문조사 결과와 같이 조금은 이른 시기에 제2의 인생 시작 을 준비해야 한다면, 그래서 자신이 근무하던 직장을 사직하고 프리랜 서나 창업을 준비하거나 혹은 다른 일자리를 찾아 나서야 한다면 먼 저 생각해 봐야 할 것이 있다.

당신의 커리어는 안녕하십니까?

자신이 가진 명함을 꺼내서 탁자 위에 올려 놓고 자세히 보기 바란다. 명함의 맨 위에는 자신이 속해 있는 기관명이나 회사명이 있을 것이다. 영어로 쓰여 있거나 약자로 되어 있기도 하고 멋진 로고도 보일 것이다. 그리고 그 아래에는 기관이나 회사에서 자신이 소속된 부서의 명과 직책명이 있을 것이다. 아마도 그 아래에는 자신의 이름이 적혀 있을 것이다. 그리고 다시 그 아래에는 기관이나 회사의 주소, 연락처, 개인 핸드폰 번호와 이메일 주소가 있을 것이다. 물론 명함에 따라서는 이들의 위치가 조금은 다를 수 있다. 그러나 대략적으로 이런 사항들이 명함 안에 포함되어 있을 것이다.

이제부터 굵은 볼펜이나 사인펜을 꺼내 들고 하나씩 지워보자. 먼저 기관이나 회사의 주소를 지운다. 지워도 명함을 사용하는 데는 아무 문제가 없다. 중요한 내용은 다 그대로 있기 때문이다. 두 번째로 전화번호와 이메일을 지운다. 조금 지장은 있겠지만 사실 큰 문제는 없다. 왜냐하면 개인 핸드폰 번호가 남아 있으니 연락하는 데는 큰 문제가 없기 때문이다. 또 실제로 업무를 하면서 개인 핸드폰으로도 연락을 많이 한다.

세 번째부터는 조금 영향이 있을 수 있다. 자신의 소속 부서와 직책을 지운다. 그리고 나면 기관이나 회사명, 이름과 핸드폰 번호만 남게 된다. 그렇기 때문에 소속 부서와 직책을 지우는 것은 조금 문제가 될 수 있다. 그런데 여기서 조금 더 지워 보기로 하자. 마지막으로 기관명이나 회사명을 지운다. 무엇이 남는가? 이름과 핸드폰 번호만 남게 된다.

자, 이렇게 이름과 핸드폰 번호만 남겨 둔 채로 한번 생각해 보자. 내가 이것만으로 홀로 설 수 있을지 혹은 다른 일자리를 갖는 데 어려움은 없을지 생각해 보아야 한다. 아마 이름과 핸드폰 번호만으로는 어렵다는 생각을 할 것이다.

그렇다면 이제는 명함에 다른 것들을 적어보자. 먼저 가지고 있는 자격증이 있다면 적어보자. 어떤 자격증도 좋으니 취득한 자격증을 모두 적어본다. 그 다음은 자격증은 없지만 내가 특별히 잘할 수 있는 것이 있는지 생각해 보고 있다면 적는다. 그동안의 직업생활 경험을 통해 얻은 능력들도 모두 포함시켜 적어야 한다. 예를 들면 파워포인트 작성능력, 엑셀 활용능력, 프레젠테이션 능력, 코딩 능력, 전기설비관련 능력, 지게차 운전, 전산회계처리 등과 같은 것들이 해당된다.

물론 이러한 것들을 적을 때는 최대한 객관적으로 적어야 한다. 그리고 마지막으로 적을 것이 있다. 현재 자신의 거주지 주소이다. 거주지 주소를 적는 이유는 혹시 취업을 하게 돼서 직장을 선택해야 한다면 거주지와의 출퇴근 거리가 중요하기 때문이다.

이렇게 적고 나서 이제 다시 생각해 보자. 명함에 적혀 있는 내용들을 보면서 이것들이 특정 직업이나 창업으로 연결될 수 있는지 생각해 보아야 한다. 만약 직업으로 연결될 수 있는 것들이 없다고 생각된다면 앞에서 학습한 바와 같이 자신의 적성, 흥미, 가치관 등에 대해 살펴보고 커리어 목표를 설정해야 한다. 만약 특정 직업분야와 관련이 있다면 그리고 자신도 그 직업분야에 관심이 있다면 그 분야에 대해서 조사해 보고 커리어 목표를 설정해야 한다.

이때 고려할 것은 내가 가진 능력이다. 한마디로 내가 잘할 수 있는 일에 대한 것이다. 내가 몸담고 있는 조직을 떠나더라도 내가 가진 능력이 다른 사람들이 탐낼 만한 것인지, 그래서 내가 가진 능력을 발휘해 계속해서 경제활동을 이어 나갈 수 있는지에 대해 판단해 보아야 한다. 그리고 가능하다고 생각된다면 내가 몸담고 있는 조직을 떠날 때가 된 것이다.

그런데 아무런 준비도 하지 않고 회사 생활만 해서는 그러한 상태가 되기 쉽지 않다. 그러니 사직이나 퇴직을 하고 다른 일을 시작하기 전에 이를 위한 커리어 디자인이 필요한 것이다. 즉, 어떤 일을 언제부터 시작할 것인지에 대해서 목표를 세우고 이를 달성하기 위한 구체적인 실행계획을 수립해서 준비해야 한다.

퇴직 이후를 준비하는 사람들이라면 적어도 퇴직 5년 전에는 준비를 시작해야 한다. 가능하다면 나는 10년 전부터 준비를 하라고 이야기한다. 준비해야 할 일에 따라서 학위를 취득하거나 시간이 많이 소요되는 자격증을 취득해야 하는 등 생각보다 시간이 많이 필요할 수도 있기 때문이다. 아직은 사직이나 퇴직을 준비할 때가 아니더라도 자신의 명함을 가지고 일단 명함에서 지워야 할 것들과 더해야 할 것들에 대해 생각해 보기 바란다.

취업시장에서 가장 인기 있는 자격증

한국산업인력공단과 고용노동부가 워크넷의 최근 3년간2018~2020년 국가기술자격 종목별 채용시장 활용현황에 대해 조사한 내용에 따르면 취업시장에서 인기가 높은 국가기술자격은 지게차운전기능사, 건축기

사, 한식조리기능사 순으로 나타났다.[32]

특히 건설분야건축기사 2위, 토목기사 5위, 건축산업기사 11위와 전기분야전기기사 4위, 전기산업기사 6위, 전기기능사 7위, 전기공사산업기사 14위는 많은 종목이 상위 순위에 있어 취업 시 자격증을 보유한 사람이 유리한 분야로 나타났다.

대기환경기사24위→20위→13위의 경우에는 최근 탄소중립과 같은 산업 동향을 반영하여 인기가 급속도로 상승하고 있는 것으로 조사되었다. 아울러 직업상담사2급 자격종목의 경우 구인공고 건수가 2,193건에서 2,793건으로 2020년에는 2019년보다 25퍼센트600건 증가하였으며, 에너지관리기능사는 128건31퍼센트, 승강기기능사는 111건16퍼센트 증가하여 최근 주목할 자격종목으로 나타났다. 또한 컴퓨터활용능력2급, 정보처리기사, 웹디자인기능사 자격종목의 수요도 증가추세를 보이는 것으로 조사되었다.

[표 6-1] 채용시장에서 가장 많이 요구하는 자격증2018~2020, 3년 합계

채용공고 기준			채용인원 기준		
순위	종목	구인건수	순위	종목	구인건수
1	지게차운전기능사	23,951	1	지게차운전기능사	46,615
2	건축기사	19,449	2	건축기사	29,173
3	한식조리기능사	16,913	3	한식조리기능사	20,482
4	전기기사	11,727	4	전기기사	17,319
5	토목기사	10,354	5	토목기사	15,677
6	전기산업기사	9,446	6	전기산업기사	13,287
7	전기기능사	9,048	7	전기기능사	11,616
8	직업상담사2급	7,698	8	직업상담사2급	10,967
9	정보처리기사	5,782	9	정보처리기사	10,745
10	용접기능사	5,215	10	용접기능사	10,112
11	건축산업기사	4,223	11	건축산업기사	6,467
12	컴퓨터활용능력2급	3,659	12	컴퓨터활용능력2급	6,124
13	자동차정비기능사	3,502	13	자동차정비기능사	5,928
14	전기공사산업기사	3,183	14	대기환경기사	4,785
15	대기환경기사	2,934	15	전기공사산업기사	4,582

출처: 한국산업인력공단 (2021. 10. 6). 취업시장에서 주목받고 있는 국가기술자격증 보도자료.

당신의 커리어는 안녕하십니까?

국가기술자격을 요구하는 구인 건이 많은 업종은 제조업5만 9,826건, 건설업5만 8,814건, 전문·과학 및 기술 서비스업3만 2,831건 순으로 나타났으며, 해당 업종은 법령에 의해 국가기술자격취득자를 고용하도록 하는 경우가 많아 구인 건수가 높게 나타난 것으로 보인다. 특히, 전기관련 자격종목이나 직업상담사2급, 지게차운전기능사 자격종목의 경우에는 다양한 업종에서 인력을 필요로 하는 것으로 조사되었다.

최근 3년간 국가기술자격취득자에 대해 기업은 평균 월 2,364,000원의 임금을 제시했다. 업종별로 살펴보면 광업업종이 국가기술자격 취득자에게 월 2,834,000원으로 가장 높은 임금을 제시하였고, 국제 및 외국기관 2,567,000원, 건설업 2,544,000원 순으로 해당 업종에서는 자격증을 가진 사람들을 보다 우대하는 것으로 나타났다.[33]

이러한 추세를 반영하듯 코로나19 팬데믹 상황이 지속되자 취업문이 막히고 정규직 일자리마저 위협받는 상황에서 자격증 시장으로 사람들이 몰렸다. 특히 퇴직 이후 실제 전문직 생업으로 연결 가능한 자격증이 인기를 끌고 있다. 자격증 붐은 관련 학원가의 호황으로 이어졌고 인터넷 강의와 교재 시장도 활황을 맞이했다.[34] 이는 자격증 취득에 대한 사람들의 관심을 잘 보여주는 것이다.

그렇다고 '바로 이 거다' 하면서 책을 덮고 지게차운전기능사 학원으로 달려가는 일이 없기를 바란다. 지금은 그렇지만 미래 상황을 고려한다면 충분히 고민하고 결정해도 늦지 않기 때문이다. 또 자신에게 잘 맞는 일인지, 자신이 잘할 수 있는 일인지에 대해서도 고민해 보아야 한다. 더 나아가 나이 제한은 없는 일인지도 알아보아야 한다.

현장의 이야기를 들어보면, 그렇게 지게차운전기능사 자격증을 취득한 사람들이 많은데도 지게차 운전을 잘하는 사람을 구하기가 쉽지 않다고 한다. 혹자는 지게차운전 작업환경이 열악해서 사람들이 자격증을 가지고 있지만 실제 취업을 하는 경우가 많지 않다고 한다. 그런데 생각해 보면 지게차운전 작업환경이 쾌적하고 편안할 것 같지는 않다.

보통 지게차운전자들은 물류창고나 생산 현장에서 일하는 경우가 많은데 이런 환경에서는 냉난방이 잘되지 않을 것이고 사무실 환경처럼 쾌적하지도 않을 것이다. 그리고 물류창고나 생산 현장은 번화한 도시에서 조금 떨어진 곳에 위치하는 경우가 대부분이다. 이것은 충분히 예상가능한 일이다. 그러니 이런 점들을 모두 고려한 후에 지게차운전기능사 자격증 취득에 도전해도 늦지 않다.

이렇게 실제 취업으로 바로 연결될 수 있는 전문 자격증 취득에 대한 수요가 증가하는 것은 은퇴 후 일자리가 마땅치 않기 때문이다. 특히 상대적으로 고학력과 일할 수 있는 체력을 갖춘 '베이비붐' 세대가 2020년부터 노인 세대로 진입하면서, 이들을 위한 양질의 일자리 마련이 절실한 상황이다. 따라서 기존 노인 세대와 다른 양질의 일자리 개발이 필요하다.[35]

몇 해 전 모 홈쇼핑 인사부장에게 들은 이야기이다. 회사에서 모니터링을 담당할 직원들을 신규로 채용했는데 명예퇴직한 교사들을 채용했다고 한다. 그런데 성실하고 책임감이 강해서 맡은 일을 잘 해낸다는 이야기를 했다.

내가 사는 아파트에 전기기사 한 분이 계시는데 우리 집에 잠깐 들를 일이 있어 이런저런 이야기를 할 기회가 있었다. 이분은 전문대학교를 졸업하고 국내 대기업에서 회계사무원으로 몇십 년간 근무를 하신

후 퇴직을 했다. 노후 준비 차원에서 전기기능사 학원을 다니면서 1년 정도 자격증 공부를 했고 시험에 합격한 후 아파트 전기기사로 근무하고 있다. 60세가 넘었지만 가능하다면 이후에도 계속 근무할 계획을 가지고 있다. 정말 노후 준비를 잘했다는 생각이 든다.

무조건 취업이 잘되는 자격증이라고 덜컥 학원에 수강신청부터 할 것이 아니라 그 일이 자신에게 잘 맞는 일인지 그리고 자신이 과연 그 일을 잘 해낼 수 있을지에 대한 고민을 먼저 해야 한다. 그리고 자격증 학원에 등록해도 늦지 않다. 다른 사람들이 모두 인기 있는 자격증을 취득한다고 해서 나도 꼭 그래야 하는 것은 아니다.

어느 코치에게서 걸려온 전화

어느 날 알고 지내는 코치로부터 전화가 왔다. 목소리에 힘이 없었고 나에게 한 가지 부탁을 했다. 본인 고객이 너무 불가능한 것 그리고 너무 높은 지위의 것에만 도전하려고 한다. 그러니 교수님이 한번 만나주시면 안 되겠냐는 것이었다.

얼마나 고객이 안타까웠으면 이런 전화를 했을까 생각하면서도 한 편으로는 코치로서 가져야 할 생각의 중립성에 대한 부분이 많이 아쉬웠다. 그래서 나는 단호하게 거절했고 코치로서 기본에 충실해야 한다는 피드백을 했다.

"고객이 정말 도전해서 그 일에 성공할지도 모르지 않나요? 무슨 근거로 고객에게 그 일이 불가능할 것이라고 판단하는 건가요? 판단하지 마세요. 판단은 고객의 몫입니다. 고객이 도전하는 것이 불가능하다는 것을 고객 스스로 깨닫게 하는 것이 코치의 역할입니다. 그리고 모든 피코치를 다 만족스럽게 코칭할 수 있을 것이라고 생각하지 마세요. 욕심입니다. 그저 우리는 고객 한 사람, 한사람에게 최선을 다할 뿐입니다. 그러니 그 욕심과 판단은 내려 놓도록 해요."

코치라는 직업의 특성에 대해 알고 있는 독자들이라면 눈치챘겠지만 코치는 자신의 생각으로 고객을 판단해서는 안 된다. 그러니 고객이 불가능한 것 그리고 너무 높은 지위의 것에만 도전한다고 생각하는 것 자체가 코치 자신의 판단에 근거한 것일 수 있다는 것이다. 고객이 그러한 행동을 하는 데는 다 이유가 있을 것이다. 그 부분에 대해 먼저 고객의 의사를 존중하면서 질문해 보아야 한다.

또 한 가지 코칭에서 주의해야 할 점은 자신의 고객에게 양해도 구하지 않고 다른 코치를 소개하거나 만나게 하는 것은 절대로 있어서는 안 되는 일이다. 코치가 자신이 코칭할 수 있는 영역이 아니거나 자신보다 코칭을 더 잘할 것 같은 코치가 있다면 먼저 고객에게 양해를 구하고 고객의 동의를 얻어야 한다. 이 두 가지 면에서 아쉬웠다. 그러나 그 어떤 코치보다 고객을 진심으로 염려하고 고객이 잘되기를 바라고 있다는 생각이 들었다.

한편으로 만날 기회를 갖지는 못했지만 고객에 대해서도 아쉬운 마음이 들었다. 커리어코치는 고객이 직업적 문제를 해결할 수 있도록 돕는 전문가이다. 그러니 코치가 어떤 이야기를 한다면 거기에는 나름의 이유가 있는 것이다. 그런데 자신보다 나이도 어리고 삶의 경험이 적다고 해서 자신의 생각이 옳다고 생각한다면 굳이 전문가를 만날 이유도 없는 것이다. 그냥 본인의 뜻대로 하면 된다. 그런데 그 전문가가 어떤 이야기를 한다면 그런 이야기를 하는 이유에 대해 고민해 볼 필요가 있다.

때로는 전문가들의 이야기에 귀 기울일 줄도 알아야 한다. 직업에 귀천은 없다. 자신이 처한 상황에서 만족하면 족한 것이다. 설사 만족하지 못하더라도 다른 선택이 없다면 받아들여야 하는 것이다.

은퇴를 하는 분들 중에 충분한 노후 준비가 되어 있지 않아서 경제활동을 계속해야 하는 분들이 많을 것이다. 그렇다고 해서 자책하거나 신세 한탄을 할 필요는 없다. 그 누구보다 열심히 살아왔고 또 한눈 팔지 않고 주어진 일에 최선을 다하며 살아왔다는 것을 잘 알고 있다. 그런데 야속하게도 세상이 너무 빨리 변해버렸다. 미래에 대해 제대로 준비할 여유도 없이 말이다. 그렇다 하더라도 미래에 대한 준비가 좀 더잘되었더라면 더 좋았을 것이라는 아쉬움은 조금 남을 것이다. 그러나 세상은 여전히 살아볼 만한 곳이다.

은퇴 이후 일을 선택해야 한다면 남의 시선이나 나의 과거 지위 따위는 생각하지 말기 바란다. 그저 온전히 나의 삶에만 집중하고 나의 뜻대로 선택해야 한다. 설사 내가 은퇴 후 선택하는 직업이 이전과 같지 않다고 하더라도 여전히 그것은 나의 직업이고 나의 삶이기 때문이다.

나는 준비되어 있는가?

2012년 8월 29일 국내 주요 포털에 김웅용 씨의 이름이 실시간 급상승 검색어 상위권에 올라왔다. 슈퍼스칼러SuperScholar라는 미국의 비영리단체가 최근 세계에서 가장 똑똑한 10인을 발표하면서 세계에서 IQ가 세 번째로 높은 인물로 김웅용 씨를 소개했다는 언론보도가 있었기 때문이다. 김웅용 씨는 1980년 IQ 210으로 기네스북에 이름을 올린 뒤 10년간 세계에서 가장 높은 IQ를 가진 인물로 기록되었다.[36]

그는 어린 시절부터 압도적인 지적 재능을 보였다. 돌 때는 한글과 천자문을 떼고, 만 3세에 미적분을 풀었으며, 이듬해 한양대학교 과학교육과에서 수학했다. 그리고 만 8세에는 홀로 미국 유학을 떠나 콜로라도대학 대학원에서 '핵/열물리학' 석·박사 과정에서 공부했다. 만 10세에 미국 항공우주국NASA의 연구원이 되었다.[37]

그러다가 1978년 돌연 귀국하여 1981년 충북대학교에 입학했다. 사람들은 그를 '실패한 천재'라고 불렀다. 충북대학교에서 토목공학을 전공하고 박사학위를 취득한 후 100편이 넘는 국제수준의 논문을 발표하면서 꾸준한 학문 연구를 이어갔다. 또 1993년부터 11개 대학에서 시간 강사로 학생들을 가르치며 대학 교단에 섰고 2004년까지 한 대학에서 건설환경공학과 대우 교수로 대학원생들을 가르쳤다. 그러나 대학교수라는 꿈을 이루지 못하고 2006년 7월 충북개발공사에 공채로 입사해 준공무원의 삶을 시작했다.

그는 "천재라는 옷을 벗어 던진 뒤 진정한 삶을 찾게 됐다."며 "평범한 삶이 얼마나 소중한 것인지 깨닫고 나니 하루하루가 즐겁다."고 했다. 그리고 야학 교사로 복직하고 싶다는 소박한 희망에 대해서도 이야기했다. 검정고시 출신인 그는 2003년부터 5년 동안 가정 형편 때문에 학업을 포기했다가 뒤늦게 공부를 희망하는 40~50대 성인들을 가르쳤다. 그는 일이 바빠지면서 가르치는 일을 중단했지만 그들과 어울리는 소박하지만 열정적인 삶이야 말로 참된 인생이라고 이야기했다.[38]

그는 이렇게 조용히 자신이 할 수 있는 일에 최선을 다하며 살고 있었다. 그런데 어느 날 그의 의사와 전혀 상관없이 슈퍼스칼라라는 미국의 비영리단체가 세계에서 가장 똑똑한 10인을 발표하면서 갑자기 그의 인생이 다시 주목받기 시작했다. 세상이 그를 향해 우호적으로 돌아선 순간이었다.

그리고 그가 대학교수라는 꿈을 이루지 못했다는 이야기도 언론을 통해 알려졌다. 이후 채 2년이 지나지 않아 그는 대학교수가 되었다. 2014년 1월 경기도 의정부 신한대학교 교양학부 부교수로 임용되어 공업수학을 가르치면서 경기북부개발연구원 부원장직을 겸직하게 된 것이다.

교수가 된 후 그는 이렇게 이야기했다.

"교수가 꿈은 아니었어요. 제 꿈은 교수가 되는 게 아니라 학생들에게 배움을 주고 그런 학생들이 사회에 나아가서 자신의 몫을 해내는 훌륭한 사람으로 성장하는 것입니다."

"머리가 좋은 천재로 주목받거나 유명해지고 싶지 않아요. 원하는 일을 즐겁게 하면서 가족, 이웃과 따뜻하게 소통하는 평범한 삶을 살고 싶습니다. 대학 교단에 정식으로 서게 돼 너무 기쁘고 후학들을 가르치는 데 열정을 쏟을 생각이예요."[39]

그의 이야기를 들으면서 학생들이 훌륭한 사람으로 성장할 수 있도록 가르침을 주는 것이 어쩌면 그에게 의미 있는 일인지도 모른다는 생각을 하게 되었다. 그는 실패한 천재에서 꿈을 이룬 보통 사람으로 돌아왔다.

2021년 12월 현재 그는 신한대학교에서 여전히 그가 꿈꾸던 대로 학생들을 가르치고 있다. 2020년에는 자신이 소장하고 있던 도서 1만 5,000여 권을 의정부시에 기증하기도 했다.[40]

혹자는 사람들에게 평생 동안 세 번의 기회가 찾아온다고 이야기한다. 또 어떤 사람들은 살면서 누구에게나 한 번의 큰 기회가 찾아온다고 이야기한다. 만약 이러한 말들이 사실이라면 살면서 이 세상이 자신을 향해 우호적으로 돌아서는 순간이 있다는 것이다. 그 순간에 내가 준비되어 있다면 나는 그 중요한 인생의 기회를 잡게 될 것이다. 그리고 내가 원하는 목표를 이룰 수 있게 될 것이다. 그런데 만약 그 순간에 내가 충분히 준비되어 있지 못하다면 그 소중한 기회를 잃게 될 것이다.

김웅용 교수는 자신을 향해 세상이 우호적으로 돌아선 그 순간 충분히 준비되어 있었다. 그는 교수가 되기 위해 필요한 자질과 능력을 갖추고 있었다. 그동안 자신이 원하는 것을 이루기 위해 노력하는 삶을 살았던 결과물들인 것이다. 그래서 결국 그가 이루지 못할 꿈이라 생각하고 포기하려고 했던 목표를 이룰 수 있었다. 이처럼 김웅용 교수가 경험했던 일을 나도, 독자 여러분들도 경험하게 될지 모른다.

독자 여러분들이 이 책의 마지막 페이지에 있는 이 글을 읽고 있는 바로 그 순간이 어쩌면 세상이 자신을 향해 우호적으로 돌아선 바로

당신의 커리어는 안녕하십니까?

그 순간인지도 모른다. 만약 그렇다면 자문해 보기 바란다.

"나는 충분히 준비되어 있는가?"

바로 이것이 우리가 커리어 목표를 설정하고 실행계획을 수립해서 실천하는 삶을 사는 것, 즉 커리어를 디자인해야 하는 이유에 대한 또 다른 답이 될 수 있을 것이다.

"나는 준비되어 있는가?"

1장

1) Harari, Y. N., 김명주 역 (2017). 호모데우스. 김영사.

2) 이율 (2017. 11. 11). '서러운 노년' 한국 66세 이상 노인빈곤율 OECD 최고. 연합뉴스.

3) 황정환 (2021. 05. 10). 노인 빈곤율 OECD 1위…8%만 노후 대비. KBS 뉴스.

4) 박용주 (2020. 07. 28). 55~79세, 3명 중 2명 "일 더 원해"…"73세까지 일하고 싶다". 연합뉴스.

5) 김다혜 (2021. 08 01). 평생직장 옛말…10년 새 근속기간 19년9개월→15년2개월. 연합뉴스.

6) Seligman, M. E. P., 김인자·우문식 역 (2014). 긍정심리학. 물푸레.

7) 양해림 (2013). 대학생을 위한 서양철학사. 집문당.

8) Frankl, V. E. (1969). The will to meaning: Foundations and applications of logotherapy. NY: New American Library.

9) Stumpf, S. E., & Fieser, J., 이광래 역 (2008). 소크라테스에서 포스트모더니즘까지. 열린책들.

10) 이원코리아(https://eone-time.kr).

11) Daheim, C., & Wintermann, O., 한국노동연구원 (2016). 독일 베텔스만 재단 '2050년 노동의 미래' 보고서: 밀레니엄 프로젝트 조사결과.

12) 윤지혜 (2014). 사회비교경향성과 부정적 평가에 대한 두려움이 고등학생의 진로결정수준과 진로준비행동에 미치는 영향. 숙명여자대학교 석사학위논문.

13) 진미석 (2013. 01). 초·중등 진로교육 활성화. THE HRD REVIEW. 한국직업능력개발원.

14) 교육부·한국직업능력개발원 (2021. 02. 24). 2020년 초·중등 진로교육 현황 조사 결과 발표 보도자료.

15) 장홍근 외 (2006). 2006 한국인의 직업의식. 한국직업능력개발원.

16) 이훈철 (2017. 11. 07). 청년 넷 중 하나 "공무원 할래"… 대기업·공기업도 제쳤다. NEWS1.

17) 잡코리아 (2019. 08. 08). 신입직 취업준비생 29.5% 가장 취업하고 싶은 기업 '공기업'.

18) 최민지 (2020. 11. 04). 임용 1년 내 퇴직 공무원 1769명…그들은 왜 '철밥통' 버렸나. 경향신문.

19) 이규설 (2021. 10. 29). 민원인이 뿌린 액체에 공무원 각막 손상… "제초제 추정". MBC뉴스.

20) 이수빈 (2019. 06. 26). '신의직장' 공기업 수석 입사한 김 대리는 왜 퇴사했을까. 한국경제.

21) 김은정 (2021. 04. 14). 변호사 상담료 10분에 3,000원 시대. 조선일보.

22) EBS 다큐시선, 2020 (2020. 03. 05). 현실변호사. https://home.ebs.co.kr/view/main.

23) Susskind, R., & Susskind, D., 위대선 역 (2016). 4차 산업혁명시대 전문직의 미래. 와이즈베리.

24) Horx, M., 이수연 역 (2010). 위대한 미래. 한국경제신문.

25) NAVER 온라인사전[고려대한국어대사전].

26) NAVER 온라인사전[동아출판 프라임 영한사전].

27) NAVER 온라인사전[옥스퍼드 영한사전].

28) Super D. E. (1980). A life-span, life-space approach to career development. Journal of Vocational Behavior, 16, 282-298.

29) Colombo, J. J., & Werther, W. B. (2003). Strategic career coaching for an uncertain world. Business Horizons July-August, 33-38.

30) Philip Kotler, P., Goldsmith, M., & Bangle, C. 외 75명, 허병민 기획 엮음, 오수원 역 (2015). 준비된 우연. 다산북스.

31) 이영권 (2006). 신뢰. 랜덤하우스중앙.

32) 이나모리 가즈오가, 신정길 역 (2010). 왜 일하는가. 서돌.

2장

1), 4) 유기윤·김정옥·김지영 (2018). 2050 미래 사회 보고서. 라온북.
'미래 도시의 노동시장에는 4개의 계급이 존재한다'의 내용은 위의 책 앞부분에 기술된 내용을 요약 정리함.

2), 3) Kurzweil, R., 김명남·장시형 역 (2017). 특이점이 온다. 김영사.

5), 85) 이상준 (2020. 12). AI시대에 대비한 고용과 교육훈련의 뉴 노멀: 고용(Employment)기반 사회에서 일(Work) 기반 사회로의 전환. THE HRD REVIEW. 한국직업능력개발원.

6), 14) 차두원·김서현 (2016). 잡킬러. 한스미디어.

7) 한국고용정보원 (2012. 03. 15). 우리나라 직업 수, 9년 만에 1,300여개 늘었다 보도자료.

8) 한국고용정보원 (2020. 05. 29). 대한민국 직업종류, 8년간 5,236개 늘었다 보도자료.

9), 10), 11) 김중진·박봉수 (2008). 세월따라 직업따라. 한국고용정보원.
물장수와 영화간판 제작원에 대해서는 위의 내용을 요약 정리함.

12), 38), 44) Schwab, K., 송경진 역 (2017). 제4차 산업혁명. 새로운 현재.

13), 15) 김건우 (2018. 05. 15). 인공지능에 의한 일자리 위험 진단: 사무, 판매, 기계 조작 직군 대체 가능성 높아. LG경제연구원.

16) KBS 오늘 미래를 만나다. (2015. 04. 26). 토마스 프레이의 미래혁명 1부 '미래직업'.

17) 미래전략정책연구원 (2016). 10년 후 4차 산업혁명의 미래. 일상이상.

18) 한국고용정보원 (2019. 04. 26). 향후 10년 간 일자리 전망 밝은 직업은? 보도자료.

19) 현대자동차그룹 (2019. 05. 24). 자율주행 기술의 6단계. HMG JOURNAL.

20) 정찬수 (2021. 11. 10). 현대차 "내년 '레벨3' 자율주행차 양산...2024년 '레벨4' 현실화". 헤럴드경제

21) Newcomb, D. (2012. 09. 17). You Won't Need a Driver's License by 2040. The Wired.

22), 29), 35) 이경상 (2020). 코로나19 이후의 미래. 중원문화.

23) 이여진 (2020. 12. 16). 아마존 '죽스' 첫 자율주행 택시 공개...최고 시속 120㎞. YTN뉴스.

24) 강은혜 (2021. 11. 29). 서울, 자율주행시대 열렸다… 1호 승객은 오세훈 시장. 머니투데이방송.

25) 권순우 (2019. 10. 07). '현대차 최대 40% 인력감축 세 가지 시나리오' 왜 나왔나? 머니투데이방송.

26) 변지희 (2021. 03. 15). 전기차 투자하려 구조조정 나선 車업계… 폭스바겐, 독일서 5000명 감축. 조신비즈.

27) 이슬기 (2021. 08. 09). 전기차의 명암... "내연기관 엔진 관련 일자리 붕괴 가속". 조선비즈.

28) 김윤미 (2021. 02. 23). 전기자동차 시대 고용 절반이 사라진다. MBC 뉴스.

30) Hornyak, T. (2014. 12. 01). Computer Vision, Robots Bolster Amazon Warehouses for Holiday Rush. IDG News Service.

31) Kirsner, S. (2013. 12. 01). Acquisition Puts Amazon Rivals in Awkward Spot. The Boston Glove.

32) 차두원·김서현 (2016). 잡킬러. 한스미디어.

30)과 31)은 32)의 내용을 인용함.

33) 채문석 (2021. 09. 21). 고객이 물건 주문하자...월마트 '놀라운 배송'. YTN 뉴스.

34) 이현승 (2021. 08. 31). 손정의 투자한 '쿠팡·오토스토어' 협업...물류센터에 로봇 도입. 조선비즈.

36) 박순찬 (2020. 01. 20). 미래학자 토머스 프레이 "앞으로 10년간 전세계 대학 절반 사라질 것". 조선일보.

37) WEF (2016). The Future of Jobs Report 2016.

39) WEF (2018). The Future of Jobs Report 2018.

40) KISTEP (2018). 과학기술인재정책 동향리포트 제14호. 일자리의 미래 2018 보고서(WEF).

41), 51) WEF (2020). The Future of Jobs Report 2020.

42) Keynes, J. M. (1931). Economic Possibilities for our Grandchildren, Essays in Persuasion. New York: W.W.Norton & Co., 1963, 358-373.

43), 47) 이종호 (2017). 4차 산업혁명과 미래직업. 북카라반.

45) 최지웅 (2021. 08. 08). 온라인 판매경쟁 치열한데…현대차 "노조 허락 쉽지 않네". 국민일보.

46) 네이버 지식백과[두산백과사전].

48), 49) Krugman, P. (2002). 우울한 경제학자의 유쾌한 에세이. 부키. 핫도그 우화에 대한 이야기는 Krugman의 우화를 인용함.

50), 61), 71) 최윤식 (2020). 빅체인지, 코로나19 이후 미래 시나리오. 김영사.

52), 53), 54), 60) Schenker, J., 박성현 역 (2020). 코로나 이후의 세계. 미디어숲.

55) 한국개발연구원KDI (2021. 11. 10). 코로나 위기가 초래한 고용구조 변화와 향후 전망 보도자료.

당신의 커리어는 안녕하십니까?

56) 이효석 (2021. 02. 26). "초봉 6천, 입사 보너스 5천"…개발자 모시기 경쟁 불붙었다. 연합뉴스.

57) 이민아 (2021. 01. 25). 한 번도 취직 못한 2030 '사상 최대' 32만 명… 코로나發 '잃어버린 세대' 나오나. 조선비즈.

58) 시사기획창 (2020. 12. 27). 특집다큐 코로나19 극복 '우리 함께하고 있나요?'. KBS뉴스.

59) 이근태·이지선 (2017. 12. 07). 우리나라 잃어버린 세대 등장의 의미. LG경제연구원.

62), 63) 최재천·장하준·최재붕·홍기빈·김누리·김경일·정관용 지음. CBS〈시사자키 정관용입니다〉 제작진 기획. (2020). 코로나 사피엔스. 인플루엔셜. 위의 책에서 장하준의 글을 인용함.

64) 김성현 (2021. 06. 01). 특수고용직 7월부터 고용보험…보험료 절반씩. MBC뉴스.

65) 이영호 (2021. 09. 24). 2022년 1월부터 퀵서비스·대리운전기사도 고용보험 가입. 한국경제TV.

66) 권기석·김유나·권중혁·방극렬 (2020. 10. 19). 문장 하나 녹음하고 50원, 이건 뉴딜인가 알바인가. 국민일보.

67), 70) Grey, M., & Suri, S., 신동숙 역 (2019). 고스트워크. 한스미디어. '눈에 보이지 않는 일자리'의 내용은 위의 책 내용을 요약 정리함.

68), 76) 구정은·이지선 (2021). 10년 후 세계사 두 번째 미래. 추수밭.

69) NAVER 지식백과[한경 경제용어사전].

72) 이재영 (2021. 01. 26). 팬데믹 거치며 억만장자 자산 4천300조원 늘어… 불평등 심화. 연합뉴스.

73) Schenker, J., 유수진 역 (2021). 로봇 시대 일자리의 미래. 미디어 숲.

74) 한보경 (2021. 05. 08). 美 예상치 크게 밑돈 4월 고용…"기업들은 오히려 구인난". KBS뉴스.

75) 김필규 (2021. 08. 10). 코로나 속 살아나는 미국 경제…기업들 '사람 구하기'. JTBC뉴스.

77) 시사기획창 (2020. 06. 13). 인공지능과 인간의 월급. KBS뉴스.

78), 79) Daheim, C., & Wintermann, O., 한국노동연구원 (2016). 독일 베텔스만재단 '2050년 노동의 미래' 보고서: 밀레니엄 프로젝트 조사결과.

80) 김치중 (2018. 12. 12). 왓슨 국내 도입 2년… '열풍' 식고 '숙제' 쌓여. 한국일보.

81) 허지윤 (2018. 11. 24). 세계 최초 의료용 AI 왓슨 '찬밥'...한국도 미국도 "수련이 부족해". 조선비즈.

82) 박선재 (2019. 01. 08). 꽃길 걷던 IBM 인공지능, 가시밭길 접어든 이유는? 메디칼업저버.

83), 84) Susskind, R., & Susskind, D., 위대선 역 (2016). 4차 산업혁명시대 전문직의 미래. 와이즈베리.
'커피 만들기에서 배우는 교훈'의 내용은 위의 책 내용을 요약 정리함.

3장

1) NAVER 지식백과[두산백과사전].

2), 3), 4), 5) 이광형 (2016). 3차원 미래 예측으로 보는 미래 경영. 생능.

6) 국제미래학회 공저 (2014). 전략적 미래 예측 방법론. 두남.

7) 이경상 (2020). 코로나19 이후의 미래. 중원문화.

8) Ericson, T. (2008). Retire retirement. Boston, MA: Harvard Business Press.

9), 11) Lynda, G., 조성숙 역 (2012). 일의 미래. 생각연구소.

10) 네이버 지식백과[두산백과사전].

12) Csikszentmihalyi, M., 이희재 역. (2013). 몰입의 즐거움. 해냄.

13), 19), 21), 29), 30), 32), 33) 박윤희 (2015). 커리어코칭의 이론과 실제. 시그마프레스.

당신의 커리어는 안녕하십니까?

14) Wrzesniewski, A., McCauley, C., Rozin, P., & Schwartz, B. (1997). Jobs, Careers, and Callings: People's relations to Their Work. Journal of Research in Personality, 31, 21-33.

15) Newport, C. C., 김준수 역 (2019). 열정의 배신. 부키.

16), 18) Super, D. E. (1980). A life-span, life-space approach to career development. Journal of Vocational Behavior, 16, 282-298.

17) Holland, J. L. (1985). Making vocational choice: A theory of vocational personalities and work environments. Englewood Cliffs, MJ: Prentice-Hall.

20) Amundson, N. E., Harris-Bowlsbey, J., & Niles, S. G., 이동혁·황매향·임은미 역 (2013). 진로상담 과정과 기법. 학지사.

22), 23) 강준만 (2017). 감정동물. 인물과 사상사.
24) ~ 28)은 위의 책의 내용을 재인용함.

24) 임영익 (2014). 메타생각. 리콘미디어.

25) 이남석 (2013). 편향: 나도 모르게 빠지는 생각의 함정. 옥당.

26) 김경일 (2013). 지혜의 심리학: 나의 잠재력을 찾는 생각의 비밀코드. 진성북스.

27) Baumeister R. F., & Tierney J., 이덕임 역 (2012). 의지력의 재발견: 자기 절제와 인내심을 키우는 가장 확실한 방법. 에코리브르.

28) Dobelli R., 두행숙 역 (2013). 스마트한 선택들: 후회 없는 결정을 하기 위해 꼭 알아야 할 52가지 심리 법칙. 걷는 나무.

31) Kwik, J., 김미정 역 (2021). 마지막 몰입. 비즈니스북스.

34) Carver, C. S. & Scheier, M. F. (1990). Origins and Functions of Positive and Negative Affect: A Control-Process View. Psychological Review, 97(1), 19-35.

35) 허지원 (2020). 인적, 문화적, 사회적 자본은 개인의 낙관주의에 영향을 미치는가. 성균관대학교 석사학위논문. 34), 37), 38)은 위의 연구 논문을 재인용함.

36) Luginbuhl, D., & Aurelie Pennel, A., 박태신 역 (2018). 비관주의자를 위한 낙관주의 수업. 가지.

37) Seligman, M. E. P. (2007). The Optimistic Child: A Proven Program to Safeguard Children Against Depression and Build Lifelong Resilience. NY: Houghton Mifflin.

38) Carver, C. S., Pozo, C., Harris, S. D., Noriega, V., Scheier, M. F., Robinson, D. S., Ketcham, A. S., Moffat, F. L., and Clark, K. C. (1993). How Coping Mediates the Effects of Optimism on Distress: A Study of Women with Early Stage Breast Cancer. Journal of personality and Social Psychology, 65(2), 375-390.

39), 40), 42) Horx, M., 송휘재 역 (2014). 변화의 미래. 한국경제신문.

41) Meadows, M., 종종진 역 (2015). GRIT 그릿을 키워라. 학지사.

1), 5) Mitchell, K. E., Levin, A. S., & Krumboltz, J. D. (1999). Planned happenstance: Constructing unexpected career opportunities. Journal of Counseling and Development, 77(2), 115-123.

2) Baumgardner, S. R. (1977). Vocational planning: the great swindle. The Personnel and Guidance Journal, 56, 17-22.

3) Scott, J., & Hatalla, J. (1990). The influence of chance and contingency factors on the vocational behavior. Career Development Quarterly, 39, 18-30.

4) Williams, E. N., Soeprapto, E., Lkie, K., Touradji, P., Hess, S., & Hill, C. E. (1998). Perceptions of serendipity: Career paths of prominent women in counseling psychology. Journal of Counseling Psychology,

당신의 커리어는 안녕하십니까?

45, 379-389.

6), 7) 박윤희 (2019). 대학생의 계획된 우연 기술이 진로적응성과 진로준비행동에 미치는 영향: 진로코칭 교육의 필요성에 대한 모색. 코칭연구, 12(4), 97-123.

1) ~ 5)는 위의 연구 논문을 재인용함.

8) Philip Kotler, P., Goldsmith, M., & Bangle, C. 외 75명, 허병민 기획 엮음, 오수원 역 (2015). 준비된 우연. 다산북스.

9) Borysenko, J. Z., 안진희 역 (2011). 회복탄력성이 높은 사람들의 비밀. 이마고.

10), 13), 14), 17), 18) Duckworth, A., 김미정 역 (2016). 그릿 IQ, 재능, 환경을 뛰어넘은 열정적 끈기의 힘. 비즈니스북스. 그릿의 전반적인 내용은 위의 책을 요약 정리함.

11) NAVER 온라인사전[옥스퍼드 영한사전].

12) Cox, C. M. (1926). Genetic studies of genius. II. The early mental traits of three hundred geniuses. Stanford University Press. 10)의 책의 내용을 재인용함.

15), 59), 61), 62) Meadows, M., 정종진 역 (2015). GRIT 그릿을 키워라. 학지사.

16) Feldman, C. B., 김지선 역 (2017). 그릿 실천법. 보랏빛소.

19), 20) Geoff Colvin, G., 김정희 역 (2012). 재능은 어떻게 단련되는가? 부키.

21), 22) Gladwell, M., 노정태 역 (2019). 아웃라이어. 김영사.

23) Levitin, D. J., 장호연 역 (2008). 뇌의 왈츠 세상에서 가장 아름다운 강박. 마티.

24), 25), 26), 27), 28), 29), 30), 32) Ericsson, A., & Pool, R., 강혜정 역 (2016). 1만시간의 재발견. 비즈니스북스. 목적의식 있는 연습과 의식적인 연습에 대해서는 위의 책을 중심으로 요약 정리함.

31) 곽호완·박창호·이태연·김문수·진영선 (2008) 실험심리학용어사전. 시그마프레스.

33) Lebowitz, S. (2016. 06. 13). A top psychologist says there's only one way to become the best in your field — but not everyone agrees. Business Insider.

34) (https://m.blog.naver.com/PostView.nhn?blogId=2620950&logNo=2209 08607754&proxyReferer =https:%2F%2Fwww.google.co.kr%2F 블로그 내용 인용함.

35), 36), 55) Pink, D. H., 김주환 역 (2011). 드라이브. 청림출판.

37) 위키피디아[위키피디아].

38) 위키피디아[리눅스].

39) Lakhani, K. R., & Wolf, R. G. (2005). "Why Hackers Do What They Do: Understanding Motivation and Effect in Free/Open Source Software Projects" in Perspectives on Free and Open Software, edited by J. Feller, B. Fitzgerald, S. Hissam and K. Lakhani. Cambridge, Mass: MIT Press.

40) Blitzer, J., Schrettl, W., & Schroeder, P. J. H. (2007). Intrinsic Motivation in Open Source Software Development. Journal of Comparative Economics, 35(1), 160-169.
    39), 40)은 35)의 책 내용을 재 인용함.

41) Deci, E. L. (1980). The psychology of self-determination. MA: Heath(Lexington Press).

42) Deci, E. L., & Ryan, R. M. (1991). A motivational approach to self: integration in personality. In Nebraska Symposium on Motivation, 237-288.

43) Deci, E. L., & Ryan, R. M. (2000). Self-determination theory and the facilitation of intrinsic motivation, social development, and well-being. American Psychologist, 55(1), 68-78.

44), 46) 권대훈 (2013). 교육심리학의 이론과 실제. 학지사.

45) Hoffman, A., & Field, S., 김동일 역 (2013). 자기결정성 증진 프로그램. 학

당신의 커리어는 안녕하십니까?

지사.

47) Baumgardner, S. R., & Crothers, M. K., 안신호 외 역 (2009). 긍정심리학. 시그마프레스.

48) Deci, E. L., & Flaste, R., 이상원 역 (2011). 마음의 작동법. 에코의 서재.

49) 허창범 (2012). 교육심리학. 태영출판사.

50), 51), 52), 53), 56) Csikszentmihalyi, M., 최인수 역 (2013). 몰입, 미치도록 행복한 나를 만나다. 한울림. 몰입에 관한 내용은 주로 위의 책을 요약 정리함.

54) 권석만 (2014). 긍정심리학. 학지사.

57), 58) Csikszentmihalyi, M., 이희재 역 (2013). 몰입의 즐거움. 해냄.

60), 63) Godin, S., 안진환 역 (2010). 더 딥. 재인.

64) 김수련 (2019). 직장인의 조직몰입이 직업적 안녕감에 미치는 영향: 계획된 우연기술의 매개효과. 부산대학교 석사학위논문.

65) 현명회 (2021). 대학생의 계획된 우연기술이 진로준비행동에 미치는 영향: 진로결정자기효능감의 매개효과. 제주대학교 석사학위논문.

66) 이재하 (2018). C대기업 대졸 신입사원의 자기효능감과 조직에 대한 정서적 몰입의 관계에서 그릿(GRIT)의 조절효과. 고려대학교 석사학위논문.

67) 서혜진 (2019). 대학생의 그릿과 진로장벽 및 진로준비행동의 관계. 충북대학교 석사학위논문.

68) 이도연 (2016). 웨딩플래너의 자기결정성이 고객지향성에 미치는 영향: 직무만족 및 직무성과의 매개효과 중심으로. 서울벤처대학원대학교 석사학위논문.

69) 김순종 (2019). 자기결정성이 혁신행동에 미치는 영향: 학습접근방식의 매개효과와 미래결과지향성의 조절효과를 중심으로. 중앙대학교 석사학위논문.

5장

1), 8), 9) Quoidbach, J., 박효은 역 (2014). 행복한 사람들은 무엇이 다른. 북로드.

2), 3), 4), 5) Amundson, N. E., Harris-Bowlsbey, J., & Niles, S. G., 이동혁·황매향·임은미 역 (2013). 진로상담 과정과 기법. 학지사.

6), 7), 12), 30) 박윤희 (2015). 커리어코칭의 이론과 실제. 시그마프레스.

10), 14), 15) Meadows, M., 정종진 역 (2015). GRIT 그릿을 키워라. 학지사.

11) Rima, S. D., 황을호 역 (2006). 셀프 리더십. 생명의 말씀사.

13) NAVER 지식백과[트렌드 지식백과].

16) Sprey, J. (1999). Family dynamics: An essay on conflict and power. In Sussman, M. B., Steinmetz, S. K., & Peterson, G. W.(2nd ed.). Handbook of marriage and the family. NY: Plenum Press.

17) Collins, R. (1975). Conflict society. NY: Academic Press.

18) Stinnett, N., Stinnett, N., Beam, J., & Beam, A., 제석봉·박경 역 (2004). 환상적인 가족 만들기: 가족을 튼튼하고 건강하게 만들 심리학적으로 입증된 여섯 가지 비결. 학지사.

19), 20), 26), 28) Kwik, J., 김미정 역 (2021). 마지막 몰입. 비즈니스북스.

21), 22), 24) 한민 (2021. 05. 07). 그동안 잘못 알고 있었던 돈과 행복의 관계. The Psychology Times.

23) KBS 스페셜 (2011. 01. 30). 행복해지는 법 2편 "행복의 비밀코드". https://www.youtube.com/ watch?v=tA9AXw106BU.

25) Duckworth, A., 김미정 역 (2016). 그릿 IQ, 재능, 환경을 뛰어넘은 열정적 끈기의 힘. 비즈니스북스.

27) Eleanor A. Maguire, E. A., Gadian, D. G., Johnsrude, I. S., Good, C. D., Ashburner, J., Frackowiak, R. S. J., & Frith, C. D. (2000). Navigation-related structural change in the hippocampi of taxi drivers. The National Academy of Sciences, 97(8), 4398-4403.

29) 이신동·최병연·고영남 (2014). 최신교육심리학. 학지사.

31) 이민화 (2016). 4차 산업혁명으로 가는 길. KCERN.

32) NAVER 지식백과[한경 경제용어사전].

33) Dunbar, R. I. M. (1992). Neocortex size as a constraint on group size in primates. Journal of Human Evolution, 22(6), 469-493.

34) Takeshita, R., 정은희 역 (2019). 스탠퍼드는 명함을 돌리지 않는다. 인플루엔셜.

6장

1), 2) 강준만 (2013). 감정독재. 인물과사상사.

3) Mischel, W., Shoda, Y., & Rodriguez, M. L. (1989). Delay of gratification in children. Science. 244, 933-938.

4) 정옥분 (2014). 아동발달의 이해. 학지사.

5) Watts, T. W., Duncan, G. J., & Quan, H. (2018). Revisiting the Marshmallow Test: A Conceptual Replication Investigating Links Between Early Delay of Gratification and Later Outcomes. Psychological Science, 29(7), 1159-1177.

6), 7) 이성규 (2018. 12. 17). 뒤집힌 마시멜로 이야기. The Sciencetimes.

8), 9) 이한영 (2016). 너 이런 경제법칙 알아? 21세기 북스.

10) Kwik, J., 김미정 역 (2021). 마지막 몰입. 비즈니스북스.

11) KAIST 문술미래전략대학원 (2018). 인구전쟁 2045. 크리에이터.

12) Schenker, J., 유수진 역 (2021). 로봇 시대 일자리의 미래. 미디어 숲.

13) Schenker, J., 박성현 역 (2020). 코로나 이후 불황을 이기는 커리어 전략. 미디어숲.

14) 최윤식 (2020). 빅체인지, 코로나19 이후 미래 시나리오. 김영사.

15), 16), 17) Gladwell, M., 노정태 역 (2009). 아웃라이어. 김영사.

18) 김정운 교수의 '재미학' 강의 (2009. 02. 25). 행복 하려면, 쉬는 것과 노는 것을 구별하라! 신동아(원 출처: 동아일보. 2008. 08. 14).

19), 22), 23) 김소영·이참슬 (2021. 08. 23). 극악 취업문 넘고도…왜 조기퇴사 할까. CBS 노컷뉴스.

20) 한국경영자총협회 (2016). 2016년 신입사원 채용실태 조사.

21) 채창균 (2016. 1. 15). 전공일치 취업실태 분석. KRIVET Issue Brief 91호. 한국직업능력개발원.

24) NAVER 지식백과[그리스로마신화 인물백과].

25) Sullivan, S. E. (1999). The changing nature of careers: A review and research agenda. Journal of Management, 25, 457-484.

26), 27), 29) 채창균 (2017. 05). 기업은 어떤 청년을 선호하는가?: 4년제 대졸자 채용 시장. THE HRD REVIEW. 한국직업능력개발원.
'기업은 어떤 청년을 선호가는가?'의 내용은 위의 글을 요약 정리함.

28) 김영신 (2021. 09. 20). 더 좁아지는 대기업 취업문…연휴에도 못 쉬는 취업준비생. 연합뉴스.

30), 31) 잡코리아 (2020. 07. 16). 직장인 81.3% '인생 이모작' 준비 중.

32), 33) 한국산업인력공단 (2021. 10. 06). 취업시장에서 주목받고 있는 국가기술자격증 보도자료.

34) 홍예지 (2021. 04. 04). 정규직도 퇴근후 '인강' 코로나發 자격증 '열풍'. 파이낸셜뉴스.

35) 이효연 (2021. 09. 22). 해마다 '베이비붐 세대' 70만 명 노인 진입… "양질 일자리 개발해야". KBS뉴스.

36), 38) 박종국 (2012. 08. 29). 천재 유명세 김웅용씨 "평범한 삶이 좋아요". 연합뉴스.

37) 손효정 (2012. 08. 30). IQ 210 천재 김웅용의 삶, 'MBC 스페셜'서 공개 '1년간 준비. TVREPORT.

39) 송주현 (2014. 01. 22). IQ210 소년, 교수가 되다…김웅용 신한대학교 교양

당신의 커리어는 안녕하십니까?

학부 교수. 중부일보.

40) 하인규 (2020. 07. 25). IQ210 소장 도서 1만 5천여권 의정부시에 기증키로. 브레이크 뉴스.